本书是2016年度教育部人文社会科学重点研究基地重大项目"中国特色的治理理论构建"（项目批准号：16JJD630012）的研究成果。

● 中山大学公共行政学丛书

人口老龄化与长期护理保险试点：
广州模式

Population Ageing and Long-term Care Insurance:
A Case Study of Guangzhou

陈永杰　张家玉／著

中央编译出版社
CCTP　Central Compilation & Translation Press

图书在版编目（CIP）数据

人口老龄化与长期护理保险试点：广州模式／陈永杰，张家玉著． —北京：中央编译出版社，2022.8

ISBN 978-7-5117-4179-0

Ⅰ. ①人… Ⅱ. ①陈… ②张… Ⅲ. ①老年人–护理–福利制度–研究–中国 Ⅳ. ①D632.1

中国版本图书馆 CIP 数据核字（2022）第 081166 号

人口老龄化与长期护理保险试点：广州模式

责任编辑	兰　鹏　周雪凝
责任印制	刘　慧
出版发行	中央编译出版社
地　　址	北京市海淀区北四环西路 69 号（100080）
电　　话	（010）55627391（总编室）　（010）55627312（编辑室）
	（010）55627320（发行部）　（010）55627377（新技术部）
经　　销	全国新华书店
印　　刷	佳兴达印刷（天津）有限公司
开　　本	710 毫米×1000 毫米　1/16
字　　数	211 千字
印　　张	15.75
版　　次	2022 年 8 月第 1 版
印　　次	2022 年 8 月第 1 次印刷
定　　价	98.00 元

新浪微博:@中央编译出版社　　　微　信:中央编译出版社(ID: cctphome)
淘宝店铺：中央编译出版社直销店(http://shop108367160.taobao.com)　（010）55627331

本社常年法律顾问：北京市吴栾赵阎律师事务所律师　闫军　梁勤
凡有印装质量问题，本社负责调换，电话：（010）55626985

序

在微信上见到永杰小友的来信，邀我为其新作《人口老龄化与长期护理保险试点——广州模式》写个序。我与永杰应该是在2019年的社会政策年会上认识的，之后不久，中国社会就进入了"疫情模式"，再见面几乎成了奢望。但是，相互间的交流却并不少。每次聊天，聚焦点总是我们都在从事的社会政策研究。现在回想起来，长聊的次数也就一二，大多只是寥寥数语。难能可贵的是，只言片语，相视一笑，便心领神会了。所以，与永杰交往，感受到的是心有灵犀的轻松。三年来，也早已把他当作忘年交了。

近年来，我和永杰都专注于研究老年服务和长期照护。永杰和家玉两位博士在广州市建立长期护理保险制度的过程中有较为深入的参与，这是他们撰写这本书的底气。这本论著，既有充分的理论准备，又有投身试点实践的感性领悟，凡是对中国社会这个热点问题——人口老龄化及其相应对策——感兴趣的人，都值得好好读一读。

因为作序，因此也就有了先睹为快的福气。在这里，和读者们分享一下我的心得。《人口老龄化与长期护理保险试点——广州模式》一书分为三个部分：

第一部分，"老龄化与长期照护改革：理论、经验与中国沿革"，共3章，写的是做这项研究的时代背景、国际经验以及国内实践，自然而然地也介绍了这项研究的研究问题和研究目标，并为深入探讨广州市建立长期护理保险制度作学术理论和实践经验上的铺垫。

第二部分,"长期护理保险的广州经验",共 5 章,分别写了政策沿革和实践分析、社会力量参与、政府购买服务、居家护理和非正式照护、政府监督和行业自律。这些从实践中总结出来的经验,应该是这本书的精华所在。尤其是书中突出了居家护理和非正式照护,并把这个尚有争议的论题放在"重点"的位置上,这是这项研究最有意义的创新点。

第三部分,"地方试点与全国政策出台",共 2 章。思维逻辑应该是,首先将广州经验抽象而升华为带有普遍性的"广州模式",然后再提出政策建议,表现出一个有社会担当的学者对长期护理保险制度框架的思考与挑战。

最后,想就本书的"重点"发表一点意见。前段时间,在一次讲座上,徐永光先生向我提了一个问题,大意是:现在老年服务机构人力资源流动性很大,很不稳定,他希望我介绍一下能解决问题的国际经验。我的回答是,很遗憾,在认真研究了相关的国际经验之后,发现这是几乎所有老龄化严重的国家和地区同样面临的难题。所以,自 21 世纪以来,在联合国和世界卫生组织的推动下形成的国际共识是,居家服务被放到了老年照护的第一位。郑功成教授带队去欧洲考察,带回来的结论也是,发达国家 95% 以上的老人是在家中度过晚年的。与国际共识相比较,中国的老年服务可能存在一个误区,那就是我们一直试图建设足够数量的高质量老人院,让中国的老人都去那里享福。毋庸置疑,这是个误区。我们虽然早就有 90 - 7 - 3 或 90 - 6 - 4 的说法,但并没有认真去实行。这就是真正重视居家服务和非正式照护的"广州经验"或"广州模式"对中国社会的意义所在。正如书中所说,这是一个挑战,值得我们去认真思考,大家可以循着书中观点去进一步寻找答案。

再说一些题外的话,近来常有忧虑:社会政策研究最近据说得到了重视，但似乎又由此衍生了一种氛围，即热衷于一头扎进"学术象牙塔"。永杰、家玉两位博士立足于实践的论著，在炎夏酷暑中给我们送来了新鲜空气，希望这样的务实之风长盛不衰，为我们带来更多的凉爽和清新。

2022 年 7 月 20 日

前　言

人口老龄化背景下，我国老年人照护难题日益凸显，长期护理保险作为实现照护风险社会化的重要制度安排，已经成为政策讨论与学术研究的焦点。2016 年，我国人力资源社会保障部办公厅发布《关于开展长期护理保险制度试点的指导意见》，提出在 15 个试点城市探索符合地方实际的制度安排，标志着我国长期护理保险制度探索的正式启动。在第一轮试点的基础上，2020 年，国家医疗保障局发布《关于扩大长期护理保险制度试点的指导意见》，新增 14 个试点城市，扩大长期护理保险制度在我国范围内的试点探索。截至目前，我国各试点已构建起多样化的长期护理保险制度框架，在实际运行过程中也呈现出差异化的模式特征，为失能群体提供了多种类多层次的照护服务选择，长期护理保险制度的探索成效初显。

一、研究问题与方法

纵观我国长期护理保险制度的试点探索，不少城市已经打造出特色品牌，例如率先开展制度探索并持续深化的"青岛模式"与强调亲情照护的"成都模式"，这些试点都在地方实践的基础上总结与提炼自身的模式特征，业已形成一定的政策与学术影响力。相对地，同样作为全国第一批试点城市，广州市虽然早在 2017 年就启动长期护理保险制度的地方实践，推进至今也取得了较好的政策产出，但是并未就此提炼广州经验，对于广州市长期护理保险制度的学术讨论也较为碎片化。对此，作为长期关注与老年群体照护相关议题的研究团队，本团队扎根本土，在研究广东省案例的基础上，注重引入国际对比视角，分析相应制度在我国范围内落地发展的可行性与实践情况。自我国2016年提出启动长期护理保险制度试点探索以来，本团队密切追踪其政策制定与执行，并在2017年广州市开始探索长期护理保险制度以来，借助本土研究的便利性，通过持续的田野调查收集了大量的数据资料，为以广州市长期护理保险制度为对象的研究提供扎实的实证材料支持，至今已产出一定的研究成果。

广州市长期护理保险制度的探索是一个动态发展的历程，尤其在2021年进入制度探索的新阶段后，其在各阶段的发展中都充分体现了以参保人的切实服务需求为导向的模式特征，且政府部门、商业保险公司、服务机构与参保人等不同主体也已经逐渐建成协作参与的制度机制，保障长期护理保险制度在广州市的有序运行。由此，为了对广州市长期护理保险制度形成更全面的认识与更准确地把握其制度脉络，本团队于2021年的7月至10月期间在广州市开展了更具有针对性的实地调查，通过收集更丰富的材料信息进一步审视长期护理保险制度的发展情况，从而总结实践经验，提炼出长期护理保险制度的"广州模式"。

本书以广州市长期护理保险制度为研究对象，基于对世界范围内长期护理保险制度的案例梳理与经验提炼，回顾与总结我国长期护理保险制度的试点探索，进而聚焦广州市的案例，通过对政策变迁与实践成效进行分析，梳理得出广州市地方实践的制度机理，总结试点过程中的制度亮点，并在"广州模式"的基础上，讨论长期护理保险制度在国家层面上的政策框架搭建，以期为我国长期护理保险制度的深入探索提供实证支持。

本书采取的资料收集方法是文献研究法与访谈法。对于世界经验和国内其他试点的讨论，本书采取文献研究法，收集德国、日本、韩国与国内两批试点城市长期护理保险制度的相关法律法规、政府网站发布的统计数据与学者的学术研究等，提炼国际经验与总结我国试点城市的制度模式。具体到对"广州模式"的讨论，本书的数据以广州市医保局提供的数据为基础，涵盖长期护理保险制度在广州市施行以来的参保人数情况、协议定点服务机构发展情况与各类型的护理服务发展情况。本书对广州市长期护理保险模式的分析则主要基于本团队2021年在广州市通过实地访谈收集的定性研究资料。访谈对象包括广州市医疗保险中心代表、协议定点服务机构工作人员、经办保险业务的商业保险公司工作人员、居家护理服务的护士、护理员与正在享受长期护理保险待遇的参保人。本团队完成的访谈合计58个（访谈编码请参见本书附录），收集到的丰富资料让本团队对广州市长期护理保险制度的实践得以形成更全面与深入的认识。

二、章节安排

本书聚焦在人口老龄化的社会背景下，广州市如何借鉴国际经验和参考国内其他试点模式，充分结合本地实际，以老年人切实照护需求为导向，构建并完善长期护理保险制度的"广州模式"。本书以广州市长期护理保险制度运作机制为主题，共包括三个部分。

第一部分以老龄化与长期护理保险改革为主题，在总结长期照护保险制度的典型国际案例的基础上，梳理我国自2016年至今各试点的探索情况，为广州市的研究提供基础。第一章以目前人口老龄化的社会背景展开阐述，总结得出，老年人照护问题已逐渐成为社会保障领域发展必须解决的问题，长期护理保险成为满足老年人照护需求的重要制度安排，也是世界范围内政策探讨与学界研究的重点。第二章聚焦长期照护保险的世界经验，并选取社会保险制度的典型案例——德国、日本与韩国展开讨论。该章围绕服务对象、服务内容、服务递送和筹资机制的四个环节构建长期护理保险制度的分析框架，以此对比长期护理保险制度内容，为我国长期护理保险制度的建设总结经验。第三章则回归到对我国长期护理保险试点的讨论，并主要关注政策层面的探索。该章对我国现行试点的制度按照既有分析框架进行梳理，并选取青岛市、南通市、上海市和成都市作为代表城市，总结它们长期护理保险的显著特征与制度亮点，为后续对"广州模式"的讨论提供参考。

第二部分围绕长期护理保险的"广州模式"展开，全面分析广州市长期护理保险制度的具体运行方式。第四章概括广州市长期护理保险的政策发展与实践情况，该章对广州市的政策方案按照启动阶段、发展阶段与深化阶段进行分阶段总结与分析，并结合2017年以来的实践数据，总结了制度运行以来的运行机制及其成效。第五至八章提炼了广州市长期护理保险制度发展的独特经验，并结合实地访谈的材料分析其具体运行机理。第五章介绍了政府与社会力量的合作模式，分析了引入商业保险公司参与长期护理保险的经办工作的具体情况，总结得出广州市已经构建起"多元一体"的长期护理服务经办体系，探讨了基于市场机制参与协作的模式优势。第六章介绍广州市兼顾发展机构护理与居家护理的模式，呈现出以服务购买为主要形式并采取实物给付、兼顾发展机构与居家护理使得老人能够自主选择两个主要特征，并分别论述其模式优势。第七章聚焦广州市以居家护理与非正式照护为长期护理服务提供的发展重点，详细介绍其具体开展情况，并充分结合通过与长期护理服务护理员和待遇享受人的深度访谈所收集的资料，剖析长期护理保险制度的实施成效，进而佐证了广州市重视发展居家照护和非正式护理的必要性与可行性。第八章关注长期护理行业协会在广州市的成立背景与发展可能，论证其探索的必要性，并探讨广州市长期护理协会在今后的发展情形。

第三部分则提升到制度层面的讨论。第九章结合对广州经验的论述，梳理得出以服务使用者的需求为导向的长期护理保险的"广州模式"。该章分析得出，广州市立足于老年人的照护服务需求，结合本土实际不断完善长期护理保险制度并形成了动态发展的"广州模式"。其中，在服务内容和服务递送环节的持续创新是"广州模式"的制度亮点，如大力发展居家护理和非正式照护，以及构建多元社会力量参与的长期护理服务机制，以此切实回应失能群体的照护需求。结合前文的国际经验总结、国内试点方案对比和"广州模式"分析，第十章从制度定位、协作机制和制度优化各方面为我国长期护理保险制度在下阶段的制度调整和优化提出建议，尝试为在国家层面的长期护理保险制度构建贡献力量。

三、术语说明："长期照护"与"长期护理"

"长期照护"的概念体系可以分为国际共识和中国特色①，前者是重要国际组织在相关文件中提出的基本概念②，后者是习近平总书记提出的在我国构建的"长期照护保障制度"③。

对于国际共识，世界卫生组织在 2000 年出台的《建立老年人长期照顾政策的国际共识》（以下简称《国际共识》）中把"Long-term care"翻译为"长期照顾"，指的是"由非正式提供照顾者（家庭，朋友和/或邻居）和/或专业人士（卫生、社会和其他）开展的活动系统，以确保缺乏完全自理能力的人能根据个人的优先选择保持最高可能的生活质量，并享有最大可能的独立、自主、参与、个人充实和人类尊严"。

---

① 覃可可，唐钧：《建立长期照护保障的制度框架：以成都市为例》，载《开发研究》，2019年第1期。
② 唐钧，冯凌：《长期照护的全球共识和概念框架》，载《社会政策研究》，2021年第1期。
③ "中国长期照护保障需求研究"课题组：《长期照护：概念框架、研究发现与政策建议》，载《河海大学学报（哲学社会科学版）》，2018年第1期。

然而，"Long-term care"一词在世界卫生组织随后公布的文件中被翻译为"长期照护"而并非"长期照顾"。2016年发布的《关于老龄化与健康的全球报告》①（以下简称《全球报告》）指出，长期照护是确保存在严重失能的老人仍然能够实现健康老龄化的一种方法，长期照护是指"由他人采取的活动，其目的是确保存在严重且持续的内在能力丧失或有相应风险者维持一定水平的功能发挥，以使其获得基本权利、根本的自由和人格尊严"。同年发布的《中国老龄化与健康国家评估报告》②则沿用《国际共识》对"Long-term care"的概念界定，但其中翻译则与《全球报告》一致，亦即采用"长期照护"的译法。类似地，世界银行在2018年发表的报告《中国养老服务的政策选择：建设高效可持续的中国养老服务体系》③中也采用了"长期照护服务"的译法，认为"长期照护涵盖一系列的服务，目的是为在身体或认知方面不能自理者提供支持"。该报告还把长期照护服务与医疗卫生服务做了明确区分——"医疗卫生服务寻求改变健康状况（从身体状况不佳到健康），而长期照护服务寻求能够更好地维持目前的状况（身体状况不佳），减缓身体功能的衰退，帮助老年人保持最佳的身体、精神以及社会心理状态"。

"Long-term care"在国际共识中从"长期照顾"到"长期照护"的转变，反映了对其概念内涵的重新界定。"长期照护"结合了生活照料和从医疗服务中分离出来的部分技术门槛较低的康复护理，是区别于医疗服务的一种社会服务④。具体地，"Long-term care"包含三层含义：第

---

① 世界卫生组织：《关于老龄化与健康的全球报告（2016）》，https://apps.who.int/iris/bitstream/handle/10665/186463/9789245565048_chi.pdf（访问时间：2022年7月18日）。
② 世界卫生组织：《中国老龄化与健康国家评估报告（2016）》https://apps.who.int/iris/bitstream/handle/10665/194271/9789245509318-chi.pdf（访问时间：2022年7月18日）。
③ 葛蔼灵、冯占联：《中国养老服务的政策选择：建设高效可持续的中国养老服务体系》，北京：中国财政经济出版社2018年版。
④ 唐钧：《健康社会政策视域中的老年服务、长期照护和"医养结合"》，载《中国公共政策评论》，2018年第1期。

一层含义强调对存在照护依赖的老年人的生活照顾，突出"照"；第二和第三层含义的重点都在于"护"，前者意指以延缓机能衰退和维持功能发挥为目的的康复护理，后者突出与老年人权益保护相关的对老年人自主权和自由选择权的尊重。因此，"Long-term care"应当涵盖中文语境中"照"和"护"的语义，采用"长期照护"能够更准确地概述其概念内涵①。

区别于国际共识，"长期照护"一词在我国政策方案中的应用则体现出明显的中国特色。2016年，习近平总书记提出了"相关保险和福利及救助相衔接的长期照护保障制度"，这作为具有中国特色的新概念，突出要兼顾资金保障和服务保障②。同年随后发布的《"健康中国2030"规划纲要》③也提出要"促进健康老龄化"，措施之一是"推动居家老人长期照护服务发展，全面建立经济困难的高龄、失能老人补贴制度，建立多层次长期护理保障制度"。因此，把"Long-term care"翻译为"长期照护"的国际共识在我国的语境下并不适用。根据我国现行的政策，自2016年出台《关于开展长期护理保险制度试点的指导意见》后，我国均采用"长期护理"作为特定术语，其概念内涵与国际共识中的"长期照护"相近。

结合"长期照护"的国际共识和中国特色，综合考虑"Long-term care"在学术层面与政策层面的讨论，由于"care"一词在英文语义中同时包括了生理层面与心理层面的服务需求，是一种多层次的服务，因而在学术讨论时应当采用"长期照护"的译法；对于我国的讨论，则遵

---

① 唐钧，冯凌：《长期照护的全球共识和概念框架》，载《社会政策研究》，2021年第1期。
② "中国长期照护保障需求研究"课题组：《长期照护：概念框架、研究发现与政策建议》，载《河海大学学报（哲学社会科学版）》，2018年第1期。
③ 中华人民共和国中央人民政府：《中共中央国务院印发"健康中国2030"规划纲要》，http://www.gov.cn/zhengce/2016-10/25/content_5124174.htm（访问时间：2022年7月18日）。

循政策方案的提法，使用"长期护理"为政策用词①。由此，本书也对"Long-term care"的术语翻译作出区分：对于学术讨论和国际经验的分析沿用国际共识的中文译法，统一采用"长期照护"与"长期照护保险"作为专有名词；对于我国制度内容和实践情况的具体分析，按照相关政策用词处理，如"长期护理"和"长期护理保险"。

---

① 陈永杰，岳经纶：《保险制抑或税收制？两岸长期照护融资制度的比较与启示》，载《中国公共政策评论》，2018年第14卷。

目　录

第一部分　老龄化与长期照护改革：理论、经验与中国沿革

第一章　人口老龄化与长期照护制度改革 ········· 3
　一、人口老龄化的背景下，老年人照护难题凸显 ········· 3
　二、长期护理保险是应对人口老龄化形势的重要制度安排 ········· 7
　三、长期护理保险成为我国政策探讨与学界研究的重点 ········· 13

第二章　长期照护保险的世界经验：从德国到日韩 ········· 15
　一、长期照护的制度模式选择 ········· 15
　二、长期照护保险制度内容对比 ········· 19
　三、长期照护保险制度分析框架及其对我国的启示 ········· 49

第三章　中国长期护理保险试点：政策沿革 ········· 52
　一、政策探索背景 ········· 52
　二、试点实践梳理 ········· 57
　三、试点城市典型案例对比 ········· 70
　四、试点实践总结 ········· 83

第二部分　长期护理保险的广州经验

第四章　广州市长期护理保险探索：政策沿革与实践分析 89
 一、探索背景 89
 二、政策沿革 94
 三、实践分析 108
 四、模式概述 119

第五章　长期护理保险中的社会力量参与：商业保险公司经办业务 122
 一、商业保险公司经办长期护理保险业务 122
 二、"多元一体"的长期护理服务经办体系 124
 三、社会力量参与长期护理保险经办模式分析 128

第六章　长期护理保险中的政府购买服务：机构与居家服务并行发展 133
 一、以服务购买为主要形式，采取实物给付 133
 二、兼顾发展机构与居家护理，老人自主选择 140

第七章　长期护理保险发展重点：居家护理与非正式照护 145
 一、大力发展居家护理服务 145
 二、重视发展非正式照护 150
 三、优势分析 162

第八章　长期护理保险探索的规制：从政府监督到行业自律 166
 一、长期护理行业协会建设与发展的必要性 167
 二、长期护理行业协会建设与发展的重要性 170
 三、构建长期护理行业协会的已有探索 173

第三部分 地方试点与全国政策出台

第九章 长期护理保险的"广州模式":以失能群体的需求为导向 179
  一、服务内容:动员家庭参与,构建起人员充足的护理员体系 180
  二、服务递送:积极引入社会力量,建成多元服务递送体系 186

第十章 长期护理保险的国家制度框架:挑战与思考 191
  一、基于试点探索的制度思考 191
  二、思考与展望 204

附 录

附录一 访谈资料个案编码表 209
附录二 访谈提纲 211

参考文献 215

后 记 234

第一部分
老龄化与长期照护改革：
理论、经验与中国沿革

本部分共三章，作为本书的研究基础，为读者理解长期护理保险提供理论背景和现实经验介绍。第一章从人口老龄化的现实背景切入，介绍长期照护制度的缘起，论证了长期护理保险制度作为应对人口老龄化的重要制度安排，兼具政策讨论和学术研究的必要性。第二章放眼海外经验，通过梳理长期照护保险典型国家的政策实践，提炼德国、日本与韩国的运作模式，构建长期照护保险制度的理论分析框架。第三章立足我国实际，回顾我国推行长期护理保险试点政策的发展脉络，并基于分析框架对全国已有试点城市的制度内容进行全面的归纳分类。

第一章　人口老龄化与长期照护制度改革

一、人口老龄化的背景下，老年人照护难题凸显

21世纪以来，老龄化的浪潮席卷全球，世界范围内不少国家相继迈入老龄化社会，所衍生的社会条件变化也推动了相应社会制度的改革与发展。得益于整体居住环境的优化、医疗技术的进步和人们健康意识的不断提高等因素，世界银行的数据显示，全球人均预期寿命从1960年的52.8岁增长至2019年的72.7岁①，整体上呈现逐年增长的趋势。相应地，人均寿命的延长表明了个体在整体生命周期的最后阶段由于失能等因素导致所需要的照护年限也随之上调，这对老年人照护服务的发展提出了更高的要求。相对地，伴随着整体下跌的出生率，全球范围内65岁及以上人口占总人口的比例稳步上涨，从1960年的4.97%增长至2020年的9.32%②（见图1-1）。联合国的最新报告也对人口结构进行

---

① World Bank. *Life Expectancy at Birth, Total (years)*, 2019. [Online]. Available at https://data.worldbank.org/indicator/SP.DYN.LE00.IN?name_desc=false [Accessed 1 Feb. 2022].
② World Bank. *Population Ages and above (% of Total Population)*, 2020. [Online]. Available at https://data.worldbank.org/indicator/SP.POP.65UP.TO.ZS?view=chart [Accessed 1 Feb. 2022].

了预测，指出在今后的三十年内，世界范围内老年人口的比例将会翻倍，从 2020 年的 7.27 亿增长至 2050 年的 15 亿，占总人口的比例将会从 9.3% 上涨至 16.0%。① 该报告同时预测，几乎所有国家和地区的老年人数量都会在此期间持续增长，甚至可能会超过年轻人的数量，形成人口年龄结构的"倒挂"。在此背景下，老年人口的持续增长对于世界范围内很多的国家和地区，尤其是老龄化比例基数较大的发达国家，带来了不少的社会问题，包括老年人经济支持和照护支持的缺位或不足、劳动力人口老化甚至短缺等。对此，早在 20 世纪 90 年代，"健康老龄化"和"积极老龄化"等概念就已经在世界范围内相继被提出，如何应对人口老龄化早已成为了全球关注的重要议题。

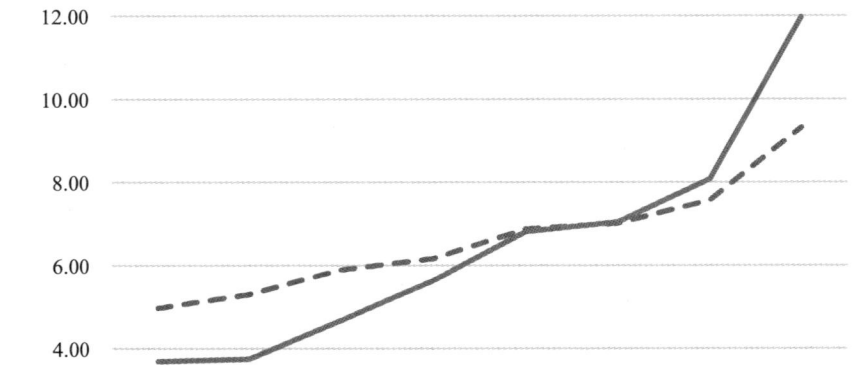

	1960	1970	1980	1990	2000	2002	2010	2020
----世界	4.97	5.30	5.89	6.16	6.87	7.01	7.57	9.32
——中国	3.69	3.75	4.67	5.63	6.81	7.04	8.07	11.97

图 1-1　65 岁及以上人口占总人口比例（1960—2020 年）

---

① UN Report. *World Population Ageing* 2020：*Highlights*，2020．[Online]．Available at https：//www.un.org/development/desa/pd/news/world-population-ageing-2020-highlights [Accessed 1 Feb. 2022]．

与全球的趋势相类似，我国人口老龄化的情况也不容乐观。在21世纪之初，我国的老年人口比例超过了世界平均水平，在2002年该比例增长至7%，正式步入老龄化社会。随后，我国老年人群体的人口比例呈现高速增长态势，在2020年上升至13.5%。①中国发展基金会发布的《中国发展报告2020》预测，到2022年左右，我国65岁以上人口将占到总人口的14%，实现向老龄社会的转变，2050年，中国老龄化将达到峰值，中国65岁以上人口将占到总人口的27.9%。因此，我国的老龄化程度将会远高于法国、英国和美国等发达国家，以史无前例的速度呈现出我国独特的人口增长路径。②事实上，我国老龄化的实际形势比预测情形更为严峻，老年人照护难题日益凸显，对我国老年人群体予以更多的关注具有显著的迫切性与必要性。这需要在我国范围内依据人口老龄化的社会背景调整对应的制度安排，以此维持社会的和谐稳定与保障老年人能够共享社会发展成果，实现"老有所养"的政策目标。

对此，《中华人民共和国国民经济和社会发展第十四个五年规划和2035年远景目标纲要》（以下简称《第十四个五年规划和2035年远景目标纲要》）正式提出"实施积极应对人口老龄化国家战略"，从国家层面对人口老龄化的社会形势予以高度重视。人口老龄化作为事关国家发展全局和百姓福祉的关键性社会变迁，在通过对应制度安排积极主动回应现有需要的同时，还应予以更多的前瞻性思考，结合在今后人口老龄化形势将长期存在并更加复杂严峻的考虑，构建起能够切实回应人民群众需求、与我国社会经济发展水平相适应的社会保障体系。2021年11月党的十九届六中全会通过的《中共中央关于党的百年奋斗重大成就和历史经验的决议》进一步明确，"加强人口发展战略研究，积极应对人

---

① 国家统计局：《第七次全国人口普查公报（第五号）》。http：//www.stats.gov.cn/tjsj/zxfb/202105/t20210510_1817181.html（访问时间：2022年2月1日）。

② Glinskaya, Elena and Zhanliang Feng (eds.). *Options for Aged Care in China: Building An Efficient and Sustainable Aged Care System.* Washington, DC: World Bank, 2018, p. 6.

口老龄化,加快建设养老服务体系,调整优化生育政策,促进人口长期均衡发展"。因此,应对人口老龄化已经是我国社会建设的重要应对目标之一,旨在让人民的获得感、幸福感、安全感更加充实、更有保障、更可持续。

除了人口年龄结构的变化,婚姻观念和婚姻模式的改变、年轻一代教育水平的提高、人口持续地从农村向城市迁移等因素,也都对我国家庭的规模和结构产生了一定的影响。此外,伴随着现代社会工业化的不断发展与城市化进程的持续推进,人口因素与城镇化因素导致了家庭居住安排发生改变,家庭平均规模也呈现逐渐缩小的趋势。从 2000 年到 2020 年,我国家庭的平均规模从 3.44 人下降至 2.62 人。[①] 这些外在因素的演变都不同程度地重塑了老年人群体所处的环境,进而影响了他们的生活模式。相应地,由于老年人已经步入生命周期的最后阶段,对于他人、尤其是家庭成员存在依赖的可能性会大大增加,对家庭提供的支持往往存在更强烈的需求。然而,在当今的社会背景下,家庭作为传统的社会基本单位抵御风险的能力受到较大的冲击,以往家庭承担的保障功能受到影响,家庭能够为个人提供的不同方面的支持受到了限制,老年人作为相对弱势的群体更是首当其冲。这些现实情况的变化都对当前的老年人照护服务体系提出了更高的要求,尤其是在社会大众的权利意识和社会保障认识不断提升的情况下,我国加快构建和完善社会保障体系的必要性愈加凸显。具体到在公共政策领域,还应当由国家主导,通过公共制度安排实现对老年人的照护责任的社会化。

社会保障制度的发展是经济社会发展的产物,对老年人照护问题的讨论应当嵌套在所处的社会经济背景中展开。纵观世界各国,不少发达

---

① 国家统计局:《第七次全国人口普查公报 [1] (第二号)》,http://www.stats.gov.cn/tjsj/zxfb/202105/t20210510_1817178.html(访问时间:2022 年 2 月 1 日)。

国家早已步入社会经济发展的成熟阶段，已经建成有社会保障体系为老年人提供较为全面的支持，这些建成体系也为我国的探索提供了较为多元的参考选择。相对地，由于我国社会经济发展的起步相对较晚，整体还处于"未富先老"的阶段，亦即依然处于经济迅速发展与社会保障体系不断深化的关键阶段，存在现有的社会保障体系发展尚未能够匹配各群体实际需求的情形。因此，对于老年人的政策支持需要充分结合我国社会经济的发展情况，尤其是考虑公共政策领域可以调配的资源与瞄准老年人群体实现资源再分配的能力。如何在我国的社会背景下构建能够满足老年人需求的支持体系，已经成为我国社会保障制度发展必然要考虑的议题。

二、长期护理保险是应对人口老龄化形势的重要制度安排

在人口老龄化的社会背景下，老年人的照护难题对相应的社会制度安排提出了更迫切与更高的要求。对此，所采取的措施通常包括提供老年人所需要的生活资金和日常照护服务，以满足老年人在经济上、身体护理上和精神层面的全方位需求。得益于社会经济的不断发展，不少国家都已经构建起对老年人群体的支持体系，提供不同程度的社会保障。但是，由于老年人数量持续快速增长，有关老年人的各项社会保障支出剧增，原有的制度体系如今面临前所未有的压力，需要寻求新的制度安排作为对现有社会保障体系的有效补充。

为保障老年人群体的收入维持，养老保险制度是各国在社会保障领域探索的普遍选择，但它的运行也在人口老龄化的背景下受到冲击。由于老年人数量的膨胀式增长，加之人口结构老化背景下社会抚养比增大，尤其是对于采取现收现付模式的养老金制度的国家和地区而言，其为老年人群体提供收入维持功能的养老保险制度面临着代际转移的困难。在我国，各项基本养老保险都采用现收现付制度，且待遇水平也逐

年提高，造成较大的养老金支出压力，基金结余各地差异也极大，部分省份收不抵支。对此，我国通过加大财政补贴、加大养老保险基金的中央调剂、加大划转部分国有资本充实社保基金的力度和推行基本养老保险金改革等措施，推进健全基本养老保险制度，以此增强制度的可持续性和保障老年人可及的经济支持。这些探索目前已经取得一定的成效，在今后依然需要深化改革。实际上，退休群体可调配的经济资源不仅会影响他们的日常生活水平，还会影响他们对于家庭以外的社会化照护服务的购买力，与老年人照护服务等社会政策议题也密切相关。

除了发展与完善提供经济支持的养老保险制度，老年人群体迅速增长的照护服务需求也需要予以更多的关注。因此，如何在社会保障领域展开探索，为老年人提供照护服务支持，成为了政策层面与学术层面的重点议题。具体而言，现代社会保障体系的发展与福利国家的讨论密切相关。关于福利国家的讨论始源于20世纪40年代的英国，并主要基于对国家、市场和家庭在福利领域的角色展开讨论。然而，20世纪70年代，不少福利国家面临危机，这在很大程度上促使社会保障制度逐渐转型，更新风险管理的模式，并引发了社会大众对福利国家的重新认识，促进社会保障制度朝向更完善和高效的方向发展。21世纪以来，老年人照护的难题对不同体制的福利国家都提出了新的要求，而它们探索的共性则是通过公共政策的制度安排，逐步实现老年人照护从家庭责任演化成为社会责任的转移。

区别于自由主义、保守主义和社会民主主义的福利体制的典型分类[1]，以日本、韩国和中国为代表的东亚国家被认为是具有显著地区特征的东亚福利模式。一般而言，关于东亚福利体制的争论，最被广泛认可的观点之一为东亚是生产主义（Productivism）的社会福利

---

[1] Esping-Andersen, G. *The Three Worlds of Welfare Capitalism*. Oxford: Polity Press, 1990.

国家①，亦即社会政策服务于经济发展，包括老年人照护在内的社会服务被认为是服从于以社会经济发展为首要目标的制度安排，因此其福利体制也被认为是发展型的（Developmental Welfare State）。② 在东亚福利国家体制中，生产型社会保障体系被认为是受到经济体制迅速发展的影响，而在经济效益不断提升的整体社会背景下，如何提供更能够体现社会公平和正义的福利政策是各国探索的新重点。然而，也有研究指出，在包括日本、韩国、新加坡与中国在内的东亚地区，社会大众对公民权利的认识有了较大的提升，在福利体制上已经呈现了从生产型向具有再分配特征的社会政策模型转变。③ 有研究分析认为，我国近年来在社会政策领域有了显著的发展以适应经济和政治发展的需要，因此生产型福利体制的特征有了一定的弱化。④ 与生产主义的逻辑相似，社会投资理论也被应用至对东亚地区的社会政策讨论中，被认为是有助于人力资本

---

① Holliday, Ian. "Productivist Welfare Capitalism: Social Policy in East Asia", *Political Studies*, Vol. 48, No. 4, February 2002, pp. 706 – 723; Gough, Ian. "East Asia: The Limits of Productivist Regimes". In Gough, Ian, Geof Wood, Armando Barrientos, Philippa Bevan, Graham Room and Peter Davis (eds.). *Insecurity and Welfare Regimes in Asia, Africa and Latin America: Social Policy in Development Contexts*. Cambridge: Cambridge University Press, 2004, pp. 169 – 201; Choi, Young Jun. "End of the Era of Productivist Welfare Capitalism? Diverging Welfare Regimes in East Asia", *Asian Journal of Social Science*, Vol. 40, No. 3, January 2012, pp. 275 – 294; Choi, Young Jun. "Developmentalism and Productivism in East Asian Welfare Regimes". In Misa Izuhara (eds). *Handbook on East Asian Social Policy*. Cheltenham: Edward Elgar Publishing, pp. 207 – 225.

② Kwon, Huck-ju. "Transforming the Developmental Welfare State in East Asia", *Development and Change*, Vol. 36, No. 3, May 2005, pp. 477 – 497.

③ Lin, Ka and Chack-kie Won. "Social Policy and Social Order in East Asia: An Evolutionary View", *Asia Pacific Journal of Social Work and Development*, Vol. 23, No. 4, December 2013, pp. 270 – 284.

④ Choi, Young Jun. "End of the Era of Productivist Welfare Capitalism? Diverging Welfare Regimes in East Asia", *Asian Journal of Social Science*, Vol. 40, No. 3, January 2012, pp. 275 – 294.

发展的儿童照护能够获得更多的社会支出。① 这可能导致的情况是，同样被定义为存在较为迫切照护需要的群体，老年人相对于儿童群体而言在有限资源的分配竞争中处于相对弱势的地位。因此，在此制度逻辑下，老年人能够获取的公共资源的支持可能相对受到限制，应当考虑如何运用社会制度更好地满足老年人的需求。然而，也有研究指出，东亚地区过往的生产主义的社会福利体制在近年来受到了较大的挑战，或难以用单一的模式特征概括东亚地区的福利体制。②

在对东亚地区的讨论中，不少学者分析认为家族主义（Familialism）也是其福利体制的另一特征，其本质上是以家庭为中心。③ 具体到与老年人相关的议题，家庭成员的照护主要依赖于家庭内部资源的分享，例如基于代际契约的对老年父母的照顾。在相关社会政策中，有学者指出，东亚地区的国家仅充当"安全网"角色④，而家庭则通常发挥更重

---

① Lee, Sophia Seung-yoon and Seung-ho Baek. "The Social Investment Approach in the Productivist Welfare Regime: The Unfolding of Social Investment in South Korea and Japan". In Eydal, Guðný B and Tine Rostgaard (eds.). *Handbook of Family Policy*. Cheltenham: Edward Elgar Publishing, 2018, pp. 111 – 123.

② Yang, Nan. "East Asia in Transition: Re-examining the East Asian Welfare Model Using Fuzzy Sets", *Journal of Asian Public Policy*, Vol. 10, No. 1, January 2017, pp. 104 – 120; Yang, Nan and Stefan Kühner. "Beyond the Limits of the Productivist Regime: Capturing Three Decades of East Asian Welfare Development with Fuzzy Sets", *Social Policy and Society*, Vol. 19, No. 4, October 2020, pp. 613 – 627.

③ Abrahamson, Peter. "The Welfare Modelling Business Revisited: The Case of East Asian Welfare Regimes". In Hwang G-J (eds.). *New Welfare States in East Asia: Global Challenges and Restructuring*. Cheltenham: Edward Elgar Publishing, 2011, pp. 15 – 34.

④ Ochiai, Emiko. "Care Diamonds and Welfare Regimes in East and South-East Asian Societies: Bridging Family and Welfare Sociology", *International Journal of Japanese Sociology*, Vol. 18, No. 1, November 2009, pp. 60 – 78; Yamashita, Junko and N. A. O. K. O. Soma. "The Double Responsibilities of Care in Japan: Emerging New Social Risks for Women Providing both Childcare and Care for the Elderly". In Chan, Raymond K. H, Jens Zinn and Lih-Rong Wang (eds.). *New Life Courses, Social Risks and Social Policy in East Asia*. Milton: Routledge, October 2015, pp. 113 – 129.

要的作用。① 此外，社会保障体制的发展也因为相似的社会经济和文化背景显示出一定的共性。以儒家文化和强调"孝"的社会观念为例，家庭一直是承担福利的主要角色。② 在对东亚地区福利体制的讨论中，关于"国家"与"家庭"的角色定位争议层出不穷。有研究提出，即便历经近年来的各项社会变迁和多方面的社会制度改革，家庭依然处于东亚地区福利资本主义的核心。③ 然而，由于各地区都在人口老龄化方面面临着不同程度的压力，日益庞大的老年人群体带来的新社会风险增长，区别于家庭所能够发挥的作用，国家也应当通过调整和完善制度安排以更大程度地满足老年人的照护需求。其中，长期护理保险被认为是回应老年人群体照护难题的重要制度安排。对此，日本与韩国先后构建独立的长期照护保险制度，而日本的福利体制更被认为是已经逐渐向保守主义转型。④ 东亚地区其他国家的探索为我国长期护理保险制度的发展提供了较多的借鉴，而这些都被认为是对世界上第一个通过法律制度确立长期照护保险制度为社会保险制度的国家——德国的有益政策学习，并

---

① Aspalter, Christian. "The East Asian Welfare Model", *International Journal of Social Welfare*, Vol. 15, No. 4, October 2006, pp. 290 – 301; Izuhara, Misa. "New Patters of Family Reciprocity? Policy Challenges in Ageing Societies". In Izuhara, Misa (eds.). *Ageing and Intergenerational Relations: Family Reciprocity from a Global Perspective*. Bristol: Policy Press, 2010, pp. 149 – 159.

② Jones, Catherine. "Hong Kong, Singapore, South Korea and Taiwan: Oikonomic Welfare States", *Government and Opposition*, Vol. 25, No. 4, October 1990, pp. 446 – 462; Jones, Catherine. "The Pacific Challenge: Confucian Welfare States". In Jones, Catherine (eds.). *New Perspectives on the Welfare State in Europe*. London: Routledge, 1993, pp. 184 – 203; Sung, Sirin and Gillian Pascall. "Introduction: Gender and Welfare States in East Asia". In Sung, Sirin, and Gillian Pascall (eds.). *Gender and Welfare States in East Asia*. New York: Palgrave Macmillan, 2014, pp. 1 – 28.

③ Ochiai, Emiko. "Unsustainable Societies: The Failure of Familialism in East Asia's Compressed Modernity", *Historical Social Research/Historische Sozialforschung*, Vol. 36, No. 2, January 2011, pp. 219 – 245.

④ Abrahamson, Peter. "East Asian Welfare Regime: Obsolete Ideal-type or Diversified Reality", *Journal of Asian Public Policy*, Vol. 10, No. 1, January 2017, pp. 90 – 103.

已经在各自的实践中呈现出特定的地方特色。因此，关于长期护理保险制度的讨论应当充分借鉴德国、日本与韩国的案例，这将会在本书的第二章详细展开。

在我国的具体语境下，为积极应对人口老龄化，党的十九大报告提出，"构建养老、孝老、敬老政策体系和社会环境，推进医养结合，加快老龄事业和产业发展"，这些都是我国高度重视人口老龄化形势的及时应对和科学应对，从国家发展的层面为与老年人相关的制度安排予以方向指引。我国《"健康中国2030"规划纲要》则在具体制度设计上提出要求，指出要基于维护全生命周期健康的主要任务，需要实施老年健康促进行动，需要健全老年健康服务体系，完善居家和社区养老政策，推进医养结合，探索长期护理保险制度，打造老年宜居环境，实现健康老龄化。《第十四个五年规划和2035年远景目标纲要》进一步强调要实施积极应对人口老龄化国家战略，提出了多项具体的建设任务。由此，在国家多项战略文件中，都明确提出需要完善与老年人群体相关的多项制度安排。长期护理保险制度的执行是国家履行社会职能的重要体现，旨在为老年人享有对应的照护服务提供资金保障与服务支持，这能够通过保险制度的实践推进长期护理服务体系的不断发展。基于人口老龄化日益严峻的社会背景，我国充分审视基本国情，并借鉴德国、日本与韩国等长期照护保险制度探索的案例，结合我国地区之间差异性，先后提出我国长期护理保险的两轮试点方案，通过引导各试点因地制宜探索长期护理保险模式，已经为下阶段适用于全国范围内的保险制度的探索累积了一定的经验。在目前的试点阶段，我国在国家层面上已提出指导方案和相关配套政策，通过构建长期护理保险制度推动我国老年友好型的社会保障体系的发展和完善，以切实保障老年人能够享受到所需要的照护服务。

三、长期护理保险成为我国政策探讨与学界研究的重点

2016 年,我国人力资源社会保障部办公厅发布的《关于开展长期护理保险制度试点的指导意见》,提出在承德市、长春市和安庆市等 15 个城市进行长期护理保险制度试点,标志着我国长期护理保险制度的第一轮试点正式启动。在第一轮试点的基础上,2020 年 9 月,国家医疗保障局发布《关于扩大长期护理保险制度试点的指导意见》,公布了 14 个第二批试点地区,这体现了我国长期护理保险制度的深化探索。迄今为止,已有不少学术研究就我国应该采取什么模式的长期护理保险制度展开讨论,或对于公共保险模式的服务对象、服务内容、服务递送和筹资机制等多个环节进行论述,分析我国长期护理保险发展的可行路径。在政策层面的讨论,基于我国试点城市的实践,也有大量研究对长期护理保险在我国的发展进行了模式分析,主要是基于特定城市展开模式论述,或对于试点城市(尤其是第一批试点)构建横向的对比研究,通过比较地方长期护理保险制度,剖析地方经验模式以助力构建国家层面的制度框架。其中,国内外不少学者以我国青岛市、成都市与上海市等试点的长期护理保险制度为研究对象,提炼相关经验,并已经产出制度研究的大量成果[1],但是却鲜有研究关注广州市长期护理保险制度的实施情况。

回顾广州市长期护理保险制度的探索历程,广州市基于地方实际提

---

[1] 戴卫东:《中国长期护理服务体系建构研究》,北京:社会科学文献出版社 2018 年版;米红、纪敏、刘卫国:《青岛市长期护理保险研究》,北京:中国劳动社会保障出版社 2019 年版;张盈华:《中国长期护理保险:试点推进与实践探索》,北京:社会科学文献出版社 2019 年版;张盈华、杨东方等:《长期护理保险制度探索的郑州模式》,北京:经济管理出版社 2019 年版;Luk, Sabrina Ching Yuen, Hui Zhang and Peter P. Yuen. *Ageing and Effecting Long-term Care in China*. Abingdon: Routledge, 2021.

出具有针对性的制度方案，能够及时进行政策调整以回应失能群体的需求，且在部分的制度设计上体现出前瞻性的考量。广州市在服务对象、服务内容、服务递送和筹资机制各个环节不断创新，已经形成了相对成熟的长期护理保险制度模式。在"广州模式"中，制度的调整包括：不断扩大长期护理保险制度的覆盖范围，提升待遇支付水平，引入社会力量参与长期护理服务递送，并通过优化筹资机制的设计保障长期护理保险制度稳定和可持续的资金来源。此外，广州市也在不断发展并完善医疗保险中心、商业保险公司、协议定点服务机构和护理员等多元主体构成的长期护理服务体系，旨在为需要照护的群体提供更具有针对性的长期护理服务。实际上，广州市的长期护理保险制度是对其他各国和我国其他试点已有模式的综合借鉴和学习，在整体模式上呈现出"集百家所长"的特征，其核心是以老年人切实的照护需求为制度实施全周期内的基本导向和首要原则。在此原则指引下，广州市深入了解老年人所需要的照护服务，在综合考虑财政可行性与多元主体参与的既有模式等方面的基础上，不断完善相应的制度安排，已经构建起最符合广州市本土实际和本地老年人需求的长期护理保险制度的"广州模式"。

第二章 长期照护保险的世界经验：从德国到日韩

一、长期照护的制度模式选择

长期照护（Long-term Care）也被翻译为"长期护理"与"长期照料"。"长期照护"针对的是不能独立维持日常生活的失能者，可以由机构、社区或家庭来提供，包括从康复和护理服务到日常生活协助（包括上下床、步行、洗澡、穿衣、煮食、理财和社会支持等）的一系列服务，用以满足体弱或因为其他慢性疾病、受伤、身体生理或认知能力等方面受到损害而导致日常生活能力（Activities of daily living）受到限制的成年人的需求。①

基于不断增长的照护需求，20世纪90年代以来，大部分经合组织

---

① Edward C., Norton. "Long-term Care". In Anthony J. Culyer and Joseph P. Newhouse (eds.). *Handbook of Health Economics*. London: Elsevier, 2000, p. 957; World Health Organization. *Integrated Continuum of Long-term Care*. [Online]. Available at https://www.who.int/teams/maternal-newborn-child-adolescent-health-and-ageing/ageing-and-health/integrated-continuum-of-long-term-care [Accessed 1 Feb. 2022]; Colombo, Francesca and Jérôme Mercier. "Help Wanted? Fair and Sustainable Financing of Long-term Care Services", *Applied Economic Perspectives and Policy*, Vol. 34, No. 2, July 2012, pp. 316–332.

成员国以立法形式建立了"长期照护"公共筹资制度①，以应对社会化的失能风险。长期照护制度可以分为家计审查型（Means-tested）和普惠型（Universal）这两种类型，前者只针对低收入人群提供兜底性服务，后者不设门槛，覆盖全民。其中，普惠型长期照护服务是大多数国家的选择，可以总结为三个类别。②

第一，税收制模式（Tax-based Models）。挪威、瑞典、丹麦和芬兰都是提供普惠型、以税收为筹资途径的长期照护服务，这些国家承担起照顾所有老人和残疾人的责任，且其地方政府（例如市、县）都在组织服务提供和服务筹资方面享有很高的自主权，包括征税权。国家通常根据人口结构和国民需要来向市政当局（例如芬兰）或地区当局（例如丹麦）提供非指定用途的补贴。实行税收制的长期照护服务由国家预算（中央与地方）提供资金，优势之一是有更广泛的税基，因此筹资不受工资占国内生产总值（GDP）比例的限制。由于资本收入也被纳入资金来源，在社会层面上较为公平。以税收为基础的制度的另一个优点是它们在提供福利方面具有灵活性和适应性，可能更容易解决关于长期护理未来成本的不确定性。但是，其潜在的负面影响则降低了这些相同利益分配的透明度。另外，相对于社会保险制度，税收制使得具有类似需求的群体之间可能存在不平等。与社会保险不同，在以税收为基础的体系中，没有既定的算法来划定资格，这一过程通常由地方政府来决定是否有资格或是否有服务，这可能会导致地区之间的不平等。③

第二，公共长期照护服务保险模式（Public Long-term Care Insurance

---

① 孙建娥，张志雄：《以社区为基础的老年人长期护理服务模式——OECD 国家的经验及其对我国的启示》，载《湖南师范大学社会科学学报》，2016 年第 2 期。

② Francesca, Colombo, Llena-Nozal Ana, Mercier Jérôme and Tjadens Frits. *OECD Health Policy Studies Help Wanted: Providing and Paying for Long-term Care.* Paris: OECD Publishing, 2011.

③ Joshua, Laurie. "Aging and Long-term Care Systems: A Review of Finance and Governance Arrangements in Europe, North America and Asia-Pacific". Washington, DC: World Bank Group, Working Paper, No.1705, 2017.

Model)。这种模式推行全民覆盖的、独立和专门的长期照护服务社会保险制度，例如德国、日本与韩国。这种模式一般是全面覆盖的，不仅覆盖全体人口，也包括所提供服务的种类范围。社会保险筹资模式比税收制在某些方面更具有优势：(1) 分配透明度。福利的分配通常遵循一个既定的方式，而不是依赖长期照护服务管理者的自由裁量权或可用资源。因此，社会保险模式可以对福利待遇提供更大的保障。此外，通过将长期照护服务的享有和此前个人的缴费情况联系起来，可以消除关于福利享有的潜在污名化问题。由于社会保险制度通常是通过特定的评估来实现的，且福利是统一的，因此它们也可能提升获取长期照护服务的便捷性和限制地域不平等。(2) 财政透明度。社会保险通常由社会缴款（工资税）筹资，这些收入用于专门配置给对应的体系，而不是划拨至国家的一般性收入。社会保险模式能够保障可靠的和可预测的资金来源，公众相信为此支付的服务是可及的，有助于提升公众的参与意愿。

第三，通过医疗体系支付的个人护理服务 (Personal Care Through The Health System)。这种模式完全通过医疗系统来提供长期照护服务的费用，所提供的服务包括专业的护理服务和日常照护（穿衣、喂食和洗衣服等）。长期护理的机构照护呈现出医疗模式，服务主要由专业的护士提供。

相比于税收模式和医疗体系支付模式，公共保险模式具有许多潜在优势：(1) 保险制的福利分配通过特定的评估来实现，而不是由长期照护服务管理者的自由裁量权或可用资源来决定，因此它能够避免地域之间的不平等和加强福利待遇保障。(2) 社会保险通常由社会缴款（工资税）筹资，与一般性收入不同，这类收入专款专用，同时结合社会经济环境的变化调整参保缴费率，从而为长期照护服务体系构建一个可靠的和可预测的资金来源，且能够提高公众的支付意愿。(3) 公共保险制财务费用由社会成员共同分担，体现互助精神，且可以利用现收现付模式在代际之间分担风险。(4) 与医疗体系支付模式相比，社会保险制能够避免长期照护服务的递送呈现出过度医疗化的特征。

关于社会保险型的长期照护保险制度，典型代表为德国、日本与韩国。作为社会保险制度的发源地，德国的长期照护保险制度被视为典范，而日本与韩国则是对德国模式的有效政策学习，结合东亚地区独特的社会文化背景等因素，构建出他们各自独特的"日本模式"与"韩国模式"。① 因此，长期照护保险制度从德国到日本与韩国，一定程度上可以被视为起源的制度安排到东亚地区的适应性发展。② 虽然德国、日本与韩国在长期照护保险制度起步探索时间上有所差异，但这些国家构建长期照护保险制度都是基于类似的社会背景，包括但不限于本国人口老龄化、传统家庭结构逐步变化、老年人照护需求骤增、既有的老年人照料服务（主要来自家庭）难以满足需求、医疗服务系统压力逐步增大、政府对社会福利发展偏好与国家经济不断发展等社会条件的变化。③ 它们都选择以立法的形式构建独立运行的长期照护保险制度，为有照护需求的老年人（或全体国民）提供多层次与多样化的长期照护服务。迄今为止，它们的长期照护保险制度探索都历经了较为丰富的实践。

作为我国社会保障体系的"第六险"，长期护理保险制度在我国的

---

① Campbell, John Creighton, Naoki Ikegami and Soonman Kwon. "Policy Learning and Cross-national Diffusion in Social Long-term Care Insurance: Germany, Japan, and the Republic of Korea", International Social Security Review, Vol. 62, No. 4, October 2009, pp. 63 – 80.

② Kwon, Soonman. "Future of Long-term Care Financing for the Elderly in Korea", Journal of Aging & Social Policy, Vol. 20, No. 1, August 2008, pp. 119 – 136; Kwon, Soonman. "The Introduction of Long-term Care Insurance in South Korea", Eurohealth, Vol. 15, No. 1, 2009, pp. 28; Nadash, Pamela and Yao-Chi Shih. "Introducing Social Insurance for Long-term Care in Taiwan: Key Issues", International Journal of Social Welfare, Vol. 22, No. 1, January 2013, pp. 69 – 79.

③ Schneider, Ulrike. "Germany's Social Long-term Care Insurance: Design, Implementation and Evaluation", International Social Security Review, Vol. 52, No. 2, 1999, pp. 31 – 74; Kim, Hongsoo, Young-Il Jung and Soonman Kwon. "Delivery of Institutional Long-term Care under Two Social Insurances: Lessons from the Korean Experience", Health Policy, Vol. 119, No. 10, October 2015, pp. 1330 – 1337.

探索依然处于试点阶段，因此，可以结合德国、日本与韩国等国家的经验，立足我国本土情况发展与完善既有的试点模式，并最终构建起能够应用于全国范围的长期护理保险制度框架。因此，本章节选德国、日本与韩国的实践案例，从服务对象、服务内容、服务递送与筹资机制四个方面，在总结各方面相关研究的基础上，梳理三个国家的长期照护保险制度，为我国长期护理保险制度的探索总结经验。

二、长期照护保险制度内容对比

基于社会政策的分析框架，结合德国、日本与韩国现行的长期照护保险制度，本部分将从服务对象、服务内容、服务递送和筹资机制对三个国家的保险制度内容进行对比。

（一）服务对象

首先需要区分长期照护保险的参保对象与服务对象。作为一项公共保险制度，参保对象是指在出现长期照护需求时获得长期照护保险赔付的人群，具有依法依规缴纳保险费（税）的义务。[①] 不同国家的参保对象覆盖面有所不同。在德国，参与长期照护保险具有强制性，所有公民都必须参与，且长期照护保险与医疗保险紧密结合，即公民参加医疗保险的同时必须参加护理保险；在日本，40岁以上的人都必须参加介护保险，其中，65岁及以上老人为第一类参保人，他们的缴费从养老金中扣除；40至64岁老人为第二类参保人，他们的缴费与个人收入挂钩。有学者对比德国与日本的长期照护保险覆盖率，认为迥异的建制理念是导致悬殊的覆盖率的主要原因——德国建立长期照护保险制度的思想基础

---

① 孙洁，蒋悦竹：《社会长期护理保险筹资机制理论分析框架》，载《江西财经大学学报》，2018年第1期；何世英，戴瑞明，王颖，蒋曼，白鸽，罗力何：《我国长期护理保险试点地区筹资机制比较研究》，载《中国卫生资源》，2019年第1期。

是保障人的尊严和维护社会公正，日本长期照护保险制度则在家庭养老这一东方传统文化价值观基础上建立。①

服务对象是参加长期照护保险制度且符合身体失能状况评估的人群。德国长期照护保险覆盖范围与医疗保险覆盖范围一样，所有参加社会医疗保险的居民必须同时参加社会长期照护保险，包括雇员、失业金领取对象、社会救济对象、退休人员和学生等。长期照护保险制度的目的是为那些有照护需求的人提供照护服务，无论其年龄的高低，也就是说，长期照护服务的对象不局限于老年人，而是根据失能失智程度确定。长期护理等级的评估由法定健康保险医疗咨询服务机构（Medical Advisory Service，MDK）、其他独立评估人员，或者是为特定保险的社会医疗服务机构（Social Medical Service，SMD）对患者进行评估，以确定各个案例的长期护理的需要和费用金额。2017年起实施的新法案规定，针对生理、心理和认知方面的情况，将护理等级标准细分至五个等级，评估标准涵盖移动能力、认知和沟通能力、行为与心理能力、自理能力、独立处理治疗需求和压力的能力、社交能力这六个方面②，体现了长期照护保险在服务对象方面制度设计的不断精细化。

日本的《介护保险法》提出，"当老年人因疾病而处于介护状态时，有权接受介护功能训练、照护管理和治疗等适合老年人身心状态的服务，促使其生活自理，以增进国民保健和福利"。日本的受益对象分为一类被保险人和二类被保险人，一类被保险人是65岁及以上需要长期照护（卧床不起、失智）或需要支持（身体虚弱）的人群，二类被保险

---

① 王敏，李彦，孙晓阳：《长期护理保险筹资机制研究——以德国和日本经验为例》，载《医学与法学》，2017年第1期。

② Federal Ministry of Health Department of Public Relations and Publications. Long-Term Care Guide: Everything You Need to Know about Long-term Care, 2020. [Online]. Available at https://www.bundesgesundheitsministerium.de/fileadmin/Dateien/5_Publikationen/Pflege/Broschueren/200320_BMG_Ratgeber-Pflege_DINA5_ENG_bf.pdf [Accessed 1 Feb. 2022].

人是因受到与年龄相关的疾病如早期失智、心脑血管疾病导致的卧床不起、失智和身体虚弱。前者是出于任何原因导致的长期照护需求都能受益，后者只有患有与年龄相关的特定疾病导致的长期照护需求才能受益。申请人的资格认定由本地机构使用全国通用的护理对象认定调查表进行初步判定，并由医生、护士和保健师等成员组成的评定机构最终判定身体状况等级。根据身体评估的结果，分为七个等级以决定受益人可接受的服务范围和数量，分别分为两个"需要援助"等级，给予那些相对轻微失能失智老人，五个"需要照护"等级，给予那些情况更严重的老人。评估通常每六个月复审一次。①

韩国长期照护保险推出时以失能老年人为目标群体，并逐步转变为覆盖全体国民，实现了长期照护保险的全民参与。受益人群则分为65岁及以上的老年人和65岁以下但患有老年疾病的老年人。而资格认定则由本地的长期照护保险机构认证。资格审查委员会由医生、护士等成员构成，负责审查申请人的生理和心理功能。当受到长期照护认知活动支持评定，被判断为超过六个月不能自理的老年人则能获取相应的服务。②

因此，德国、日本与韩国的长期照护保险都以法律的形式，明确了长期照护保险制度的以强制性公共保险制度的形式运行，且服务对象的界定不断调整与完善，覆盖范围从失能对象逐渐拓展至失智对象，对评估等级的划分更加细致，针对不同等级的对象提供相应的照护计划，能够为越来越多存在长期照护需求的群体提供针对性的照护服务。

---

① Ministry of Health, Labour and Welfare. *Long-Term Care, Health and Welfare Services for the Elderly*, 2017. [Online]. Available at https：//www.mhlw.go.jp/english/policy/care-welfare/care-welfare-elderly/index.html [Accessed 1 Feb. 2022].

② National Health Insurance Service. *Insurance Benefit*. [Online]. Available at https：//www.nhis.or.kr/static/html/wbd/g/a/wbdga0503.html [Accessed 1 Feb. 2022].

(二) 服务内容

通常而言，长期照护保险制度的服务可以从服务给付方式（现金给付、服务给付）与服务类型（机构照护、居家照护、社区照护）。本部分在总结这两方面的已有研究基础上，分析德国、日本与韩国长期照护保险制度的服务内容。

1. 给付方式：现金给付 vs 服务给付

福利给付方式，即现金给付或是服务给付，一直是社会政策领域中有争议的议题。

照护服务的现金给付（Cash for Care）是通过向协议定点服务机构购买服务的形式，为符合资格的老年人提供机构照护或是居家照护服务。长期照护服务的现金给付模式作为总体政策体系中的关键部分，其潜在影响应当基于特定国家语境开展分析。[1] 作为以失能老人和他们的照护服务提供者为目标的制度安排，现金给付模式在照护服务递送中具有多方面的优势。

第一，现金给付的照护服务允许服务对象能够自主选择，例如失能老人或是他们的家属可能倾向于选择不同类别的服务和服务提供者。现金给付能够增强被服务对象对照料服务的购买力，成为"消费者"，拥有对照料服务的自主权和做选择的权利。[2] 服务对象自主选择也促进了服务提供机构的良性竞争，引导他们通过提高服务的质量来获取更多的

---

[1] Da Roit, Barbara and Blanche Le Bihan. "Similar and Yet So Different: Cash-for-care in Six European Countries' Long-term Care Policies?", *The Milbank Quarterly*, Vol. 88, No. 3, September 2010, pp. 286–309.

[2] Arksey, Hilary and Caroline Glendinning. "Choice in the Context of Informal Care-giving", *Health & Social Care in the Community*, Vol. 15, No. 2, March 2007, pp. 165–175; Glendinning, Caroline. "Increasing Choice and Control for Older and Disabled People: A Critical Review of New Developments in England", *Social Policy & Administration*, Vol. 42, No. 5, October 2008, pp. 451–469.

服务购买。①

第二，现金给付也是对非正式照护的认可。由于非正式照护过往通常主要由家庭成员无偿提供，而现金给付实现了对照护服务的商品化②，因此能够允许失能老人通过现金福利聘请他们更为熟悉的家属或朋友为他们提供照护服务，尤其是实现对女性家庭成员提供照料服务的"专业化"，使照料服务者获得备受认可的职业身份。③ 在部分国家，例如法国与荷兰，若失能老人选择由家属提供的非正式照护，家属需要以被雇佣的形式提供服务，现金给付则被视为是提供给家属的工资，这在一定程度上是实现非正式照护的"正规化"过程，也有助于缓解公共照料服务体系的发展压力。

第三，现金给付的长期照护政策对于特定形式的照护与非正式照护服务的发展起到了促进作用。通过创造大量的作为家属护理员的工作岗位，刺激了非正式照护服务市场的发展，同时也促进了政策制定者推动相关照护政策和劳工政策的规范化。除了由家庭成员提供照料服务，现金给付的制度安排也让失能老人能够在家庭以外的照料服务市场聘请专门的照护人员，尤其是来自非发达地区或国家的流动务工人员，因此也为更多地区与国家的人员提供了收入稳定的优质工作岗位，增强了跨地区与跨国之间的经济联系，并拉动当地经济的发展。④

---

① Kremer, Monique. "Consumers in Charge of Care: The Dutch Personal Budget and Its Impact on the Market, Professionals and the Family?", *European Societies*, Vol. 8, No. 3, September 2006, pp. 385 – 401.

② Martin, Claude and Blanche Le Bihan. "Cash for Care in the French Welfare State: A Skilful Compromise?". In Ungerson, Clare., Yeandle, Susan, Yeandle, S. M. and Yeandle, Sue (eds.). *Cash for Care Systems in Developed Welfare States*. London: Palgrave, 2007, pp. 32 – 59.

③ Allen, Kerry, Jon Glasby and Ricardo Rodrigues. "Joint Working between Health and Social Care". In Kai Leichsenring, Jenny Billings, Henk Nies (eds.). *Long-Term Care in Europe*. London: Palgrave Macmillan, 2013, pp. 81 – 99.

④ Bednárik, Rastislav, Patrizia Di Santo and Kai Leichsenring. "The 'Care Gap' and Migrant Carers". In Leichsenring Kai, Jenny Billings and Henk Nies (eds.). *Long-Term Care in Europe*. London: Palgrave Macmillan, 2013, pp. 213 – 231.

因此，相对于服务递送，现金给付被认为是提供长期照护服务成本更低的和更灵活的政策选择，能够以更高的性价比为老年人提供所需要的多元照料服务①，也可以通过减少正规化照料服务降低公共支出。② 现金给付能够让服务使用者自行选择服务递送方、服务的类型和服务数量，成为了不少国家长期照护服务递送的方式。然而，在选择现金给付的政策安排中，依据相关法律法规对服务使用者被赋予享用的自主权的程度、现金给付的方式等方面的限定有所差异，这又与对照护需求的满足能力、来自家庭的资源支持以及照料服务市场的发展程度密切相关。③

然而，现金给付的方式也存在一定的争议。第一，因为现金给付会减少被服务对象对正式照护服务的可及性，相应地增加对家属的依赖，在既有性别角色分工的讨论中，通常对女性家属的影响更显著，所以这可能会影响女性参与劳动力市场的比例。④ 尤其在东亚地区，不少以日本与韩国为对象的研究指出，提供现金福利反而会把女性成员"留在"家庭中继续提供照护服务，而减少了他们外出参与到劳动力市场中的机会。得益于女性主义的不断发展，不少女性希望打破他们在家庭中固有

---

① Da Roit, Barbara. "Changing Intergenerational Solidarities within Families in a Mediterranean Welfare State: Elderly Care in Italy", *Current Sociology*, Vol. 55, No. 2, March 2007, pp. 251 – 269.
② Francesca, Colombo, Llena-Nozal Ana, Mercier Jérôme and Tjadens Frits. *OECD Health Policy Studies Help Wanted: Providing and Paying for Long-term Care*. Paris: OECD Publishing, 2011.
③ Da Roit, Barbara and Blanche Le Bihan. "Similar and yet so Different: Cash-for-care in Six European Countries' Long-term Care Policies?", *The Milbank Quarterly*, Vol. 88, No. 3, September 2010, pp. 286 – 309.
④ Da Roit, Barbara and Blanche Le Bihan. "Similar and yet so Different: Cash-for-care in Six European Countries' Long-term Care Policies?", *The Milbank Quarterly*, Vol. 88, No. 3, September 2010, pp. 286 – 309; Hiilamo, Heikki and Olli Kangas. "Trap for Women or Freedom to Choose? The Struggle over Cash for Childcare Schemes in Finland and Sweden", *Journal of Social Policy*, Vol. 38, No. 3, July 2009, pp. 457 – 475.

的提供护理服务的角色。① 然而，也有观点认为，即使在东亚地区，只要通过适当的政策设计提供现金福利，这种负面影响可能会降低。② 第二，现金给付模式的选择可能会导致正式照护服务与非正式照护服务的界限模糊。虽然不少国家采取混合型的给付模式，但是人们对现金给付的偏好在促进非正式照料服务发展的同时，也对由家属提供的非正式照料服务的质量提出了更多专业化的要求，这主要依赖于由国家对家属提供更多专业的建议和支持以满足老年人的照护需要。然而，这需要较为高昂的成本，对长期护理政策提出了更高的要求。③ 相对地，实物给付（Benefit in Kind），亦即直接为服务对象递送他们所需要的服务也被很多国家采纳。相对于现金给付，服务递送会增加服务对象对社会化照料服务的依赖，相对地只能够从家庭成员获得有限的支持，因此会很大程度地减少居家照护的覆盖比例，也限制家庭在照护服务递送过程中的作用发挥。④ 第三，以现金给付为主要模式，有可能会导致正式照护所需要

---

① Campbell, John Creighton. "How Policies Differ: Long-term-Care Insurance in Japan and Germany". In Harald Conrad and Lutzeler Ralph (ed.). *Aging and Social Policy-A German-Japanese Comparison*. Munich: Iudicium, 2002, pp. 157 – 187; Kwon, Soonman. "Future of Long-term Care Financing for the Elderly in Korea", *Journal of Aging & Social Policy*, Vol. 20, No. 1, August 2008, pp. 119 – 136; Campbell, John Creighton, Naoki Ikegami and Mary Jo Gibson. "Lessons from Public Long-term Care Insurance in Germany and Japan", *Health Affairs*, Vol. 29, No. 1, January 2010, pp. 87 – 95.

② Shimizutani, Satoshi. "The Future of Long-term Care in Japan", *Asia-Pacific Review*, Vol. 21, No. 1, January 2014, pp. 88 – 119.

③ Naiditch, Michel, Judy Triantafillou, Patrizia Di Santo, Stephanie Carretero and Elisabeth Hirsch Durrett. "User Perspectives in Long-term Care and the Role of Informal Carers". In Kai Leichsenring, Jenny Billings and Henk Nies (eds.). *Long-Term Care in Europe*. London: Palgrave Macmillan, 2013, pp. 45 – 80.

④ Da Roit, Barbara and Blanche Le Bihan. "Similar and yet so Different: Cash-for-care in Six European Countries' Long-term Care Policies?", *The Milbank Quarterly*, Vol. 88, No. 3, September 2010, pp. 286 – 309.

的基础设施建设发展不充分。① 在以现金支付为主的制度安排下，长期照护保险基金主要直接支付于护理员的劳务费用，可用于服务提供以外的硬件设施投入可能受到限制。第四，通过现金给付的方式鼓励非正式照护服务的发展，可能会对财政收入造成相当大的影响。以德国为例，由于大量提供非正式照护服务的家属护理员放弃了原本的工作，影响了劳动力市场的参与率，以此减少了平均财政收入。②

作为现金给付的对应模式，服务给付能够较大程度地避免上述可能会产生的问题。此外，在日本与韩国的长期照护保险制度设计中，给付方式还受到了社会文化因素的影响。由于这两个国家都具有非常根深蒂固的儒家文化传统，孝道与家庭观念等对人们的照护安排选择起到了相当大的影响作用，家庭在儿童与老年人照护服务中一直占据主导地位。然而，由于女性一直被视为是家庭照护服务的主要提供者，长期照护服务的现金给付无疑会进一步限制女性（尤其是年轻女性）参与劳动力市场的可能性。对此，两国的制度选择都倾向于以服务给付为主要方式，减轻女性家庭成员承担照料服务的压力，并以此促进照护服务的制度化发展。③ 因而，服务给付方式的选择还需要充分考虑所在地区的社会文化因素，尤其要结合"国家—家庭"的照护责任讨论与近年来不断发展的女性主义影响的社会性别角色分工讨论。

由于现金给付与服务给付都存在较大的争议，相对于其他国家采取

---

① Seok, Jae Eun. "Public Long-term Care Insurance for the Elderly in Korea: Design, Characteristics, and Tasks", *Social Work in Public Health*, Vol. 25, No. 2, February 2010, pp. 185 – 209.

② Geyer, Johannes, Peter Haan and Thorben Korfhage. "Indirect Fiscal Effects of Long-term Care Insurance", *Fiscal Studies*, Vol. 38, No. 3, September 2017, pp. 393 – 415.

③ Campbell, John Creighton, Naoki Ikegami and Mary Jo Gibson. "Lessons from Public Long-term Care Insurance in Germany and Japan", *Health Affairs*, Vol. 29, No. 1, January 2010, pp. 87 – 95; Rhee, Jong Chul, Nicolae Done and Gerard F. Anderson. "Considering Long-term Care Insurance for Middle-income Countries: Comparing South Korea with Japan and Germany", *Health Policy*, Vol. 119, No. 10, October 2015, pp. 1319 – 1329.

单一的现金给付或是服务给付，也有不少国家选择了另外的制度模式。例如，德国与荷兰，能够兼顾两种给付模式为被服务对象提供更有针对性的照料服务组合（Care Package）。其中，在推行混合型的福利给付的国家中，它们的制度设计也略有差异。例如，德国与法国，现金给付被认为是通过经济上补偿非正式照护者以推进非正式照护服务的发展的重要方式，满足人们对专业护理的需求。相应地，在瑞典和荷兰，它们的专业照料服务体系发展较为完善，现金给付方式被认为是服务给付的替代模式，能够丰富失能老年人的选择，提升老年人的对照料服务选择的决策能力和独立性，并提高他们参与照料服务计划过程的能力。[1] 此外，德国具有非常强的家庭支持的传统，基于福利体制的视角，德国的显著特征之一是家庭与国家之间分担为家庭成员提供照料服务的责任。因此，在德国的长期照护保险制度中，为被服务对象提供混合式的福利给付选择，也被认为是能够最大限度地保障提供照料服务的家庭成员的利益和保障专业照料服务的高质量。此外，混合式的福利给付，还能够鼓励家庭成员有经济诱因为失能老人提供所需要的照护服务，使得社会化的照料服务能够优先满足需要更为专业化的、家庭难以提供的照料服务，减轻照护机构发展的压力。[2]

2. 服务类型：机构照护 vs 居家照护 vs 社区照护

对于长期照护的类型，大致可以分为机构照护、居家照护与社区照护，这也正是各国在政策实践中所采取的主要模式。关于服务类型的研究需要依据服务地点和服务提供者两个维度开展讨论。机构照护是指在照

---

[1] Baxter, Kate and Caroline Glendinning. "Making Choices about Support Services: Disabled Adults' and Older People's Use of Information", *Health & Social Care in the Community*, Vol. 19, No. 3, May 2011, pp. 272–279.

[2] Da Roit, Barbara and Blanche Le Bihan. "Similar and yet so Different: Cash-for-care in Six European Countries' Long-term Care Policies?", *The Milbank Quarterly*, Vol. 88, No. 3, September 2010, pp. 286–309.

护机构内，由专业的护理人员提供服务；居家照护则是在被服务对象的所在具体地点，由照护机构外派上门的专业护理员，或被服务对象的家属或自行聘请的非专业护理员提供服务；社区照护则是在被护理对象居住的社区中接受照护机构提供的护理服务。以服务提供者为区分标准，则需要讨论正式照护（Formal Care）与非正式照护（Informal Care）的差异。

基于服务提供地点的差异，长期照护服务可以分为在机构内部，或是在失能老人所居住的场所提供服务。机构内提供的照护服务能够让被服务对象更便捷地获取需要特定器械提供的服务。相应地，居家照护与社区照护都属于"在地老化"的方式，让个人在自己的家和社区中接受服务。一方面，由于人们在原本的生活环境中接受服务，能够很大程度地减轻在机构居住的费用，因此更有可能成为政策制定者、服务提供者和老年人自身的选择。[1] 相对于机构照护，社区照护和居家照护都能够避免老年人经济负担加大。[2] 人们"在地老化"，能够进一步促进社区居家养老服务的发展，也能够减轻照护机构的压力；另一方面，实现"在地老化"能够有相对于居住在养老机构的一定程度的独立自主，保持原有的与家人和社区的社会联系，能够让老年人获得归属感、安全感和认同感[3]，也有助于提升老年人的生活品质。优化与社区、朋友和家人的联系正是

---

[1] World Health Organization. *Global Age-friendly Cities Project*, 2007. [Online]. Available at https：//apps.who.int/iris/handle/10665/43755 [Accessed 1 Feb. 2022].

[2] Kaye, H. Stephen, Mitchell P. La Plante and Charlene Harrington. "Do Noninstitutional Long-term Care Services Reduce Medicaid Spending?", *Health Affairs*, Vol. 28, No. 1, January 2009, pp. 262 – 272.

[3] Wiles, Janine L., Annette Leibing, Nancy Guberman, Jeanne Reeve and Ruth ES Allen. "The Meaning of 'Aging in Place' to Older People", *The Gerontologist*, Vol. 52, No. 3, June 2012, pp. 357 – 366; Lewis, Camilla and Tine Buffel. "Aging in Place and the Places of Aging: A Longitudinal Study", *Journal of Aging Studies*, Vol. 54：100870, September 2020; Iecovich, Esther. "Aging in Place: From Theory to Practice", *Anthropological Notebooks*, Vol. 20, No. 1, March 2014, pp. 21 – 32; Centers for Disease Control and Prevention. *Healthy Places Terminology*, 2009. [Online]. Available at https：//www.cdc.gov/healthyplaces/terminology.htm [Accessed 1 Feb. 2022].

促进"积极老龄化"的政策手段之一①,因而,"在地老化"成为不少国家护理制度的优先选项。

相似地,依托于社区的照护服务也可以结合"去机构化"(Deinstitutionalization)的概念开展讨论。第一,依托于社区的去机构化照料能够在社区范围内较为便捷地开展多项服务,增加服务的可及性,也有利于提升服务质量。② 第二,为被照护对象创造更多机会,使得他们能够在社区内接受服务的过程中发展人际关系网络,丰富其社交生活。去机构化的照料与在传统机构的照料一样有效,但其替代成本相对较低,能够减缓公共财政的压力,整体上符合成本效益的考虑。③

基于服务提供者的差异,长期照护服务可以分为由专业的护理人员,或是家属和保姆等非正式护理人员提供服务。两种类型的照护服务的选择通常会考虑被服务对象所在家庭的情况以及医疗服务功能的发挥④、老年人自身的日常活动能力情况。⑤

正式照护与非正式照护之间的关系可以分为多种不同的模式。⑥ 第

---

① World Health Organization. *World Report on Ageing and Health*(9241565047), 2015 [Online]. Available at https://apps.who.int/iris/bitstream/handle/10665/186463/9789240694811_eng.pdf?sequence=1 [Accessed 1 Feb. 2022].

② Pedersen, Per Bernhard and Arnulf Kolstad. "De-institutionalisation and Trans-institutionalisation-Changing Trends of Inpatient Care in Norwegian Mental Health Institutions 1950 – 2007", *International Journal of Mental Health Systems*, Vol. 3, No. 1, December 2009, pp. 1 – 20.

③ Felce, David. "Community Living for Adults with Intellectual Disabilities: Unravelling the Cost Effectiveness Discourse", *Journal of Policy and Practice in Intellectual Disabilities*, Vol. 14, No. 3, September 2017, pp. 187 – 197.

④ Van Houtven, Courtney Harold and Edward C. Norton. "Informal Care and Health Care Use of Older Adults", *Journal of Health Economics*, Vol. 23, No. 6, November 2004, pp. 1159 – 1180.

⑤ Stabile, Mark, Audrey Laporte and Peter C. Coyte. "Household Responses to Public Home Care Programs", *Journal of Health Economics*, Vol. 25, No. 4, July 2006, pp. 674 – 701.

⑥ Kemp, Candace L., Mary M. Ball and Molly M. Perkins. "Convoys of Care: Theorizing Intersections of Formal and Informal Care", *Journal of Aging Studies*, Vol. 27, No. 1, January 2013, pp. 15 – 29.

一是分层补偿模型（Hierarchical Compensatory Model）。其区分了服务提供者的基于社会关系的优先次序，从与服务接受者的亲疏关系出发，通常最优先的是家属，且其中依次是配偶、子女、家庭的其他成员和朋友，而正式照护服务者则在排序的最后。第二是替代模型（Substitution Model）。其假设一旦引入正式照护服务，非正式照护服务则会被替代，因此这两种类型的服务基本不存在关联。第三是任务特定模型（Task Specificity Model），认为正式照护与非正式照护的选择取决于特定的照护服务项目，由专业的、经过训练的正式照护服务人员能够更为娴熟地提供服务，正式与非正式照护服务相辅相成。第四是补充模型（Complementary Model）。其认为正式照护可以补偿或补充非正式照护，尤其是在老年人照护需求不断增长的情况下。然而，这些传统模型的归纳也被认为是把作为服务接受者的个体排除在外，忽视了他们作为服务的使用者在服务递送过程中的重要作用，也忽视了个人随着身体状况变化而产生的动态照护服务需求。此外，关于非正式照护对正式照护的替代效应也受到质疑[1]，有研究表明，非正式照护的发展会逐步替代正式照护。[2] 相对地，有学者指出，随着老年人失能程度的提高，人们对于非正规照护的替代效应的偏好逐渐消失。[3] 因此，非正式照护与正式照护可以应用于具有差异化照料服务需求的失能老年人，非正式照护更适宜提供给专业要求比较低的服务类型，专业性要求较高的专业护理则应该交由正规照护服务体系供给[4]，两种类型的

---

[1] Motel-Klingebiel, Andreas, Clemens Tesch-Roemer and Hans-Joachim Von Kondratowitz. "Welfare States Do Not Crowd Out the Family: Evidence for Mixed Responsibility from Comparative Analyses", *Ageing & Society*, Vol. 25, No. 6, November 2005, pp. 863 – 882.

[2] Van Houtven, Courtney Harold and Edward C. Norton. "Informal Care and Health Care Use of Older Adults", *Journal of Health Economics*, Vol. 23, No. 6, November 2004, pp. 1159 – 1180.

[3] Bonsang, Eric. "Does Informal Care from Children to Their Elderly Parents Substitute for Formal Care in Europe?", *Journal of Health Economics*, Vol. 28, No. 1, January 2009, pp. 143 – 154.

[4] Brandt, Martina, Klaus Haberkern and Marc Szydlik. "Intergenerational Help and Care in Europe", *European Sociological Review*, Vol. 25, No. 5, October 2009, pp. 585 – 601.

照护服务的混合供给更多时候适用于老年人失能程度较高的情况。① 在不少国家的案例实践中，正式照护与非正式照护往往同时被应用在对失能老人的服务递送中，满足被服务对象多样化的照料服务需求。

此外，由于长期照护制度是把原有的、主要由家庭来承担的照护老年人的责任进行重新分配，转变为由国家、市场、志愿部门和家庭等多元主体来共同承担，因此其也被认为是实现"去家庭化"的重要制度安排。② 这主要体现为老年人的照护从家庭成员，亦即非正式照护者，转移到由正式照护者为有需要的老年人提供照护服务。然而，即使对有需要群体的照料服务体系不断发展，对老年人提供的照料服务一直被认为是"性别化"的③，亦即现有的照料服务模式还是会限制女性家庭成员进入劳动力市场，因此需要"去家庭化"的照护政策，由家庭以外的其他主体提供照护服务。④ 相对地，女性参与劳动力市场的比率有所改善，但是家庭内

---

① Litwin, Howard and Claudine Attias-Donfut. "The Inter-relationship between Formal and Informal Care: A Study in France and Israel", *Ageing & Society*, Vol. 29, No. 1, January 2009, pp. 71 – 91.

② Shin, Kyung Ah. "Defamilization of Elderly Care and the Experiences of the Aged in Korea", *Korean Social Sciences Review (KSSR)*, Vol. 3, No. 1, April 2013, pp. 71 – 105; Lohmann, Henning and Hannah Zagel. "Family Policy in Comparative Perspective: The Concepts and Measurement of Familization and Defamilization", *Journal of European Social Policy*, Vol. 26, No, 1, February 2016, pp. 48 – 65.

③ Craig, Lyn and Killian Mullan. "Parenthood, Gender and Work-family Time in the United States, Australia, Italy, France, and Denmark", *Journal of Marriage and Family*, Vol. 72, No. 5, October 2010, pp. 1344 – 1361.

④ Kröger, Teppo. "Defamilisation, Dedomestication and Care Policy: Comparing Childcare Service Provisions of Welfare States", *International Journal of Sociology and Social Policy*, Vol. 31, No. 7/8, July 2011, pp. 424 – 440; Degavre, Florence and Laura Merla. "Defamilialization of Whom? Rethinking Defamilialization in the Light of Global Care Chains and the Transnational Circulation of Care". In Majella KilkeyEwa and Palenga-Möllenbeck (eds.). *Family Life in an Age of Migration and Mobility*. London: Palgrave Macmillan, 2016, pp. 287 – 311.

提供照料服务的刻板性别分工模式依然存在。① 为了从沉重的照护压力中把女性家庭成员"解放"出来，不少国家选择发展正式照护。这与"现金给付 vs 服务给付"部分的论述相似。因此，关于正式照护与非正式照护的选择，也和家庭、国家、市场和志愿部门等多元主体在老年人照护上的责任分配相关，尤其需要考虑性别相关议题。

3. 案例对比

具体到德国、日本与韩国的案例，它们的服务内容大致相似，但也存在差异。在给付方式上，德国采取混合型，日本和韩国则普遍实施实物给付；在服务类型上，三个国家都兼顾发展机构照护与居家照护（社区照护），其中，德国更为鼓励居家照护，对不同失能程度的老年人提供更具有针对性的照料服务。

在德国，照护主要分为居家照护、部分院舍照护和完全院舍照护，服务方式涵盖现金给付和实物给付，即受益人可根据意愿选择照护津贴或单纯的照护服务，属于"混合型"的福利给付形式，能够兼顾失能人员在专业化的照料服务与来自于亲属的情感慰藉需求。在居家照护中，分为正式照护和非正式照护。正式照护是指专业服务机构提供上门服务，非正式照护是指由家庭成员、邻居、朋友等提供的照护，参与照护的非正式照护者，可以获得照护津贴补助，同时享有与其他正式雇员同等的社会保险权益，与此同时，有照护需求的居民还可申请部分照护津贴与部分照护服务的组合待遇，照护保险同时提供给予家庭成员的现金津贴和支付上门照护服务。② 其中，对于 2017 年更新的五个

---

① Papadopoulos, Theodoros and Antonios Roumpakis. "Family as a Socio-economic Actor in the Political Economies of East and South East Asian Welfare Capitalisms", *Social Policy & Administration*, Vol. 51, No. 6, November 2017, pp. 857 – 875.

② Federal Ministry of Health Department of Public Relations and Publications. *Long-Term Care Guide: Everything You Need to Know about Long-term Care*, 2020. [Online]. Available at https://www.bundesgesundheitsministerium.de/fileadmin/Dateien/5_Publikationen/Pflege/Broschueren/200320_BMG_Ratgeber-Pflege_DINA5_ENG_bf.pdf [Accessed 1 Feb. 2022].

护理级别，五级居家照护服务标准低于机构照护，但三级护理的居家照护服务标准则高于机构照护，一定程度上能够鼓励轻度与中度失能人员选择居家护理。在德国长期照护保险模式中，一个显著特征是鼓励家庭承担直接的服务递送责任，亦即由家庭成员在居家环境中为失能老年人提供照护服务，这实际上与其正式照料服务体系的发展程度、非正式照料服务体系的规范化程度、社会大众的性别平等意识密切相关。

日本的长期照护服务采取实物给付的方式，主要分为居家照护、机构照护与社区照护三种服务类型。其中，"需要援助"等级的老年人能够申请的是预防性长期照护服务，一般只能够申请居家照护服务。"需要照护"等级的老年人能够自行选择申请各种照护服务。居家照护服务包括上门服务、上门洗澡、上门护理、上门康复服务、日间照护、日间康复照料、短期住院、短期入住特定营利性养老机构接受服务、居家照护管理意见指导等服务。机构服务是指分为养老院、老年疾病服务机构、长期治疗的医疗机构提供照护服务三种。社区照护则包括夜间访问、老年痴呆患者的日常照护（短期与非短期使用）、入住社区指定机构的老年人的日常长期照护服务、以社区为基础的老年人预防性设施使用、在小组之家的多功能预防性的照护服务等。①

韩国长期护理保险除了包括对居家照护和机构照护的服务给付，还有特殊的现金给付。居家照护同样包括上门照顾、上门洗浴、上门护理、日间和夜间照顾、喘息服务和其他（器械设备购买与租借）；机构照护是指长期照护机构提供照护服务，而特殊现金给付是给予照护受益

---

① Ministry of Health, Labour and Welfare. Long-Term Care, *Health and Welfare Services for the Elderly*, 2017. [Online]. Available at https://www.mhlw.go.jp/english/policy/care-welfare/care-welfare-elderly/index.html [Accessed 1 Feb. 2022]; Ministry of Health, Labour and Welfare. *Long-Term Care Insurance System*, 2019. [Online]. Available at https://www.mhlw.go.jp/content/12300000/000614772.pdf [Accessed 1 Feb. 2022].

人的家庭成员支持性的现金津贴。① 在韩国的长期照护保险制度中，实物给付是主要形式，而现金支付通常是提供给居住在较为边远地区或岛屿而无法获取定期的照料服务的申请人，而患有特定疾病（例如精神疾病和某些社交恐惧症）的服务对象也可以申请现金福利。②

过往的大量研究总结得出，包括日本与韩国在内的东亚地区都被认为在福利体制上具有家庭主义③与生产主义④的特征。前者指的是"家庭"在其成员的福利提供上承担了最重要的责任，这与它们既有的社会文化因素相关。后者指的是社会政策通常是服务于社会经济的发展，因此对国民的照护政策往往并不是国家或政府注意力分配的优先领域，这也意味着在为老年人提供照护服务的议题上，在国家的资源分配竞争中处于相对弱势的境地，家庭很有可能需要继续承担最主要的部分。无论

---

① National Health Insurance Service. *Long-term Care Insurance*. ［Online］. Available at https：//www.nhis.or.kr/static/html/wbd/g/a/wbdga0501.html ［Accessed 1 Feb. 2022］.

② National Health Insurance Service. *National Health Insurance & Long-Term Care Insurance System in Republic of Korea*, 2021. ［Online］. Available at https：//www.nhis.or.kr/english/wbheaa03500m01.do? mode = download&articleNo = 10814171&attachNo = 323871 ［Accessed 1 Feb. 2022］.

③ Jones, Catherine. "The Pacific Challenge：Confucian Welfare States". In Jones, Catherine （eds.）. *New Perspectives on the Welfare State in Europe*. London：Routledge, 1993, pp. 184 - 203；Sung, Sirin and Gillian Pascall. "Introduction：Gender and Welfare States in East Asia". In Sung, Sirin, and Gillian Pascall （eds.）. *Gender and Welfare States in East Asia*. New York：Palgrave Macmillan, 2014, pp. 1 - 28.

④ Gough, Ian. "East Asia：The Limits of Productivist Regimes". In Gough, Ian, Geof Wood, Armando Barrientos, Philippa Bevan, Graham Room and Peter Davis （eds.）. *Insecurity and Welfare Regimes in Asia, Africa and Latin America：Social Policy in Development Contexts*. Cambridge：Cambridge University Press, 2004, pp. 169 - 201；Holliday, Ian. "Productivist Welfare Capitalism：Social Policy in East Asia", *Political studies*, Vol. 48, No. 4, February 2002, pp. 706 - 723；Choi, Young Jun. "End of the Era of Productivist Welfare Capitalism? Diverging Welfare Regimes in East Asia", *Asian Journal of Social Science*, Vol. 40, No. 3, January 2012, pp. 275 - 294；Choi, Young Jun. "Developmentalism and Productivism in East Asian Welfare Regimes". In Misa Izuhara （eds）. *Handbook on East Asian Social Policy*. Cheltenham：Edward Elgar Publishing, pp. 207 - 225.

是哪一种福利体制类型,家庭在照护服务提供上都发挥着关键作用,关于"家庭化"与"去家庭化"的讨论依然是重点。

因此,在服务内容方面,与德国鼓励家庭成员提供照护服务的现金给付方式不同,在日本与韩国长期照护保险制度的给付方式选择上,考虑到家庭(尤其是女性的家庭成员)通常主要负责向老年人提供照护服务,为了减轻家庭成员的压力,让他们得以进入劳动力市场发展自己的事业,它们都选择以服务给付为主要方式,倾向于在制度内容上强调家庭以外的照护服务提供者的角色,体现了东亚地区特定文化因素的影响。① 在服务形式方面,德国、日本与韩国都兼顾发展居家照护(社区照护)和机构照护服务,尤其重视发展社区居家整合型服务发展,倡导"在地老化"的理念。

(三) 服务递送

1. 照护服务的市场化

服务递送指的是提供服务的方式,这与国家、市场、社会与家庭等行动主体在长期照护服务递送过程中责任划分密切相关,尤其需要考虑市场作为服务提供者的效率。②

长久以来,长期照护服务的提供都被认为是"家庭事务",但近年

---

① Tamiya, Nanako, Haruko Noguchi, Akihiro Nishi, Michael R. Reich, Naoki Ikegami, Hideki Hashimoto, Kenji Shibuya, Ichiro Kawachi and John Creighton Campbell. "Population Ageing and Wellbeing: Lessons from Japan's Long-term Care Insurance Policy", *The Lancet*, Vol. 378 (9797), September 2011, pp. 1183 – 1192; Rhee, Jong Chul, Nicolae Done and Gerard F. Anderson. "Considering Long-term Care Insurance for Middle-income Countries: Comparing South Korea with Japan and Germany", *Health Policy*, Vol. 119, No. 10, October 2015, pp. 1319 – 1329.
② Pavolini, Emmanuele and Costanzo Ranci. "Restructuring the Welfare State: Reforms in Long-term Care in Western European Countries", *Journal of European Social Policy*, Vol. 18, No. 3, August 2008, pp. 246 – 259; Anttonen, Anneli and Liisa Häikiö. "Care 'Going Market': Finnish Elderlycare Policies in Transition", *Nordic Journal of Social Research*, Special Issue, June 2011, pp. 70 – 90.

来它逐渐变得"公开",并开始作为一种有偿的服务,由家庭以外的其他成员提供。这个变化的过程导致了家庭与国家之间,以及公共部门(国家、市场和社会)内部的特定互动模式发生改变。在不少欧洲的国家,从20世纪八九十年代开始,政策制定者开始选择调整这些相互模式来支持长期照护服务的发展,并减少对家庭非正式照护的资源支持。① 在相关的市场化改革中,所采取的方式取决于政策目标等因素。在长期护理领域中开展的市场化导向改革通常有三种模式。② 第一,是基于新公共管理导向,结合市场竞争、效率和用户选择的原则,重构护理机构的基础设施,例如英国和瑞典在20世纪90年代对专业护理机构的基础设施实行市场化。第二,是引入对不同类型服务的现金给付计划,使得个人能够在不同的护理服务,甚至是专业化机构以外接受的私人护理服务或是家庭成员提供的有偿照护服务,例如意大利与德国的探索。第三,是以税收减免为基础,鼓励个人使用由家庭提供的服务。这些改革能够在新自由主义思想的影响下,考虑以最符合成本效益的方式来提供服务,市场中不同服务提供者能够基于用户的自由选择进行竞争。而为了进行市场化改革,也催生政府出台更多规范性政策。关于影响市场化导向的模式选择,则包括三个方面的影响因素:第一,把私人领域(家庭和家庭环境)和公共部门纳入到政策改革中;第二,把包含中央和地方各级政府的政治体制框架延伸;第三,在一般性改革中的嵌入性。③ 因此,在长期护理

---

① Ranci, Costanzo and Emmanuele Pavolini. "Institutional Change in Long-Term Care: Actors, Mechanisms and Impacts". In Ranci, Costanzo and Emmanuele Pavolini (eds.). *Reforms in Long-Term Care Policies in Europe*. New York: Springer, 2013, pp. 269 – 314.
② Ranci, Costanzo and Emmanuele Pavolini. "Institutional Change in Long-Term Care: Actors, Mechanisms and Impacts". In Ranci, Costanzo and Emmanuele Pavolini (eds.). *Reforms in Long-Term Care Policies in Europe*. New York: Springer, 2013, pp. 269 – 314.
③ Theobald, Hildegard. "Marketization and Managerialization of Long-term Care Policies in a Comparative Perspective". In Tanja Klenk and Pavolini Emmanuele (eds.). *Restructuring Welfare Governance*. Cheltenham: Edward Elgar Publishing, 2015, pp. 27 – 45.

服务递送中，不少国家也基于自身实际采取对应的市场化模式。

此外，在福利服务领域，福利市场被认为并非是完全竞争性的普通意义上的经济市场，而是"准市场"（Quasi-market），亦即政府通过向社会授权，或增强服务机构的服务提供与递送能力，但政府部门依然保留有一定程度的参与，甚至完全的福利责任转移。① 准市场的建立能够使得服务递送体系实现多元化，促进公共部门和私营部门的服务提供者之间的竞争。其应用能够打破原有的护理体系中的垄断，为营利性服务提供者提供市场。② 因此，在对于服务递送环节的讨论，需要充分考虑护理服务的特殊性质，以此研究护理服务市场的构建与对应社会主体的参与方式。

在照护服务的递送过程中引入市场化的手段，具有多方面的优势。对照护服务实现市场化能够使得服务使用者（或者其代理人）获得购买力行使他们的消费者主权。③ 由于服务使用者可以自由选择，照护服务的市场化促使机构之间的竞争，有助于提升服务质量和降低服务价格。④

---

① Bartlett, Will and Julian Le Grand. "The Theory of Quasi-markets". In Le Grand Julian and Will Bartlett (eds.). *Quasi-markets and Social Policy*. London: Palgrave Macmillan, 1993, pp. 13 – 34.

② Pavolini, Emmanuele and Costanzo Ranci. "Restructuring the Welfare State: Reforms in Long-term Care in Western European Countries", *Journal of European Social Policy*, Vol. 18, No. 3, August 2008, pp. 246 – 259.

③ Greener, Ian. "Markets in the Public Sector: When Do They Work, and What Do We Do When They Don't?", *Policy & Politics*, Vol. 36, No. 1, January 2008, pp. 93 – 108; Brennan, Deborah, Bettina Cass, Susan Himmelweit and Marta Szebehely. "The Marketisation of Care: Rationales and Consequences in Nordic and Liberal Care Regimes", *Journal of European Social Policy*, Vol. 22, No. 4, October 2012, pp. 377 – 391.

④ Brennan, Deborah, Bettina Cass, Susan Himmelweit and Marta Szebehely. "The Marketisation of Care: Rationales and Consequences in Nordic and Liberal Care Regimes", *Journal of European Social Policy*, Vol. 22, No. 4, October 2012, pp. 377 – 391; Petersen, Ole Helby and Ulf Hjelmar. "Marketization of Welfare Services in Scandinavia: A Review of Swedish and Danish Experiences", *Scandinavian Journal of Public Administration*, Vol. 17, No. 4, February 2014, pp. 3 – 20.

实际上，受到人口老龄化和不断增加的女性劳动力市场参与比例等因素的影响，公共财政支出压力也越来越大，很多西方福利国家采取了市场友好型的政策促进市场的发展①，以此引导市场主体的参与推动发展护理服务的高质量递送。例如，"服务外包"政策在很大程度上地刺激了市场中服务提供者的积极性②，催生了政府与市场主体就护理服务的递送构建多元化的协作方式。实际上，在不少西方福利国家中，由公共部门直接提供的长期照护服务逐渐减少，政府转变成为服务的购买方和监管方，非营利部门在服务递送中逐渐发挥更重要的作用③，重新定义"国家—市场"的关系。

参考西方国家实行照护服务市场化的实践经验，韩国政府也在长期照护服务领域积极进行市场化的探索。④ 具体而言，营利性服务机构得以进入以往仅限于供公共部门和非营利部门参与的长期照护服务领域，而对这些机构在人员规模和设施规模的准入条件也很大程度地

---

① Brennan, Deborah, Bettina Cass, Susan Himmelweit and Marta Szebehely. "The Marketisation of Care: Rationales and Consequences in Nordic and Liberal Care Regimes", *Journal of European Social Policy*, Vol. 22, No. 4, October 2012, pp. 377 – 391.

② Meagher, Gabrielle and Natasha Cortis. "The Political Economy of For-profit Paid Care: Theory and Evidence". In Debra King and Gabrielle Meagher (eds.). *Paid Care in Australia: Politics, Profits, Practices*. Sydney: Sydney University Press, 2009, pp. 13 – 42.

③ Pavolini, Emmanuele and Costanzo Ranci. "Restructuring the Welfare State: Reforms in Long-term Care in Western European Countries", *Journal of European Social Policy*, Vol. 18, No. 3, August 2008, pp. 246 – 259.

④ Chon, Yongho. "The Development of Korea's New Long-term Care Service Infrastructure and Its Results: Focusing on the Market-friendly Policy Used for Expansion of the Numbers of Service Providers and Personal Care Workers", *Journal of Gerontological Social Work*, Vol. 56, No. 3, April 2013, pp. 255 – 275; Choi, Jae-Sung, Sangmi Choi, Sangwoo Lee, Eunyoung Han and Myoung-il Kim. "Does Market Competition Facilitate Resident-centred Care among Nursing Homes? A Comparative Analysis", *Asia Pacific Journal of Social Work and Development*, Vol. 26, No. 1, January 2016, pp. 15 – 28.

有所放松①，因此韩国长期照护服务市场得到了很大的发展。然而，韩国发展市场化长期照护服务的模式与西方福利国家的路径有所不同。韩国长期照护服务的发展并没有历经以公共部门为基础，而是直接以市场化作为发展长期照护服务的起始途径，但是西方福利国家的市场化普遍是从以公共部门或非营利组织提供的长期照护服务体系为主，转变到市场化历程的②，因此前者市场化的探索历经时期较短，进程也相对较快。

然而，关于实行服务市场化探索后，是否会存在服务提供者因为想要把护理成本降至最低水平以获取最大化的利益，以致影响服务质量的问题也引起了一定的讨论③，这与市场机制自身的缺陷相关。由于作为服务购买方的老年人在市场机制中可能并不能够获得选择服务购买的足够信息，由此容易因为信息不对称难以了解和分析这些服务和服务供应者④，如何对制度的潜在覆盖群体进行有效的信息递送，以及对应制度宣传责任的分配，也需要进一步讨论。此外，也有学者认为，与市场化的照护服务体系关注特定服务项目相比，由公共部门提供的服务会更全面，覆盖的服务项目会更多。⑤ 因此，在长期照护服务的递送过程中引

---

① Chon, Yongho. "The Development of Korea's New Long-term Care Service Infrastructure and Its Results: Focusing on the Market-friendly Policy Used for Expansion of the Numbers of Service Providers and Personal Care Workers", *Journal of Gerontological Social Work*, Vol. 56, No. 3, April 2013, pp. 255 – 275.

② Chon, Yongho. "The Effects of Marketization of Long-term Care Services for Older Adults in Korea", *Journal of Social Service Research*, Vol. 45, No. 4, September 2018, pp. 507 – 519.

③ Meagher, Gabrielle and Natasha Cortis. "The Political Economy of For-profit Paid Care: Theory and Evidence". In Debra King and Gabrielle Meagher (eds.). *Paid Care in Australia: Politics, Profits, Practices*. Sydney: Sydney University Press, 2009, pp. 13 – 42.

④ Petersen, Ole Helby and Ulf Hjelmar. "Marketization of Welfare Services in Scandinavia: A Review of Swedish and Danish Experiences", *Scandinavian Journal of Public Administration*, Vol. 17, No. 4, February 2014, pp. 3 – 20.

⑤ Greener, Ian. "Markets in the Public Sector: When Do They Work, and What Do We Do When They Don't?", *Policy & Politics*, Vol. 36, No. 1, January 2008, pp. 93 – 108.

入市场化模式的同时,还需要考虑如何使其不足最小化。

2. 案例对比

在服务递送环节,德国的长期照护服务由家庭和专业机构共同提供,已建成针对不同失能程度的老年人的衔接性照护服务体系,历经了从公共部门提供为主到多元主体共同参与的变化,市场化程度较高。日本以公共部门为主要的服务提供者,韩国的长期照护服务参照西方福利国家的经验,从探索初期即开始发展以私人部门为主要提供方的服务递送模式。

德国的服务提供形式是公私混合型,提供照护的服务机构分为公立的福利协会、私人企业和非营利性社会组织,但它的递送多样化特征不仅体现在供给服务的组织多样性上,而且表现为递送方式选项的多元混合——一方面重视家庭和社会自治的传统,另一方面允许国家介入和规划福利产品供给。长期照护的目的是为有照护需求的人员提供以家庭和社区参与为基础的照护,而通过专业照护机构的机构照护仅被视为最后一种手段。[1] 由于德国有志愿部门参与、自助以及家庭支持的浓厚传统,德国的服务形式选择一定程度被认为与其福利体制相关。作为保守合作主义(Conservative-corporatism)的典型代表,亦即认为家庭应该与国家分担福利提供的责任[2],该模式下的照护服务制度也倾向于有家庭中的女性通过获得财政转移支付提供非正式照护,一定程度影响了其重视家庭和国家共同承担老年人照护责任的制度安排。

日本在长期照护保险实施之后,政府允许且鼓励营利和非营利机构、医疗机构等多种组织参与到居家照护服务的供给当中,通过委托任命的方式规范照护服务的项目、内容和价格,通过引入市场竞争,降低

---

[1] 刘涛:《福利多元主义视角下的德国长期照护保险制度研究》,载《公共行政评论》,2016年第4期。

[2] Esping-Andersen, G. *The Three Worlds of Welfare Capitalism*. Oxford: Polity Press, 1990; Esping-Andersen, Gosta. *Social Foundations of Postindustrial Economies*. Oxford: OUP, 1999.

服务价格，为被保险人提供多类型的服务。这促使了大量的企业和社会组织进入照护市场，服务设施大量增加。①2014年，日本修订长期照护保险制度，提出要构建以社区为基础的综合护理系统，丰富长期照护、医疗、援助和预防服务的内容，形成以医疗机构、照护机构、社区支援中心（照护经理）、家庭等多位一体的服务体系，使得老年人能够在他们熟悉的地方继续生活。日本长期照护保险的管理则是由地方负责，但上级政府与医疗保险机构等其他机构也会对地方工作予以支持。其中，地方政府的主要职责包括保险资金的筹集、接受并审批照护资格申请、提供保险服务与监管保险服务质量等，对照护服务的提供、规范照护服务市场、照护服务递送机构的管理都起到了重要作用。

不同于日本以公共部门为主要服务提供者，韩国的长期照护服务主要以私人部门为主。韩国在照护领域呈现公私多元经营的方式，政府放宽照护服务领域的准入条件，允许非营利组织和企业乃至个人参与到照护市场中，照护服务供给方的数量快速增长。②韩国长期护理保险的管理主要由国民医疗保险公司统一运行，而地方政府则负责指导、监督和管理护理机构。在韩国市场化的长期照护服务递送过程中，如何对服务供应者、护理人员以及作为消费者的老年人的行为进行有效监管，避免不合规的行为产生是需要重点关注的问题。③

在服务递送方面，德国、日本与韩国实施长期照护服务都由不同性质的机构递送，且其服务项目不断丰富、质量逐步提升，机构数量也呈现出较为显著的增长。在这些案例中，递送服务的多元主体之间的协作

---

① 黄佳豪:《日韩长期照护保险的比较研究——基于社会福利政策分析框架》，载《福建师范大学学报（哲学社会科学版）》，2016年第4期。

② 黄佳豪:《日韩长期照护保险的比较研究——基于社会福利政策分析框架》，载《福建师范大学学报（哲学社会科学版）》，2016年第4期。

③ Chon, Yongho. "The Effects of Marketization of Long-term Care Services for Older Adults in Korea", *Journal of Social Service Research*, Vol. 45, No. 4, September 2018, pp. 507–519.

日益密切，共同推进对应长期照护服务体系的深化发展，这也是长期照护保险制度发展的必然趋势。

（四）筹资机制

1. 筹资机制模式分析

由于长期照护涉及照护负担和财政压力，筹资机制成为了长期照护保险制度的核心，资金筹集是制度得以运行的基础和前提。① 筹资机制是指"和筹资密切相关的各要素及其相关关系"②，通常从筹资渠道、筹资责任、筹资方式与筹资水平等方面展开讨论。

筹资渠道，是指筹资的来源，一般包括政府财政、雇主缴费、个人缴费、基金划扣和社会捐赠。③ 从世界多国实践来看，它们的共性是强调个人、企业和政府三方的责任，筹资渠道多元是支撑长期照护保险的重要保障。④ 研究发现，绝大多数发达国家的长期照护保险制度大都经历了从依附或从属于医疗保险到发展成为独立险种的过程⑤，而我国现行试点城市筹

---

① 刘金涛、陈树文：《我国老年长期护理保险筹资机制探析》，载《大连理工大学学报（社会科学版）》，2011年第3期。

② 王敏、李彦、孙晓阳：《长期护理保险筹资机制研究——以德国和日本经验为例》，载《医学与法学》，2017年第1期。

③ 刘金涛、陈树文：《我国老年长期护理保险筹资机制探析》，载《大连理工大学学报（社会科学版）》，2011年第3期；谭睿：《长期护理保险筹资：德日韩经验与中国实践》，载《中国卫生政策研究》，2017年第8期；文太林：《中国长期照护筹资相关研究述评》，载《四川理工学院学报（社会科学版）》，2018年第1期。

④ 李长远、张会萍：《发达国家长期护理保险典型筹资模式比较及经验借鉴》，载《求实》，2018年第3期；夏雅蓉、常峰、路云、裴婕：《长期护理保险筹资机制的国际经验与中国实践》，载《卫生经济研究》，2018年第12期；尹海燕：《可持续的公共长期护理保险筹资机制：国外经验与中国方案》，载《宏观经济研究》，2020年第5期。

⑤ 李长远、张会萍：《发达国家长期护理保险典型筹资模式比较及经验借鉴》，载《求实》，2018年第3期。

资特点为以医保基金划转为主。①虽然在制度建设初期，将长期护理保险附属于医疗保险是有效率的，可以在较短时间内以较低成本提供长护服务，但是长期来看会引发"社会性住院"问题，医疗保险基金收不抵支现象严重②，将长期护理保险从医疗保险中分离出来成为必然。

筹资责任，主要围绕中央和地方政府的责任划分进行讨论，主要涉及两个方面，一是规划筹资的政府级别的设定③，二是中央和地方之间筹资责任划分。以荷兰为代表的国家在很大程度上依赖地方政府设计和管理长期照护保险服务系统，权力下放则具有三方面的优势：第一，地方政府可以在长期照护服务和其他服务之间建立必要的联系；第二，长护服务非常个性化，服务的规划和给付受到地方环境、标准和价值观等因素影响；第三，由当地管理项目会比中央更加灵活和自主。德国和日本则采取更为集中的手段，关于中央政府设立融资规范的研究指出，统一的国家计划有利于地区之间的横向公平，而且地方政府不需要对程序和系统进行另行改造，有利于节省整体行政管理费用。④因此，在多数国家的制度安排中，政府财政筹资责任通常由中央政府和地方政府共同承担。

筹资方式，是确定参保对象缴纳数额的方式⑤，目前主要有三种模式：定额制、比例制和混合制。⑥定额制是指不区分参保人年龄、收入

---

① 何世英、戴瑞明、王颖、蒋曼、白鸽、罗力：《我国长期护理保险试点地区筹资机制比较研究》，载《中国卫生资源》，2019年第1期。

② 何文炯：《长期照护保障制度建设若干问题》，载《中共浙江省委党校学报》，2017年第3期。

③ 葛蔼灵、冯占联：《中国养老服务的政策选择：建设高效可持续的中国养老服务体系》，北京：中国财政经济出版社2018年版。

④ 世界银行：《中国养老服务的政策选择：建设高效可持续的中国养老服务体系》，北京：中国财政经济出版社2018年版；Wiener, Joshua M. and Jane Tilly. "End-of-life Care in the United States: Policy Issues and Model Programs of Integrated Care", *International Journal of Integrated Care*, No. 3, April 2003.

⑤ 孙洁、蒋悦竹：《社会长期护理保险筹资机制理论分析框架》，载《江西财经大学学报》，2018年第1期。

⑥ 邵文娟：《我国长期护理保险从试点到普及的跨越》，大连：东北财经大学出版社2019年版。

等条件，将估算出的保险总支出平摊于每位参保人。比例制指根据参保人的基本医疗保险缴纳金额或工资总额按一定比例收费。混合制指参保群体筹资标准各异，部分人群按比例制确定筹资额，部分参保人群按定额制确定筹资额。不同的筹资方式有各自的优点和弊端，对长期照护保险扩建、资金筹集、效果的公平与效率等方面都有重要影响。具体而言，定额制计算方式简单便捷，易于普遍实施，但难以实现资源配置利用最大化，且筹资水平容易受到通货膨胀的影响，使基金存在收不抵支的风险；而比例制考虑了参保人的经济条件，体现了共济原则和保险的再分配功能，但是测算相对也较为复杂。

筹资水平，主要由缴费基数和保险费率或税率决定。对于筹资水平的高低，长期照护保险保障项目（如是否覆盖在专业医疗机构或者护理机构的费用支出、是否覆盖居家照护或日常照料、家庭改造等支出）、宏观筹资水平（支出占 GDP 比重）、微观筹资水平（支出占工薪总收入的比率）等指标是常用的衡量标准。① 通常而言，长期照护保险的筹资水平受到包括长期护理费用高低、参保人群平均收入水平、长期照护保险和医疗保险参保人数、人口规模、经济发展水平、财政资金充足程度、需护理者个人自付额度、国家社会保险整体筹资水平等在内的多种因素的影响。② 在具体保险筹资测算上，已有研究多应用曼联方法、减量表模型和多状态马尔科夫链等计算方法，结合 ILO 筹资模型与核密度估计方法、纵向平衡的保险精算模型来测算保险费率。③

财务模式是社会保险制度的核心之一，要能够体现公平与效率

---

① 孙洁，蒋悦竹：《社会长期护理保险筹资机制理论分析框架》，载《江西财经大学学报》，2018 年第 1 期。

② 孙洁，蒋悦竹：《社会长期护理保险筹资机制理论分析框架》，载《江西财经大学学报》，2018 年第 1 期；刘金涛，陈树文：《我国老年长期护理保险筹资机制探析》，载《大连理工大学学报（社会科学版）》，2011 年第 3 期；张俊良，杨成洲：《长期照护保险财务制度的国际经验与借鉴》，载《社会保障研究》，2017 年第 4 期。

③ 阚清泉，曹信邦：《长期护理保险筹资理论研究综述》，载《经济师》，2019 年第 3 期。

的平衡。① 长期照护保险的财务运作模式主要有三种：现收现付制（Pay-as-you-go）完全基金累积制（Full Funding）和部分基金累积制（Partial Funding）。具体而言，现收现付制是指用当期人口缴纳的保费支付当期人口所需要的长期照护费用，强调代际风险分担与互助。这个模式的优点在于借鉴传统社会保障制度，符合路径依赖的制度惯性，可操作性高，有利于制度衔接与协调，其次，这种财务模式费率通常比基金制更低，民众接受度更高。但是，其缺点在于容易受到人口变迁的冲击，财务失衡风险较大，且面临政治风险。完全基金累计制是指事先为未来所需支出储备基金，等累积到足够费用以后才能申请领取，强调个人责任与公平性。这种模式以个人负担为前提，理论上受到人口变迁的影响较小，保险费率较高，会增加财政和参保人的负担，所以被接受程度较低。但是，事先准备的前提是准确的费用估算，而这涉及未来数十年的人口健康状况、平均寿命、医疗技术发展等因素的影响，具有较大的不确定性。部分基金积累制则是一种折中方案，既保有一定数额的储备基金，也考虑了代际之间的风险分担。它兼顾了基金储备和当期支付的优点，所以成为很多国家的改革方向。②

相对地，现收现付制在效率上优于其他制度，而完全基金累积制在公平性上更胜一筹。③ 目前，德国、日本与韩国的长期照护保险制度均采用现收现付制，以支定收，有助于在制度建立之初筹集足够的资金，实现及时给付。近年来，人口老龄化加剧、就业人数减少和护理服务价格上涨，使长期照护保险财务面临可持续问题，在现行制度框架下，这

---

① 刘金涛，陈树文：《我国老年长期护理保险筹资机制探析》，载《大连理工大学学报（社会科学版）》，2011年第3期。
② 张俊良，杨成洲：《长期照护保险财务制度的国际经验与借鉴》，载《社会保障研究》，2017年第4期。
③ Holdenrieder, Jürgen. "Equity and Efficiency in Funding Long-term Care from an EU Perspective", *Journal of Public Health*, Vol. 14, No. 3, June 2006, pp. 139–47.

些国家通过上调费率、降低给付标准和降低缴费年龄等来应对。① 在我国，部分基金累计制受到推崇，统账结合，有利于规避资金筹集压力且与我国现有社会保险筹资模式相适应。②

2. 案例对比

由于筹资机制直接决定了长期照护保险制度可应用的资金，因此在制度设计上，各国都充分考虑本国情况，经过科学的测算确定筹资渠道、筹资责任和筹资方式等。德国、日本与韩国都建设有多元筹资机制，但公共财政在其中所占的比例有所差异；在筹资方式上，德国与韩国采取的是比例制，日本实行定额制；三个国家的筹资水平则都充分考虑长期照护保险基金的可预期支出，尤其是采取比例制的保险制度中也会把参保人的收入状况等因素考虑在内；财务模式上，德国、日本与韩国都采取现收现付制度。

德国的长期照护保险制度由国家医疗保险机构统一管理运作，构建有多元的筹资机制，由国家、雇主和个人三方共同承担。保险费与收入水平关联，由雇主和雇员按1∶1的比例共同缴纳。其中，无子女的参保人员需要额外支付一定比例的费用。按照2019年的规定，长期照护保险的费率占毛工资约为3.05%，雇主与雇员各自承担1.525%，退休人员需要完全负担，无子女的缴费率则达到3.3%。③ 另外，无能力缴费的群体也同样可以在政府资助下参加长期照护保险制度，失业人员的保费

---

① 谭睿：《长期护理保险筹资：德日韩经验与中国实践》，载《中国卫生政策研究》，2017年第8期；王敏，李彦，孙晓阳：《长期护理保险筹资机制研究——以德国和日本经验为例》，载《医学与法学》，2017年第1期。

② 刘金涛，陈树文：《我国老年长期护理保险筹资机制探析》，载《大连理工大学学报（社会科学版）》，2011年第3期。

③ Federal Ministry of Health Department of Public Relations and Publications. *Long-Term Care Guide*: *Everything You Need to Know about Long-term Care*, 2020. [Online]. Available at https：//www.bundesgesundheitsministerium. de/fileadmin/Dateien/5_Publikationen/Pflege/Broschueren/200320_BMG_Ratgeber-Pflege_DINA5_ENG_bf. pdf [Accessed 1 Feb. 2022].

则由失业保险基金承担。然而，受"法团主义"的影响，政府财政的介入程度较低。[①]

相对而言，日本和韩国的长期照护保险制度具有一定的福利倾向性，政府财政在很大程度上支撑着长期照护保险筹资。日本长期照护保险制度的资金同时来自税收收入和保险费。由市级政府（市町村）作为保险人，其中税收和保险费各占基金池的50%。在财政支出部分，由市到省到国家三级政府按照12.5%、12.5%和25%[②]的比例提供相应资金。在个人保险费用部分，第一类被保险人（65岁及以上老人）按照定额制的方式，需要缴纳与收入水平挂钩的固定金额保费，其缴费的数额由市町村每3年按照服务费用的测算进行确定，保障长期照护保险基金的收支平衡。此外，在确定全国平均额度的基础上，日本长期照护保险制度还针对不同收入人群设定了调整系数。第二类被保险人（40岁以上65岁以下的参加职工医疗保险和社区医疗保险的人）的保费计算与探索参与的医疗保险类型相关。参加职工医疗保险的参保人，其保费由雇主与个人平摊，并与医疗保险费用一起缴纳。参加社区医疗保险的参保人，则会根据收入与所在家庭参保人数确定费用，同样与医疗保险费用一起缴纳。第二类被保险人的保费由国家统一征收，再根据地方政府照护服务费用的支出进行分配，因此日本长期照护保险制度中，国家在筹资责任方面体现出再分配功能。

韩国长期照护保险制度中，筹资来源包括政府财政、保险费和个人缴费三部分。政府财政承担本年度照护保险费预算收入的20%，同时承担医疗救助对象的照护保险费，保险费约占参保对象收入的0.2%，由雇主和雇员共同承担。受益人享受长期照护服务时需要支付相应比例的费用，一般对象接受居家照护服务和机构照护服务分别需自费承担15%

[①] 尹海燕：《可持续的公共长期护理保险筹资机制：国外经验与中国方案》，载《宏观经济研究》，2020年第5期。

[②] 对于服务提供方如机构和社区中心的补贴，国家提供20%，所在省提供17.5%。

和20%的费用（见表2-1）。

表2-1 德国、日本、韩国的长期护理保险制度对比①

<table>
<tr><th colspan="2"></th><th>德国</th><th>日本</th><th>韩国</th></tr>
<tr><td colspan="2">创立标志</td><td>1995年《照护保险法》</td><td>2000年《介护保险法》</td><td>2008年《老年人长期照护保险法》</td></tr>
<tr><td colspan="2">当年老龄化比率</td><td>14.5%</td><td>17.4%</td><td>14.5%</td></tr>
<tr><td rowspan="3">服务对象</td><td>参保对象</td><td>全体国民</td><td>一类被保险人：65岁以上
二类被保险人：40—64岁</td><td>全体国民</td></tr>
<tr><td>给付对象</td><td>所有年龄段有照护需求的人</td><td>■65岁以上需要照护的人
■40—64岁以上因老年疾病需要照护的人</td><td>■65岁以上需要照护对的人
■65岁以下患有老年疾病有照护需求的人</td></tr>
<tr><td>评估等级</td><td>共五级
照护一级—照护五级</td><td>共七级
■需要援助一级—二级
■需要照护一级—五级</td><td>共五级
■一级—五级</td></tr>
<tr><td rowspan="2">服务内容</td><td>实物给付</td><td>■居家照护
■部分院舍照护（日/夜间照护）
■完全院舍照护</td><td>■居家和社区服务
■机构服务
■社区类服务（地域密切衔接服务）</td><td>■居家照护
■机构照护</td></tr>
<tr><td>现金给付</td><td>照护津贴：给予非正式照护者（家属/邻居/朋友）</td><td>无</td><td>现金津贴：给予边远地区的受益人的家属等</td></tr>
<tr><td rowspan="2">服务递送</td><td>服务供给主体</td><td>■公立福利协会
■非营利组织
■私人企业</td><td>■社会福祉法人
■非营利组织
■私人企业</td><td>■公共部门
■非营利组织
■私人企业</td></tr>
<tr><td>优先选择</td><td>家庭和社区参与</td><td>社区为基础的整合照料系统</td><td>私人部门为主</td></tr>
</table>

---

① 作者自制，根据相关资料整理。

(续表)

筹资机制		德国	日本	韩国
	保险报销	保险费：费率占毛工资的 3.05% ■就业者个人 50% ■雇主 50%	■保险费：50% 一类从养老金中扣除保费 二类和医疗保险费一同缴纳 ■税收补贴：50% 中央政府：25% 都道府县：12.5% 市町村：12.5%	■保险费： ●就业者个人 50% ●雇主 50% ■税收补贴：20%
	自付比例	25%	10%（高收入者 20%—30%）	居家：15% 机构：20%

三、长期照护保险制度分析框架及其对我国的启示

作为采取长期照护保险制度的国家，德国、日本与韩国的案例对我国的探索都具有非常重要的借鉴意义。作为社会保险的起源地，德国在各领域的社会保险制度建设中都累积有丰富的经验，各种制度模式也较为成熟。日本、韩国与我国都属于东亚地区，在老龄人口变化趋势、社会经济发展和社会文化观念上都存在许多相似之处。日本的长期照护保险制度正是对德国的政策学习，韩国的模式则同时借鉴德国与日本。它们的长期照护保险制度探索也都历经了实践的检验，形成了较为完善的社会保险体系，能够为我国长期护理保险制度的探索提供一定的启示。相对地，我国长期护理保险制度的探索能够在总结它们已有实践经验的基础上，更好地发展适用于我国语境下的制度安排。

然而，相对于德国、日本与韩国三个发达国家的发展历程，我国的长期护理保险探索则处于"未富先老"的社会背景中，养老服务与长期护理服务的发展基础较为薄弱，面临着护理机构和专业照护服务人员的较大缺口等严峻挑战。因此，在我国的人口老龄化高峰到来之前，及早发展与完善对应的制度安排尤为必要，这需要基于对人口结构动态变迁

的预测做好及时的、科学的制度部署。同时，由于我国地区之间和城乡之间在资源可及性和社会经济发展程度上存在显著差异，发展长期护理保险制度也需要充分考虑地区差异，以此保障其作为基本的社会保障的制度安排的公平性。此外，虽然我国目前长期护理保险制度的探索处于试点阶段，且各试点的制度方案不尽相同，碎片化的试点制度方案难以在全国其他地区直接落地，但是长期护理保险制度在下一阶段必将作为我国社会保障体系中的"第六险"在更大范围推广，并会在条件允许的时候在全国普遍实行。因此，需要充分总结德国、日本与韩国等典型经验，构建起长期护理保险制度的全国性制度框架。

对此，参照社会政策内容分析框架，本书结合德国、日本与韩国的已有制度方案，基于服务对象、服务内容、服务递送与筹资机制四个方面，总结得出长期照护保险制度的分析框架（见图2-1），这为对长期照护保险制度的制度内容与探索实践的分析提供了具体维度。在后续章节中，第三章将基于此框架对我国第一批长期护理保险试点的制度内容

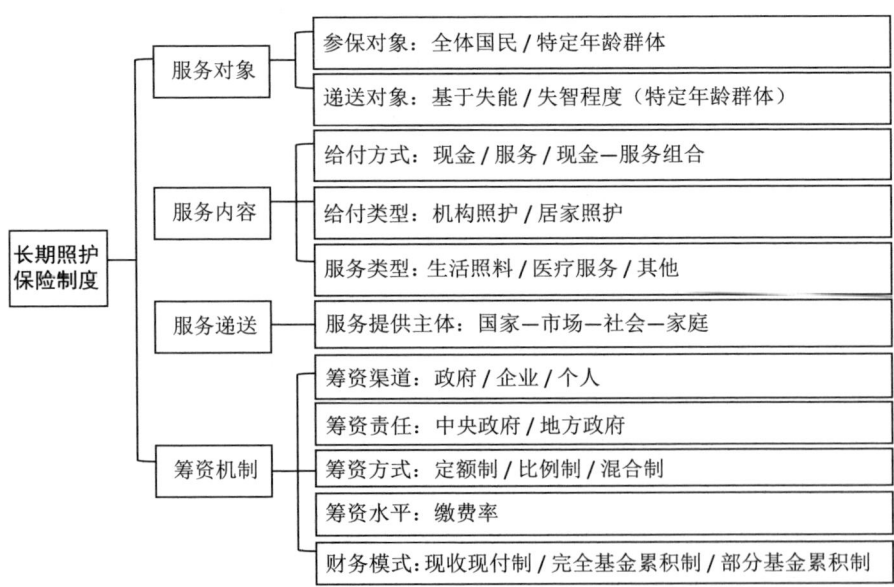

图2-1 长期照护保险制度分析框架

进行剖析；第二部分将基于广州市长期护理保险实践，在制度与实践层面展开分析，提炼制度亮点，并分别剖析其运作机制；第三部分将在第二部分的基础上，对长期护理保险制度的"广州模式"进行机制特征分析，并对照国际经验与国内试点实践，基于本书的制度分析框架探索全国性长期护理保险制度的发展重点，尝试为长期护理保险试点的政策改革与全国推行的路径设计提出建议。

　　基于此分析框架，德国、日本与韩国的制度安排在服务对象、服务内容、服务递送与筹资机制各个方面都呈现相似的模式特征，可以为我国提供参考范例。在服务对象方面，要注重社会公平的原则，在结合地方实际情况的基础上，分阶段地拓宽制度安排的覆盖范围，并逐步建立全覆盖、多层次的长期护理保险体系，在赋予全体老年人参保资格的同时，根据需求制定差别化的护理方案和待遇给付。服务对象的认定也需要兼顾失智群体，为患有认知障碍的老年人提供针对性的照护服务。在服务内容方面，应当主张"在地安老"和"去机构化"，鼓励和支持亲属、邻居、朋友等的非正式照护服务，大力发展居家照护、社区护理，以此满足老年人多样化的照护服务需求，并弥补我国存在的机构护理供给不足。此外，在注重拓展居家护理的覆盖范围的同时，要通过优化制度设计推动实现对长期护理服务机构的培育成长和服务质量的提升，对非正式照护者的服务质量也要严格把关。在其过程中，尤其需要充分考虑我国地区差异，结合地方的养老服务和医疗服务体系的发展，设置对应的长期护理保险制度方案。在提供健康护理和生活照料的基础上，也需要重视预防康复服务。在筹资机制方面，需要坚持资金筹集的可持续性原则，通过科学的测算确定保险方案的筹资水平，控制保险支出成本，保障长期护理保险制度的健康、可持续运行。①

---

① 陈永杰，卢钰欣，侯妙臻：《广州长期护理保险的实践探索》，见陈永杰主编：《广州社会发展报告（2020）》，北京：社会科学文献出版社2020年版。

第三章 中国长期护理保险试点：政策沿革

一、政策探索背景

在人口老龄化的社会背景下，为老年群体提供照护服务以满足他们的照护需求，是我国社会保障体系发展的主要目标之一。长期护理保险制度作为能够回应各方面变化的重要政策选择，是积极应对人口老龄化，构建养老、孝老、敬老政策体系的有效探索，是深入实施健康中国国家战略的关键举措，也是推进我国社会保障体系发展，保障和改善民生的必然之举。

(一) 人口老龄化形势严峻

我国老龄人口基数大，增速快，老龄化程度严重。从20世纪中期以来，我国老年人口占总人口的比重不断提升，并在21世纪初进入了老龄化社会。对比于快速增长的人口老龄化程度，我国人口抚养比虽然在2010年后有所回升，但总体处于较低水平。第七次全国人口普查公报数据显示，截至2020年11月，我国60周岁及以上人口占总人口的18.7%，65周岁及以上人口比例为13.5%[1]，在过去十年内老龄化比例

---

[1] 国家统计局：《第七次全国人口普查公报（第五号）》，http://www.stats.gov.cn/tjsj/zxfb/202105/t20210510_1817181.html（访问时间：2022年2月1日）。

增长迅速（见图3-1）。①此外，得益于公共卫生和医疗服务体系的不断完善，人们的健康意识逐步提高，我国人口预期寿命也从2000年的70.4岁增长至2019年的77.3岁。人口预期寿命的增长意味着我国人口年龄结构变化中老年人口的比重将会持续增加，老龄化程度在可预见范围内加速增长。相关统计数据预计，我国在"十四五"期间将进入人口中度老龄化阶段，2035年前后将进入重度老龄化的阶段②，严峻的人口老龄化形势对健康照护的服务能力和质量提出了更高的要求。

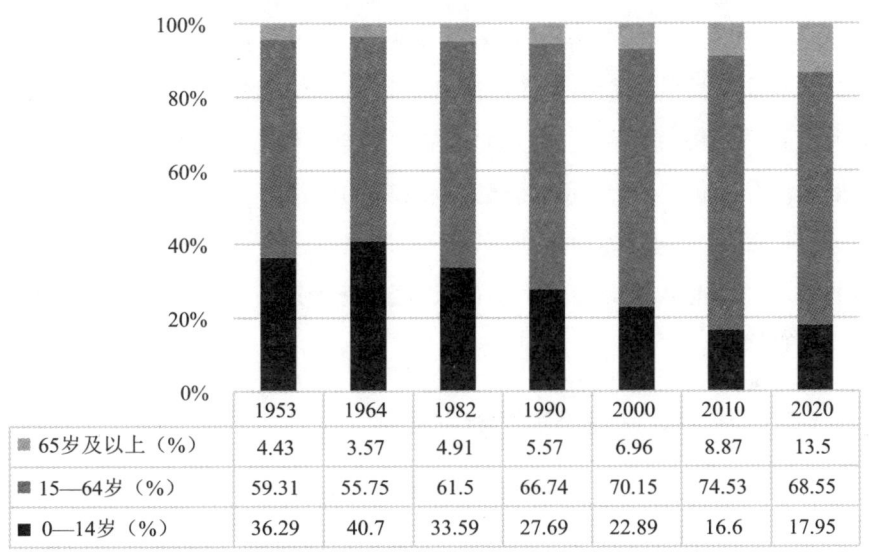

	1953	1964	1982	1990	2000	2010	2020
65岁及以上（%）	4.43	3.57	4.91	5.57	6.96	8.87	13.5
15—64岁（%）	59.31	55.75	61.5	66.74	70.15	74.53	68.55
0—14岁（%）	36.29	40.7	33.59	27.69	22.89	16.6	17.95

图3-1 我国各年龄段人口比例分布（1953—2020年）

（二）失能老年人照料服务需求增长

与庞大的老年人口数量相对应，失能人员增长的照护需求也对我国

---

① 国家统计局：各年《中国统计年鉴》。
② 新华社：《中共中央国务院关于优化生育政策促进人口长期均衡发展的决定》，http://www.gov.cn/zhengce/2021-07/20/content_5626190.htmhttp://www.xinhuanet.com/politics/2021-07/20/c_1127675462 http://www.stats.gov.cn/tjsj/zxfb/202105/t20210510_1817178.html.htm（访问时间：2022年2月1日）。

社会保障体系提出了新的考验。随着生命历程进入老年阶段，老年人面临失能与失智的风险大大增加。截至 2019 年底，我国 60 岁及以上失能人员超 4000 万。同时，随着老龄化形势的发展，失能老年人的数量会不断增加，预计 2030 年失能老年人数量将达到 6800 万，2050 年失能老年人将会达到 9700 万人。① 而疾病谱研究发现，人们罹患的疾病从急性传染病向慢性疾病转变，其中，老年人的慢性病患病率较年轻人高，他们容易罹患的慢性疾病包括脑卒中、恶性肿瘤、缺血性心脏病、呼吸系统疾病、糖尿病、老年痴呆症等。② 这些慢性病的特质要求意味着人们需要具有周期性的、稳定的照护服务。这些都给老年人及其家庭成员带来了较大的经济负担和精神压力。另外，虽然人们的急症疾病能够在医院得到治疗，但是在治疗过后还需要长期的生活照护、康复训练和简单的医疗护理，失能群体对这些区别于医疗服务的延续服务也存在较为迫切的需求。因此，面向失能人员的长期护理服务相对紧缺成为亟须解决的社会难题。

（三）传统的家庭照护功能弱化

我国经济飞速发展，城镇化和城市化进程迅速推进，流动人口的规模也不断扩大，加之受到人口政策与逐渐变化的社会大众观念的影响，我国家庭结构发生了显著的变化。我国家庭户规模不断缩小，从 2000 年的 3.44 人，到 2010 年的 3.1 人，再下降至 2020 年的 2.62 人③，这表明我国的家庭逐渐向小型化的方向发展。我国家庭类型也逐步向多元化发展，例如，成年子女逐渐搬离与父母共同生活的家，尤其是农村地区

---

① 吴玉，党俊武：《中国产业发展报告》，北京：社会科学文献出版社 2014 年版，第 32 页。
② 国家卫生与计划生育委员会与世界卫生组织等：《中国老龄化与健康国家评估报告》，世界卫生组织 2016 年版，第 1 页。
③ 国家统计局：《第七次全国人口普查公报［1］（第二号）》，http：//www.stats.gov.cn/tjsj/zxfb/202105/t20210510_1817178.html（访问时间：2022 年 2 月 1 日）。

的成年人纷纷到城镇地区谋求生计,"空巢"家庭的比例不断增加,独居老人、纯老家庭数量也持续增长,老年人能够获得子女的照护可及性降低,家庭传统的照护功能很大程度上受到了弱化。此外,虽然近年来生育政策有所调整,使得我国少儿人口比重有所回升,但是整体上依旧呈现向"少子化"发展的趋势。2020年,我国总和生育率下降至1.3%,停留在较低水平,甚至已经低于国家社会通常认可的1.5%的警戒线,且可预见未来的出生人口和生育水平仍然呈现走低趋势,老年人从家庭中获取身体上和生活上的照护支持的可能性受到较大挑战。因此,家庭规模与家庭结构等变化影响了传统家庭对老年人的照料服务能力。对应我国社会经济环境的变化,过往"养儿防老"等孝道文化和家庭内代际契约等观念等不断变化,人们对家庭承担老年人主要照料责任等观念也在逐步发生转变,开始寻求在家庭以外的社会化照料服务,长期护理风险由家庭风险进一步转化为社会风险。

对应地,不少实证研究表明,我国绝大多数的老人愿意居家养老。① 例如,2014年对老年人的抽样调查显示,94.1%的老人会选择在自己家或者在子女家养老,只有4.2%的老人会选择养老院、日托站或托老所。② 以家庭为单位提供的非正式照护服务一直是我国的主流养老方式,而日渐强烈的长期护理需求对此种养老方式的存续造成的挑战将不容小觑。因而,基于不断增长的照护需求与难以维系的传统家庭照护服务供给,许多失能的老人被送往医院住院,出现"社会性住院"的现象,一定程度造成医疗资源的紧张和低效率。因此,在我国家庭照护功能普遍弱化的情况下,发展新的制度方案保障老年人获取所需要的照料服务非常必要。

---

① 杨翠迎,刘玉萍:《养老服务高质量发展的内涵诠释与前瞻性思考》,载《社会保障评论》,2021年第4期。
② 金台网:《4.7亿:2050年中国老年人口比例将达34%》,http://www.jintai.com.cn/paper_pc/1475(访问时间:2022年2月1日)。

（四）我国社会保障处于全面深化时期

"十三五"时期，我国社会保障发展成效显著，其中社会保障的保障维度实现个体生命周期的全覆盖。我国目前社会保障维度在功能定位上，实现了从生存型、剩余型、被动型保障向发展型、制度型、主动型保障转型。[1] 因此，作为个体生命晚年阶段的重要服务需要，长期照护服务的发展在推进我国社会保障体系的发展中具有关键性作用，从过往强调发展养老服务精细化至发展具有针对性的、面向失能老人的长期照护服务，是在"十四五"期间加快多层次养老保障体系建设的有效探索。此外，"健康中国"战略也对社会保障体系的探索提出了要求，需要完善国民健康政策，为人民提供全方位、全周期健康服务。同时，需要积极应对人口老龄化，构建养老、孝老、敬老政策体系和社会环境，推进医养结合，加快老龄事业的发展。

目前，我国已经建成了制度成熟、制度全覆盖且待遇水平能够为民生提供安全保障的养老保险体系[2]，为老年人的基本生活提供了经济保障，老年人对于社会保障体系的发展有了更高的期待。因此，作为提升老年人，尤其是失能老年人生活质量的重要制度安排，发展长期护理保险项目能够作为制度化的方式让老年人进一步消除后顾之忧。此外，近年来，为积极应对人口老龄化，我国的社会保障体系不断发展，养老服务体系建设也稳步推进，并在"十三五"时期基本建成以居家为基础、社区为依托、机构为补充、医养相结合的养老服务体系，我国养老服务体系进入了新的发展时期。与此同时，伴随着养老服务体系的发展，我

---

[1] 王延中、龙玉其、宁亚芳：《中国社会保障"十三五"时期回顾与"十四五"时期发展展望》，见王延中主编：《中国社会保障发展报告（2020）》，北京：科学社会文献出版社2020年版，第11页。

[2] 房连泉、刘桂莲、谭中和：《"十四五"时期养老保险制度的改革与发展》，见王延中主编：《中国社会保障发展报告（2020）》，北京：科学社会文献出版社2020年版，第32页。

国老年人对照护服务的质量和数量提出了更高的要求，需要更加专业化、精细化的常规照料服务，这对于长期护理服务的发展提出了更为迫切的需求。因此，结合世界范围内各国应对人口老龄化与老年人增长照料需求的实践经验，探索长期护理服务成为了我国积极应对人口老龄化，解决失能老人长期的护理保障问题的重要举措。

（五）我国地区发展差异较大

我国地域辽阔，东部地区和中西部地区发展不均衡，地区之间存在较大的经济和社会发展水平差异。即便对于国家选定的试点而言，这些城市之间也存在一定的差异。以初次试点开启的前一年——2015年为例，地区生产总值最高的是上海市为24964.99亿元，最低的是齐齐哈尔市和石河子市，分别为1270.7亿元和415亿元；试点城市户籍人口从300多万到3000多万不等，即涵盖了大城市、超大城市和特大城市；社会保险基金年末滚存结余多的上千亿，少的仅有几十亿。为了与地方经济社会发展和保障水平相适应，全国统一的长期护理保险制度尚不可行，因此推广以城市为单位的试点方案是必然之举。

二、试点实践梳理[①]

综合考虑多方面的社会背景条件，为更好地满足老年人的长期照护服务需求，我国充分借鉴德国、日本与韩国等国际经验，在青岛、南通等城市单独试点以后，2015年，中央十八届五中全会首次提出要探索建立长期护理保险制度。2016年，人力资源社会保障部发布的《人力资源社会保障部办公厅关于开展长期护理保险制度试点的指导意见》（以下简称"《指导意见》"）指定承德市、长春市、安庆市、上饶市、青岛市、荆门市、广

---

① 本书关于全国试点城市的长期护理保险制度的信息收集截至2021年10月1日。

州市、重庆市、成都市、石河子市为长期护理保险试点城市，并对长期护理保险的资金筹集、参保范围、保障范围、待遇支付等做了指导性的规范和要求。截至2017年年底，所有试点城市相继出台了长期护理保险试点实施方案或意见，开启了我国的长期护理保险实践。在第一轮的基础上，2020年9月，国家医疗保障局发布《关于扩大长期护理保险制度试点的指导意见》，公布了14个第二批试点地区，分别是北京石景山区、天津市、晋城市、呼和浩特市、黔西南州、昆明市、汉中市、盘锦市、福州市、湘潭市、南宁市、西藏甘南藏族自治州、开封市。截至2021年10月，除西藏甘南藏族自治州外，其他地区均已出台正式的政策文件。目前，我国长期护理保险制度处于分阶段稳步探索的阶段，在各试点呈现出具有地方特色的创新模式，对后续全国性长期护理保险制度的探索具有重要的实践意义。本部分将结合第一、二轮试点内容，基于前文总结的长期护理保险制度分析框架，从服务对象、服务内容、服务递送和筹资机制四个方面展开分析。

（一）服务对象

从参保准入条件来看，由于经济发展水平不一，城乡养老服务体系建设尚未完善，各地在参保准入条件上呈现两种类型（见表3-1）：（1）仅覆盖城镇职工基本医疗保险参保人。大部分地区尤其是在《指导意见》指导下新开展试点的地区，如承德市、安庆市、齐齐哈尔市、宁波市、重庆市、天津市、晋城市、盘锦市、福州市、湘潭市、南宁市、黔西南州、开封市、昆明市、汉中市、乌鲁木齐市均从覆盖城镇职工医保参保人起步。（2）人群全覆盖，即覆盖城镇职工基本医疗保险参保人群和城乡居民基本医疗保险参保人群，包括成都市、上海市、青岛市、南通市、苏州市、荆门市、石河子市、上饶市、广州市和长春市，以及第二轮试点的北京石景山区、呼和浩特市。

在试点工作推进过程中，伴随着各地城乡医保制度整合的推进，不少城市采用了由窄到宽、逐步扩大，最后全覆盖的模式。例如，在我国率先建立长期护理保险制度的青岛市,在 2012 年实施之初只覆盖城镇职工和城镇居民医保参保人,直到 2015 年才扩大到城乡全体参保人。成都市与广州市都在 2017 年启动它们的长期护理保险制度探索,在初期只把城镇职工基本医疗保险参保人员纳入参保范围,但它们都明确自 2021 年起将成年城乡居民纳入长期照护保险制度保障范围,体现了各试点长期护理保险制度的探索是一个动态发展的过程,基于各地老年人的切实需求,不断完善制度方案。

表 3-1 试点城市长期护理保险覆盖范围

试点城市	覆盖范围
承德市、安庆市、齐齐哈尔市、宁波市、重庆市、天津市、晋城市、盘锦市、福州市、湘潭市、南宁市、黔西南州、开封市、昆明市、汉中市、乌鲁木齐市	城镇职工医保参保人员
成都市、上海市、青岛市、南通市、苏州市、荆门市、石河子市、上饶市、广州市、长春市、北京石景山区、呼和浩特市	城镇职工医保参保人员/城乡居民医保参保人员

从待遇给付对象来看,重度失能人员是各地长期护理保险制度重点保障对象,同时各试点城市根据本地具体情况对保障人群做出限定或适当扩延。结合第一轮试点城市的具体做法(见表 3-2),可以总结出以下三个特征。

第一,根据失能等级划分进行,所有城市保障重度失能人员,部分城市覆盖至中度失能人员,极少城市延伸到轻度失能。[①] 具体而言,重庆市、承德市、荆门市、安庆市、成都市、齐齐哈尔市、石河子市及第二轮试点的全部地区(除西藏甘南藏族自治州)的给付条件为重度失能人群;苏州市、长春市和南通市则覆盖了重度和中度失能人群;上海市根据本地实际情况制定的《上海市老年照护统一需求评估调查表》,规定评估等级为二级至六级的参保人可享受长期护理保险,覆盖了轻度、

---

① 姚虹:《老龄危机背景下我国长期护理保险制度试点方案的比较与思考》,载《社会保障研究》,2020 年第 1 期。

中度、重度失能人群。

第二，多数城市长期护理保险给付对象只包含失能人员，并不包括失智人员。青岛市和广州市等少部分城市的方案兼顾了具有失能和失智照护需求的老年人，能够更好地体现长期护理保险制度的社会保障属性。

第三，绝大多数试点城市没有对保障对象设置年龄门槛，仅上海市规定了失能参保人需60周岁以上方能享受长期护理保险待遇。其他绝大部分试点城市都是面对所有参保对象提供服务，体现了制度的公平性，为更多的居民提供所需要的照护服务。

相对地，获取长期护理保险的待遇资格需要符合特定的失能失智评定条件，各试点的鉴定评估标准呈现多样化，且对评判分数的选取也存在区别。然而，由于我国自2016年长期护理保险制度试点开展以来都尚未形成统一的评估标准，国家医保局与民政部在充分总结地方经验基础上，从待遇均衡性、制度公平性方面考虑，研究制定了《长期护理失能等级评估标准（试行）》，为试点方案的完善与即将推行制度方案的城市提供政策制定的参考。

表3-2 试点城市长期护理保险给付对象和评估依据①

试点城市	给付对象			评估依据
	重度失能	中度失能	轻度失能	
承德市/荆门市/安庆市/石河子市/齐齐哈尔市/宁波市	√			《日常生活活动能力评定量表》（Barthel指数评定量表）
重庆市	√			由市人力社保局制定
苏州市	√	√		《苏州市失能等级评估参数（试行）》
长春市	√	√		《日常生活活动能力评定量表》
南通市	√	√	√	《日常生活活动能力评定量表》

① 作者自制，根据相关资料整理；昆明市、晋城市评估依据暂缺。

(续表)

试点城市	给付对象			评估依据
	重度失能	中度失能	轻度失能	
上海市	√	√ 包括轻度		《上海市老年照护统一需求评估调查表》
成都市	√		√	《成都市成人失能综合评估技术规范》《成都市长期照护保险失能评估技术规范（失智）》
上饶市	√	√	√	对《上海市老年照护统一需求评估调查表》本地化改造
青岛市	√	√	√	《日常生活活动能力评定量表》《青岛市长期护理保险失智老人失智状况评估量表》《简易智能精神状态检查（MMSE）量表》
广州市	√	√ 失智时	√	《日常生活活动评估表》《认知能力评估表》《感知觉与沟通能力评估表》
南宁市	√			《长期护理失能等级评估标准》（国家统一评估标准）
开封市	√			《开封市长期护理保险失能评定标准》
北京石景山区	√			《老年人能力综合评估规范》，结合《北京市石景山区扩大长期护理保险制度试点失能评估量表》
天津市	√			《天津市长期护理保险失能评定标准》
呼和浩特市	√			《失能综合评估技术规范》
盘锦市	√			《盘锦市长期护理保险失能等级评估标准》
福州市	√			《福州市长期护理保险失能评估标准（试行）》
湘潭市/黔西南州/汉中市/乌鲁木齐市	√			《日常生活活动能力评定量表》

（二）服务内容

目前，国际上实施长期照护保险制度的国家主要有两种福利给付形式，一是现金给付，对参保人支出的护理费用给予现金补偿；二是实物给付，为产生护理需求的参保人提供护理服务。现行试点城市大多数采用实物给付的模式，对参保人在长期护理保险协议服务机构接受服务产生的费用进行报销；仅有上饶市、荆门市、成都市、石河子市、承德市对由亲属提供的自主护理直接给予了现金补助①，为失能老年人提供了自主选择的空间，使得老年人在接受身体照护服务的同时获得来自亲属的精神慰藉，这也是在护理人员相对不足情况下的有效选择。

从服务内容来看，根据《指导意见》，长期护理保险应重点为长期失能人员的基本生活照料和与基本生活密切相关的医疗护理提供资金或服务保障，其制度定位应当与医疗保险制度的保障范围进行区分。纵览各地区的服务项目设置，目前长期护理保险项目以基本生活照料和医疗护理服务为主，各城市项目重点不同，例如长春市和青岛市以医疗护理服务为主，上海较之生活护理服务。② 除了这两项主要的服务项目，有少部分城市服务内容涵盖了预防照护、康复护理和心理疏导项目，体现了对失能老年人从生理层面到心理层面的全方位关注。

（三）服务递送

在长期护理保险覆盖范围内，服务提供体系呈现多层次的结构。提供者有正式照护与非正式照护之分。正式照护指由定点机构、协议

---

① 姚虹：《老龄危机背景下我国长期护理保险制度试点方案的比较与思考》，载《社会保障研究》，2020年第1期。

② 赵斌，陈曼莉：《社会长期护理保险制度：国际经验和中国模式》，载《四川理工学院学报（社会科学版）》，2017年第5期。

服务机构提供的护理服务，非正式照护则是由失能人员家人、亲戚、邻居或其他非协议机构提供的护理服务。其中，正式照护服务可由公办机构或民办机构提供。此类机构通常是具备条件从事长期照护服务的医院、护理院、社区卫生服务中心等医疗机构以及各类养老机构、残疾人托养机构、居家照护机构等其他服务机构。而就非正式照护而言，有部分试点城市认可保障对象居家接受亲属、邻居等提供的照料服务。[1]

从服务递送方式来看，长期护理保险为其保障对象提供的服务形式主要分为机构护理和居家护理。机构护理方面，大部分试点城市认可参保对象入住医疗机构的护理床位或者养老机构接受照护服务。居家护理方面，由社区养老服务机构，以及护理站、门诊部、社区卫生服务中心、护理院等基层医疗卫生机构，通过上门或社区照护等形式为居家参保人员提供长期护理服务。

从待遇支付来看，总体而言，已有试点地区的长期护理保险待遇支付大致可以划分为四种类型，分别是按服务形式支付、按参保人群支付、按协议类型支付、按服务形式与参保人群支付（见表3-3）。机构护理和居家护理是最基本的两大服务形式，其中，部分试点城市对医疗机构和养老机构进行进一步区分，有的城市还将居家护理分为专业机构上门护理和居家自主护理。进一步比较各试点城市的待遇支付水平，可梳理出以下三个特点。

一是待遇支付分为按服务费用比例给付和定额给付两种方式。在按比例支付的试点方案中，保险基金给付的总体水平控制在70%左右，具体给付比例根据当地的社会经济发展水平和物价水平而定[2]，虽然支付

---

[1] 邵文娟：《我国长期护理保险从试点到普及的跨越》，大连：东北财经大学出版社2019版，第115页。

[2] 邵文娟：《我国长期护理保险从试点到普及的跨越》，大连：东北财经大学出版社2019版，第117页。

比例较高，但支付限额大多较低。① 定额支付待遇最高标准为每日90元（北京市石景山区）。

二是机构护理和居家护理的待遇水平有所差别，机构护理的支付水平普遍高于居家护理。然而，基于国外的经验，学者们都主张"在地安老"，倡导重点发展社区居家服务项目，因为这不仅符合大多数老年人的意愿，且是性价比更高的选择。在第一轮试点阶段，上海市、苏州市、广州市在待遇上向居家护理倾斜，引导参保人选择居家养老的方式接受照护，这是长期护理保险去机构化的曙光。而到目前为止，几乎所有试点地区均同时为参保人提供机构护理与居家护理，居家护理已得到了广泛的认可与推行。

三是仅有少数城市将待遇支付条件和支付水平与参保人失能等级挂钩。例如荆门市仅为重度失能一级人员报销医疗机构护理费用，机构护理和居家护理的待遇水平均按照失能等级给付，体现了长期护理保险制度设计的精细化。

表 3-3　试点城市长期护理保险待遇给付②

类型	城市	内容		
		医疗	机构	居家
服务形式	承德市	每天60元，每月1800元	每天50元，每月1500元	现金补贴：每人每月450元（不足整月的按15元/日计算），打入参保人账户 定点家护服务机构上门服务：每人每月1500元（不足整月按50元/日计算）
	齐齐哈尔市	每人每日定额30元，基金支付75%	每人每日定额25元，基金支付70%	每人每日定额20元，基金支付70%

---

① 姚虹：《老龄危机背景下我国长期护理保险制度试点方案的比较与思考》，载《社会保障研究》，2020年第1期。

② 作者自制，根据相关资料整理。昆明市、西藏甘南藏族自治州待遇给付资料暂缺。

（续表）

类型	城市	内容		
		医疗	机构	居家
服务形式	南通市	重度失能失智每人每日70元，中度失能每人每天40元，中度失智人员每天40元，重度失能中度失智人员每人每天50元，中/重度失能重度失智人员每人每天80元	重度失能每人每日50元，中度失能每人每天30元，重度失智人员每人每天50元，中度失智每人每天30元，中/重度失能重度失智人员每人每天60元	重度失能人员每人每天15元，中度失能人员每人每天8元
	宁波市	每床每日定额70元	每床每日定额60元	每日限额50元
	安庆市	60元/天	50元/天	协议机构上门：每月不超过750元 非协议机构居家护理：每天15元护理补助
	荆门市	重度失能一级可享受医院护理待遇，每人每日限额150元，基金支付70%	与失能等级和护理机构级别挂钩，每人每日最高限额100元，基金支付75%	全日居家护理：每人每日限额为100元，支付比例与失能等级挂钩；重度失能一级80%，重度失能二级50%，重度失能三级40% 非全日制居家护理：每人每日限额40元
	湘潭市	限额为50元/人/天，由基金支付70%	限额40元/人/天，由基金支付80%	二级及以上医疗机构限额100元/人/天，一级及以下医疗机构限额80元/人/天，由长期护理保险基金支付70%
	汉中市	不超过1100元/人/月	上门护理服务：按不超过800元/人/月标准支付 自主护理服务：按不超过450元/人/月支付	按不超过1200元/人/月支付

(续表)

类型	城市	内容		
		医疗	机构	居家
服务形式	长春市	重度失能：职工报销90%，居民报销80%；中度失能：职工报销63%，居民报销56%；85—90周岁（不含90）：职工、居民报销床位费的50%，最高25元；90周岁以上（含90）：职工报销63%，居民报销56%	省级医疗机构：职工报销75%，居民报销65%；市级医疗机构：职工报销80%，居民报销70%；区级医疗机构：职工报销80%，居民报销70%；社区医疗机构：职工报销90%，居民报销80%	
	上海市		基金支付85%	基金支付90%
	苏州市		重度：30元/天；中度：23元/天	每小时40元，长期护理保险支付37.5元，重度失能人员每月服务15次，每次2小时；中度失能人员每月服务13次，每次2小时
	上饶市		重度失能每人每月1200元，中度失能每人每月900元	重度失能：机构上门护理，900元/月；居家自主照护：450元/月；居家上门产品（辅具）租赁费用：300元/月；中度失能：居家自主照护300元/月；居家上门护理600元/月
	成都市		按失能等级对应照护费的70%	按失能等级对应照护费的75%
	石河子市①		协议机构：70%，限额750元/月；非协议机构：25元/日，限额750元/月	25元/日，限额750元/月

---

① 建立护理保险参保年限与个人护理保险待遇水平相衔接制度。参保缴费时间越长，则待遇支付标准、支付比例越高。其中参保年限小于5年，支付标准为375元；参保年限为5—10年，支付标准为525元；参保年限为10—15年，支付标准为675元；参保年限大于等于15年，支付标准为750元。

(续表)

类型	城市	内容		
		医疗	机构	居家
服务形式	北京石景山区		每天支付标准为90元，基金支付70%	护理服务机构上门提供服务：基金支付80%；家政护理员或家属提供服务：基金支付70%
	天津市		基金支付70%	基金支付75%
	晋城市		基金支付70%	居家自主护理：每人每日定额30元，基金支付；居家上门护理：基金支付70%；居家自主和上门叠加护理：自主部分每人每日定额15元，基金支付，上门护理基金支付70%
	盘锦市		支付比例70%	支付比例80%
	福州市		支付比例75%（每人每月1350元）	支付比例85%（每人每月1530元）
	开封市		支付比例65%	上门护理：支付比例75%；参保人家属接受培训后护理：月支付限额900元/人
	南宁市		基金支付70%	基金支付75%
	黔西南州		每人每月1000元（支付给护理服务机构）	居家上门每人每月900元（支付给护理服务机构）；自主照护补助：每人每月200元
	乌鲁木齐市		按1737元/人/月支付	全日居家护理：按1862元/人/月支付；上门护理：每人每小时限额40元，长期护理基金支付50%
	广州市		职工参保人员由长期护理保险基金按75%支付；居民参保人员由长期护理保险基金按70%支付	职工参保人员由长期护理保险基金按90%支付；居民参保人员由长期护理保险基金按85%支付

(续表)

类型	城市	内容		
		医疗	机构	居家
服务形式	呼和浩特市		职工参保人员：重度三级每人每月1800元、重度二级每人每月1500元、重度一级每人每月1200元、中度失能每人每月900元居民参保人员：重度三级每人每月1350元、重度二级每人每月1050元、重度一级每人每月750元、中度失能每人每月600元	职工参保人员：重度三级每人每月1650元、重度二级每人每月1350元、重度一级每人每月1050元、中度失能每人每月750元居民参保人员：重度三级每人每月1350元、重度二级每人每月1050元、重度一级每人每月750元、中度失能每人每月600元
参保人群	青岛市	职工报销90%，一档缴费居民报销80%，二档缴费居民报销70%		
协议类型	重庆市	协议机构护理：每人每日50元；非协议机构人员护理：每人每日40元或每人每日30元（视护理员是否参与医保部门培训）		

（四）筹资机制

对比试点城市的筹资渠道，可以看出我国长期护理保险制度都将医保统筹基金划拨作为资金来源渠道之一。在此基础上，还有多个城市采取多元筹资模式，依赖个人缴费、财政补助、福彩公益金、社会捐赠等渠道进行筹资，这为长期护理保险制度的可持续运行提供了资金保障。各城市筹资渠道对比见表3-4。

表3-4 试点城市长期护理保险筹资渠道①

试点城市	主要筹资渠道					社会捐助②
	医保基金划转	个人缴费	单位缴费	财政补助	彩票公益	
长春市、宁波市	√					
安庆市、齐齐哈尔市、重庆市、湘潭市	√	√				
青岛市、上海市、苏州市、汉中市	√			√		
荆门市、承德市、北京市石景山区	√	√		√		
上饶市、天津市	√	√	√			
成都市、盘锦市、广州市	√	√	√	√		
南通市、石河子市	√	√	√	√	√	
南宁市	√	√		√	√	√
天津市	√	√	√	√	√	√
晋城市	√	√	√	√	√	√
呼和浩特市、黔西南州	√					√
福州市	√					√
开封市	√			√		√
昆明市	√	√	√	√	√	√
乌鲁木齐市	√	√		√		√

从筹资方式来看,目前主要有三种模式:定额制、比例制和混合制。定额制不区分参保人年龄、收入等条件,将估算出的保险总支出平

---

① 李月娥,明庭兴:《长期护理保险筹资机制:实践、困境与对策——基于15个试点城市政策的分析》,载《金融理论与实践》,2020年第2期。
② 目前的政策中只提及鼓励社会捐赠,但是并没有具体对社会捐赠作出要求。

摊于每位参保人。比例制则根据参保人的基本医疗保险缴纳金额或工资总额按一定比例收费。混合制即是前两者的结合。不同的筹资方式有各自的优点和弊端，对长期护理保险扩建、资金筹集、效果的公平与效率等方面都有重要影响。具体来看，定额制计算方式简单便捷，易于普遍实施，但难以实现资源配置利用最大化；而比例制考虑了参保人的经济条件，体现了共济原则和保险的再分配功能，但是测算相对复杂。① 我国部分试点城市的筹资方式比较见表 3-5。

表 3-5 试点城市长期护理保险筹资方式②

筹资方式	试点城市	实施细则
定额制	苏州市、南通市、宁波市、安庆市、上饶市、重庆市、齐齐哈尔市、石河子市、北京石景山区、天津市、开封市、黔西南州、汉中市、乌鲁木齐市	参保人群按固定数额筹资
比例制	上海市、承德市、荆门市、成都市、晋城市、盘锦市、福州市、湘潭市、南宁市、昆明市、广州市	参保人群均以个人工资总额或居民人均可支配收入，或以医保资总额为基数，按照一定比例确定筹资标准
混合制	长春市、青岛市、呼和浩特市	参保群体筹资标准各异，部分人群按照比例制确定筹资额，部分参保人群按照定额制确定筹资额

三、试点城市典型案例对比

基于我国长期护理保险发展的制度沿革，在两轮试点的探索中，部分城市已经形成具有鲜明特色的长期护理保险制度地方模式。具体而言，我国从 2016 年开始启动长期护理保险试点，而早在国家试点之前，

---

① 邵文娟：《我国长期护理保险从试点到普及的跨越》，大连：东北财经大学出版社 2019 版，第 100 页。

② 邵文娟：《我国长期护理保险从试点到普及的跨越》，大连：东北财经大学出版社 2019 版，第 100 页。

青岛市和南通市便自主试行长期护理保险。2012年,青岛市发布《关于建立长期医疗护理保险制度的意见(试行)》的通知,率先开展了试点工作。2014年,青岛市印发《青岛市长期医疗护理保险管理办法》,进一步完善相关制度内容。南通市于2015年印发《关于建立基本照护保险制度的意见(试行)》的通知。在国家启动试点城市以后,上海市政府于2016年12月印发《上海市长期护理保险试点办法》,并于2017年修订该办法,于2019年延长该办法有效期至2021年年末。2017年2月,成都市政府印发《成都市长期照护保险制度试点方案》的通知,并于2020年进一步印发《关于深化长期照护保险制度试点的实施意见》。广州市于2017年7月发布《广州市长期护理保险试行办法》,并分别于2019年7月和2020年12月修改该办法。青岛市于2018年发布《青岛市长期护理保险办法》,并于2020年进行修改。2019年,南通市进一步完善试行办法,出台《关于完善长期照护保险相关规定的通知》,2020年出台《关于健全完善长期照护保险有关规定的通知》。此外,纵观我国目前关于长期护理保险制度的研究,关于具体案例的讨论也普遍基于青岛市、上海市与成都市等进行深入分析,已形成较为成熟的模式对比研究,能够为广州市的研究理清思路。因此,出于时效性与可借鉴性的考虑,本书选取学术讨论较为关注的青岛市、上海市、南通市与成都市为典型案例,聚焦它们作为国家试点后颁布的政策,突出相应制度内容及其变迁,为后续章节中对广州市长期护理保险制度的讨论提供参考。

(一) 青岛市长期护理保险(长期医疗护理保险)

青岛市于2012年7月开始实施长期医疗护理保险制度,覆盖城镇职工和城镇居民参保人;2015年起将长期护理保险正式纳入社会医疗保险的框架,覆盖农村居民,建立巡护制度;2017年覆盖重度失智老人;2018年建立多元筹资机制,纳入生活照料服务项目。[①] 青岛市长期医疗

---

① 冯广刚,米红:《青岛长期护理保险制度探索与优化》,载《中国社会保障》,2018年第12期。

护理保险模式具有以下三个方面的显著特征。

1. 以解决社会性住院、减轻医保基金支出压力为目的构建制度

作为最早探索建立长期护理保险制度的试点城市，当初青岛市独创"长期医疗护理保险"是为了达到医疗控费的目的。因此，在政策效果产出方面，政府部门和学者都关注其是否解决了社会性住院的问题。该制度提升了医保基金的利用效率，优化了医疗护理的资源配置，由"以医代养"走向"医养结合"。① 青岛市的试点考虑到了医疗资源的利用，希望区分护理床位需求和医疗床位需求，将长期医疗护理需求而非医疗需求的在床者从医院中分离出来，同时由于长医护的护理费和床位费低于住院床位费，所以有利于节约医保基金。② 从服务形式的角度出发，剖析了大多数失能患者接受"家护"或"院护"服务，分流医院住院治疗的失能老人，同时二级医院通过开办"专护"病床，既提高了其入住率，又缓解了三级医院人满为患的现象。③

还有学者通过定量研究方法进行费用测算，论证长期护理保险的实施成效。研究提出，青岛长期护理保险累计支出护理保险资金15亿元，为失能失智人员购买照护服务2500多万天，经测算，相同规模的资金只能购买二、三级医院170多万天的住院服务，相差15倍，医保基金使用效益大大提高。④ 而也有研究提出，青岛市人均医疗费用短暂下降，随后迅速持续增高，总体上升幅度约为6.18%，医疗费用显著增长的是

---

① 吕书鹏，吴佳：《青岛市长期医疗护理保险/制度效能、实施困境与政策优化》，载《中国卫生经济》，2016年第8期。

② 张文博：《照料社会化：长期照护保险制度实践研究——基于对青岛市长期医疗护理保险的考察》，载《北京工业大学学报（社会科学版）》，2017年第6期。

③ 邵文娟：《试点阶段我国长期护理保险制度的经验总结——以青岛市为中心》，载《长春大学学报》，2018年第1期。

④ 冯广刚，米红：《青岛长期护理保险制度探索与优化》，载《中国社会保障》，2018年第12期；刘卫国，刘林瑞，张雅娟：《青岛市全人全责长期护理保险的实践探索》，载《中国医疗保险》，2019年第3期。

基层医疗机构，医院的费用变动不大。这种增长可以解释为长期护理保险的出台释放了失能人员的潜在需求，总体而言还是有利于调节医疗资源的分配与利用。①

2. 借鉴国际整合照料的经验，强调"全人全责"理念

青岛市长期护理保险制度探索充分借鉴国际长期照护改革的经验，引入"全人全责"理念。② 所谓"全人"，是指将多方面照护需求作为一个整体，保证参保人获得的医疗护理、生活照料、功能维护等服务是整合的，而非割裂的；而"全责"则是针对护理服务机构，要求同一家护理服务机构整合医疗、养老、服务资源，整合照护队伍，为参保人提供各方面的照护服务，确保服务的连续性。③ 具体实践上，青岛市建立了"医、养、康、护、防"相结合的"全人全责"护理模式，其具体服务内容包括急性期后的健康管理和维持性治疗、长期护理、生活照料、功能维护（康复训练）、安宁疗护、临终关怀、精神慰藉。④

3. 覆盖对象重视失智群体，但忽略城乡和区域一体化发展

自 2017 年 1 月起，青岛市将重度失智老人纳入试点覆盖范围，支付其基本生活照料与医疗护理费用。相对于国内其他试点城市一部分没有纳入失智人员，另一部分即使覆盖了失智人员也没有专门建立服务计划，青岛市对失智群体的关注体现了护理制度覆盖的广度。青岛市的长期护理保险制度，建立有失智专区，区分失智照护和失能照护，探索专

---

① 于新亮，刘慧敏，杨文生：《长期护理保险对医疗费用的影响——基于青岛模式的合成控制研究》，载《保险研究》，2019 年第 2 期。
② 张雅娟，林君丽，王婷：《青岛市长期护理保险制度探索与实践》，载《中国医疗保险》，2018 年第 1 期。
③ 青岛市社会保险事业局：《青岛市创新"全人全责"长期护理保险制度》，载《山东人力资源和社会保障》，2018 年第 11 期。
④ 孙敬华：《我国长期护理保险制度试点：现状、问题及对策——以青岛市为例》，载《山东行政学院学报》，2020 年第 1 期。

门针对失智人员的服务模式与支付标准，其失智照护分为长期照护服务、日间托管照护服务以及短期托管照护服务。①

然而，即使重视了服务对象的类型划分，青岛市长期护理保险在职工和居民（含新农合）参保人之间存在待遇差别，在城区和乡镇郊区也存在服务资源差别。根据政策规定，参保居民的报销内容只限于医疗护理费，不包括基本生活照料费用；农村参保人只能选择由护理服务机构或村卫生室以上门形式提供"巡护"服务。② 青岛市的长期照护服务的覆盖在城镇职工基本医疗保险参保人、城乡居民基本医疗保险参保人以及原新农保参保人之间呈现一定的差异。根据"2012—2017 年青岛市长期照护服务类型分布情况"的调查数据，通过"巡护"形式获取服务的待遇享受人占总待遇享受人数的 3.9%，即农村失能老人获得长护服务的人数比例极低。③ 以 2015 年 1 至 6 月为例，四项护理业务共 2.0897 万人，护理保险支付 1.66 亿元；其中，职工 1.801 万人，占 86.2%，270.5 万个床日，占比 88.3%；居民 2889 人，占比 13.7%，36 万个床日，占 11.7%；巡护占床位和资金比例最少，分别是 4.8% 和 0.33%。由此可见，受益人以职工为主（80% 以上），其次是居民（10% 以上），其中原新农保参保人最少。此外，巡护服务也被认为更多停留在政策层面，实质性服务提供与资金支持还远远不足。④

---

① 张雅娟，林君丽，王婷：《青岛市长期护理保险制度探索与实践》，载《中国医疗保险》，2018 年第 1 期；孙敬华：《我国长期护理保险制度试点：现状、问题及对策——以青岛市为例》，载《山东行政学院学报》，2020 年第 1 期。
② 孙敬华：《我国长期护理保险制度试点：现状、问题及对策——以青岛市为例》，载《山东行政学院学报》，2020 年第 1 期。
③ 孙敬华：《我国长期护理保险制度试点：现状、问题及对策——以青岛市为例》，载《山东行政学院学报》，2020 年第 1 期。
④ 潘屹：《长期照护保障体系框架研究——以青岛市长期医疗护理保险为起点》，载《山东社会科学》，2017 年第 11 期；张文博：《照料社会化：长期照护保险制度实践研究——基于对青岛市长期医疗护理保险的考察》，载《北京工业大学学报（社会科学版）》，2017 年第 6 期。

此外，也有研究认为青岛市长期照护保险制度城乡服务资源分布不平衡，偏远地区的服务可及性较差。以 2015 年为例，其医疗专护机构和服务运行主要在青岛市本级；院护机构多数分布在市内三区；开展家护以及巡护业务的主要集中在市内六区，有 434 家，占比 98.2%，剩下的分布在胶州 4 家、平度 3 家、即墨 1 家，莱西尚未开展。① 这是由于医疗控费和床位总量控制，导致郊区机构的数量有限，且市郊区和下辖市在运营补贴、医保额度、医养结合床位补贴等方面很难享受到和市本级一样的标准，限制了目标人群享受长期护理保险服务。②

实际上，对于不同类型参保人之间的待遇差别和城乡之间的发展不均衡的问题，在我国其他试点城市的实践中也普遍存在。其中，对于参保人之间的待遇划分差别问题的解决则需要突破试点城市一级的探索，从国家层面对于长期护理保险的制度设计层面予以更多的考虑，这在本书第十章有进一步的论述。

（二）南通市基本照护保险

南通市于 2015 年 10 月建立基本照护保险制度，该制度于 2016 年 1 月 1 日正式实施，同年 7 月国家开展第一批长期护理保险试点。作为早已进行全国性试点探索的城市之一，其基本照护保险制度呈现出以下四个方面的特征。

1. 明确"第六险种"属性，强调财政和个人筹资责任

南通在制度建立之初便明确了要把长期护理保险作为"第六险种"发展的方向，早于国家在 2020 年《关于扩大长期护理保险制度试点的指导意见》中"建立独立险种"的说法。南通市按照第六保险险种设计

---

① 潘屹：《长期照护保障体系框架研究——以青岛市长期医疗护理保险为起点》，载《山东社会科学》，2017 年第 11 期。

② 张文博：《照料社会化：长期照护保险制度实践研究——基于对青岛市长期医疗护理保险的考察》，载《北京工业大学学报（社会科学版）》，2017 年第 6 期。

长期护理保险，将它与基本医疗保险相对独立、相互衔接、分类管理。① 这种独立险种主要体现在筹资多元化方面，其筹资来源借助而不依附于医疗保险，并探索逐步摆脱医保基金的调剂，强调财政投入的责任和比例。②

南通市采用"政府补助+个人缴费+医保统筹基金"的方式筹资，将财政补助作为重要资金来源。例如，在100元每年的缴费标准中，南通财政补助每人40元，个人缴费30元，医保基金筹集30元。对未成年人、在校学生、低保和特困家庭、重残人群等群体财政全额补助。由此看出，南京强调个人缴费的责任，并发挥财政托底功能。但是财政支出比例过大，随着覆盖范围的扩大，将对当地财政形成巨大的压力。如何保证在制度平稳运行的前提下减少财政压力，是当地政府要考虑的一大难题。③

2. 重视基本生活照料，命名"基本照护保险"

南通市基本照护保险制度在称谓上采用"基本照护保险"，区别于青岛的"长期医疗护理保险"和国家试点提出的"长期护理保险"。从名字可以看出南通的试点方案重视生活照料，在兼顾医疗护理和生活照料的情况下，向后者倾斜；同时服务形式也向居家服务倾斜。④ 但是，仍有学者认为南通的日常生活照料不够专业，一方面体现在服务内容没有结合年龄划分重点项目计划，另一方面是尚未将预防性照护服务和设

---

① 孙华，耿晨：《南通基本照护保险制度建设及其启示》，载《中国医疗保险》，2017年第10期。

② 雷鹏，吴擢春：《我国长期照护制度建设现状与思考——基于青岛、南通和长春的实践探索》，载《中国医疗保险》，2016年第2期。

③ 南京审计大学"长期护理保险"调研组，刘妍：《建立长期护理保险制度/挑战、借鉴与对策——基于南通市"基本照护保险制度"的调研》，载《保险职业学院学报》，2019年第6期。

④ 孙华，耿晨：《南通基本照护保险制度建设及其启示》，载《中国医疗保险》，2017年第10期。

施照护服务纳入保障范围。①

3. 强调制度试点公平起步，但试点覆盖范围有限

南通长期护理保险试点的覆盖范围包含了所有年龄段的职工和居民参保人。换而言之，它突破了覆盖范围仅限于老年人的界限，不分城乡、不分年龄，全部统一纳入参保及制度保障范围，在制度建立之初避免医疗保险发展过程中出现人群有别、先城后乡的"碎片化"等情况。②然而，在实际运作中，其受益面却非常有限。有研究提出，南通市基本照护保险覆盖范围仅限于部分行政区，制度实施后参保人占南通市总人口比例不高，累计获得基本照护保险待遇的失能人数占总人数与占参保总人数的比例都处于较低水平。③

4. 委托第三方经办，与商保公司风险共担

南通市长期护理保险经由第三方经办，采用"运行风险共担、保险事务共办、管理费率固定、年度考核退出"模式。在此模式下，如若基金出现赤字，则赤字金额由第三方与基金分段按比例共同承担；如有盈余，则盈余部分全额返还基金。经办的管理费率固定，按基金收入的固定比例，计提管理费用用于第三方经办服务工作。④

（三）上海市长期护理保险

上海市于 2017 年 1 月起，在徐汇、普陀和金山三个区开展长期护理保险试点工作，并在 2018 年将试点扩大至全市。其模式特征主要体现

---

① 李新平，朱铭来：《南通市基本照护保险——制度设计、运行效果及前瞻》，载《社会保障研究》，2018 年第 3 期。

② 孙华，耿晨：《南通基本照护保险制度建设及其启示》，载《中国医疗保险》，2017 年第 10 期。

③ 李新平，朱铭来：《南通市基本照护保险——制度设计、运行效果及前瞻》，载《社会保障研究》，2018 年第 3 期。

④ 耿晨：《南通市基本照护保险制度试点探索路径》，载《中国医疗保险》，2016 年第 9 期。

为以下四个方面。

1. 目标人群为老年群体，失能程度覆盖面广

上海制度试点规定 60 岁以上的老年群体方可申请长期护理保险，其制度出发点在于其他年龄段的残疾人士已有其他制度补贴。① 此外，上海市的长期护理保险不仅覆盖重度失能人员，而且将中轻度失能人员纳入保障范围，重视对轻中度失能人员的预防管理。

2. 医疗护理类居家服务项目开展困难

受环境和服务人员资质影响，医疗护理类项目难以上门开展，这往往是整个服务供给中的"软肋"。② 有研究提出，在上海市的实践中，真正开展专业化医疗护理服务的养老机构和护理站仍然是少数，护理机构在所有服务项目中，往往只提供难度较低的居家护理服务，只有少部分护理机构针对部分老年人开展医疗护理服务。③

3. 强调照护服务的专业性和正规性，重视服务监管

上海在居家上门服务上强调专业性，要求定点服务机构派出正式照顾者进行服务。照顾者类型分别有执业护士、医疗照护员以及养老护理员（或健康照护员），三者依据专业程度不同分别设定 80 元、65 元、40 元每人每小时的社区居家照护费用。而不同护理级别的待遇享受者在社区居家照护次数和时长上也有明确的规定，这对照护服务的专业化和正规化都提出了更为清晰的要求。截至 2020 年年底，全市签约护理服务机构 1186 家，其中养老机构 750 家，居家护理服务机构 436 家；436 家居家护理服务机构中，医疗护理站已有 183 家，较试点之初的 6 家有了大幅增

---

① 马明婕，贺健勇：《上海探索长期护理保险的实践总结与问题分析》，载《科学发展》，2019 年第 7 期。

② 胡苏云：《长期护理保险制度试点实践——上海案例分析》，载《华东理工大学学报（社会科学版）》，2018 年第 4 期。

③ 蒋曼，罗力，戴瑞明，何世英，白鸽，王颖：《上海市长期护理保险中医疗护理供给现状分析》，载《医学与社会》，2019 年第 2 期。

长。截至2020年年底，全市已有社会化评估机构39家，形成了以社区家庭医生为主的评估队伍。此外，评估员需培训考试上岗，而截至2020年年底，全市培育评估员队伍近6000人①，人才队伍的培育保障了照护服务的质量。

在监管方面，上海市构建以《上海市基本医疗保险监督管理办法》为法制保障，以"行业监管+基金监管"为基础，"互联网+移动应用"为创新手段的长期护理保险监管体系。在此基础上，上海市根据居家护理服务的特点，探索应用热成像、声纹识别等信息化手段，从居家上门真实性向服务内容真实性不断延伸。② 具体实施中，徐汇区民政部门设有老年照护信息系统，利用GPS技术、NFC刷卡等手段实现对护理人员定位监控、服务时间监控，并通过老人的移动终端实现了对服务满意度的评价和反馈；普陀区卫健部门的监管系统在实现了对服务时间、项目、质量的监控后，还借助卫健部门的人力优势，组建专家咨询库，实现了对评估结果、服务清单的审核监督。③

4. 独创评估标准，评估内容偏重医疗

上海长期护理保险需求评估涵盖了对老年人自理能力、疾病状况等的评估测量，其中自理能力维度包括日常生活活动能力、工具性日常生活活动能力、认知能力这三个方面，分别占85%、10%、5%的比重，疾病轻重维度主要包括当前老年人群患病率比较高的10种疾病，每种疾病的局部症状、体征、辅助检查、并发症四个分项，分别占30%、30%、30%、10%的比重。④

---

① 黄志诚，金辉，李成志：《上海市长期护理保险试点路径与成效初探》，载《中国医疗保险》，2021年第3期。

② 黄志诚，金辉，李成志：《上海市长期护理保险试点路径与成效初探》，载《中国医疗保险》，2021年第3期。

③ 戴瑞明，何世英，蒋曼，王颖，白鸽，罗力：《上海市长期护理保险制度推行中的经验及存在的问题》，载《医学与社会》，2019年第2期。

④ 陈谦谦，郝勇：《上海长期护理保险制度试点的问题与对策》，载《科学发展》，2020年第1期。

有研究认为，在这种评估标准下，以失能状况与疾病情况为准绳，容易与真正有护理需求的目标人群存在偏差。① 当前的评估标准医疗方面内容过多，导致曾经患过疾病的老人综合得分往往高于实际需要照护的老人，例如中风和糖尿病患者获得五级以上等级评定，最需要照顾的卧床病人只有四级，失智老人可能是二级，后两者照护所需的时间和精力往往更大，付出的人力物力成本更高。②

（四）成都市长期照护保险

2017年7月1日，成都市正式推行长期照护保险试点，至今已经发展出具有鲜明地方特色的"成都模式"，主要包括以下五个方面的特征。

1. 以"长期照护保险"命名，蕴含不同的政策发展方向

从成都模式的命名可以发现其不同于其他城市的发展思路。世界卫生组织在2016年发布的报告中，将"Long Term Care"一词译为长期照护，这是因为老年人生命后期因生理功能的逐渐丧失而需要的护理，不是医院中的临床护理，而是生活照料和康复护理，长期照护强调了它从医疗服务中脱离出来的独立性所在，属于社会服务范畴。③ 根据国际经验，长期照护保险能够为解决"照护依赖"问题提供经济支持，而医疗服务的费用则由医疗保险来解决，成都的试点方案瞄准"照护依赖"问题，被认为是"为长期失能人员享有基本生活照料和与基本生活密切相关的日常护理等服务提供保障的社会保险制度"。④

---

① 戴瑞明，何世英，蒋曼，王颖，白鸽，罗力：《上海市长期护理保险制度推行中的经验及存在的问题》，载《医学与社会》，2019年第2期。

② 胡苏云：《长期护理保险制度试点实践——上海案例分析》，载《华东理工大学学报（社会科学版）》，2018年第4期。

③ 唐钧：《健康社会政策视域中的老年服务、长期照护和"医养结合"》，载《中国公共政策评论》，2018年第1期。

④ 覃可可，唐钧：《建立长期照护保障的制度框架——以成都市为例》，载《开发研究》，2019年第1期。

2. 倡导家庭"亲情照护",为非正式照护者提供现金给付

成都市支持家人、朋友或邻居等非正式照顾者提供居家照护服务。这有利于倡导自主选择,即老人有自主选择和决定服务方式的权利①,体现了制度设计的人性关怀。② 与此同时,融合家庭亲情、倡导在基础照护服务供给上亲情优于专业的理念,有利于传承发扬"敦亲睦邻、守望相助"的传统美德。③ 与非正式照护相呼应的是对居家照护形式的支持,成都市对于居家照护的支付比例比机构照护高5%。④ 就实施情况来看,试点推行一年半以来,有超过八成的参保人选择非正式照护者(家庭、朋友或邻居)提供的居家照护。⑤

然而,这种非正式照护模式也有其弊端。一方面,居家照护缺乏服务质量保障机制,容易被参保人及社会大众认为该制度是一种"发钱"补贴。对此,成都市尝试通过经办保险公司的定期居家回访以及向非正式照护者提供培训来提高居家服务质量,但效果还是不理想。一方面,政策尚未明确回访后的复评或退出机制,为非正式照护者提供的培训也并非强制性的,没有奖惩机制,以至于实际培训参与率低。另一方面,此模式一定程度上地抑制了对正式定点护理服务机构的上门服务发展。只有极少数长期照护保险受益人使用机构上门服务,导致上门服务处于空白状态。这是由于可报销的上门服务以生活照料为主,不涵盖康复项目,有康复需求的参保人更倾向于选择机构服务,加之上门护理服务的自费金额高,不少老人宁愿选择家人照料,将长期护理保险看

---

① 覃可可,唐钧:《建立长期照护保障的制度框架——以成都市为例》,载《开发研究》,2019年第1期。
② 赵彬蓉,吴娇:《关于长期照护保险试点工作的几点思考和建议》,载《四川劳动保障》,2018年第3期。
③ 张璐:《为失能家庭"减压"为美好生活"添劲"》,载《四川劳动保障》,2019年第9期。
④ 韩高,黄洋:《成都:长期照护险保障"老有颐养"》,载《四川劳动保障》,2017年第8期。
⑤ 覃可可,唐钧:《建立长期照护保障的制度框架——以成都市为例》,载《开发研究》,2019年第1期。

做劳动补贴。①

3. 筹资费率与年龄挂钩，考虑个体失能风险

在筹资方面，成都的长期照护保险探索设置个人账户划转与年龄挂钩的筹资费率，以40岁和退休年龄为界线，40岁以下、40岁以上、退休人员的费率分别设定 0.1%、0.2%、0.3%。这种基于年龄差异的筹资费率设置被认为是更充分地考虑了参保人的失能风险与待遇支付情况。

4. 独立开发评估标准，科学评估对象需求

成都市基于世界卫生组织《关于功能、残疾和健康的国际分类》的理论框架，结合成都实际，研发涵盖"身体—精神/认知—沟通/社交"的本土化失能综合评定量表和失能照护等级评定标准②，构建了成都市成人长期失能照护等级评定标准和成人失能综合评估技术规范。世界卫生组织的《全球报告》将"健康老龄化"定义为"发展和维护老年健康生活所需的功能发挥的过程"，而成都模式的评估重点放在了老年人的功能发挥上，并组织专门的研究团队，开发的评估标准包括日常生活活动能力、精神状态、感知觉与社会参与三个一级指标③，体现出地方探索的自主创新。

5. 善用信息化手段，提升制度运行效率

在成都市的实践中，开发有"蓉城照护"软件，实现了参保、缴费、评定、服务、支付、结算、审核、监控等业务的线上、线下有机融合。④

---

① 曹杨、宋璐佳、肖金雨、娄莉苹：《积极应对人口老龄化背景下长期照护保险制度试点的成效、挑战与发展方向——以成都市为例》，载《残疾人研究》，2020年第3期。

② 张璐：《为失能家庭"减压"为美好生活"添劲"》，载《四川劳动保障》，2019年第9期。

③ 覃可可，唐钧：《建立长期照护保障的制度框架——以成都市为例》，载《开发研究》，2019年第1期。

④ 曹杨、宋璐佳、肖金雨、娄莉苹：《积极应对人口老龄化背景下长期照护保险制度试点的成效、挑战与发展方向——以成都市为例》，载《残疾人研究》，2020年第3期。

具体运作过程中,在评估评定上,分设评估申请使用端口和评估人员端口①;在服务监管上,运用科技手段指导监督。根据成都市医保局《关于开展长期照护保险生物识别在线监管工作的通知》,自 2020 年 7 月起,失能人员应由本人指定的居家照护人员或者协议照护机构,每月通过"蓉城照护 APP"上传一次健康调查视频,视频内容包括失能人员面部信息、照护状态等,与此前信息系统进行比对,审核通过后才发放待遇。

综合以上讨论,作为我国长期护理保险制度探索的典型,青岛市、南通市、上海市与成都市都在服务对象、服务递送、服务内容和筹资机制四个环节中呈现出差异化的制度探索,并业已取得相应的成效,通过不少学者的政策与实证研究,为我国其他城市长期护理保险制度的探索提供了宝贵的实践经验。

四、试点实践总结

迄今为止,我国长期护理保险制度历经近六年的探索,政策框架基本形成,已经取得一定的成效,并较好地达成长期护理保险的政策目标。长期护理保险制度的覆盖人群持续增长,机构护理与居家护理的兼顾发展,满足了失能人员对照护服务的多样化需求。长期护理保险制度的推行能够减轻参保人及其家庭的经济负担,保障有需要的群体切实享受对应的照护服务,提升老年人的生活质量,使得老年人能够更好地实现"老有所养",共享社会发展成果。同时,长期护理保险制度实现了长期护理服务与医疗服务的有效区分,有利于缓解社会性压床现象,促进了医疗照护资源与慢性病照护资源的合理配置,缓解医疗机构的运转

---

① 覃可可,唐钧:《建立长期照护保障的制度框架——以成都市为例》,载《开发研究》,2019 年第 1 期。

压力,在一定程度上减轻了医疗保险基金的压力。此外,长期护理保险制度推动长期护理服务市场逐步形成,提供的政策诱因促使市场自发探索提供更有竞争力的优质照护服务。在相关政策的有效监管下,各地的专业服务机构纷纷成立,通过社会力量的参与提升了行业服务质量,并对应地增加了大批就业岗位,刺激经济发展,与此同时吸引更多资本进入照护市场,形成发展的良性循环。此外,各试点的长期护理保险制度探索都处于持续完善与发展的状态,充分结合当地老年人的需要调整服务对象、服务内容、服务递送以及筹资机制等多个方面,保障制度方案能够切实解决老年人照护难题。

然而,通过对比各地长期护理保险的试点实践,不难发现,长期护理保险制度依然有待完善。目前,国家尚未从顶层设计上对长期护理保险的保障范围、受益对象、待遇给付标准和筹资模式作出统一规定,导致各地实践发展差异较大,在制度设计上存在以下问题。

第一,在服务对象方面,保障对象有限。目前部分试点方案中的长期护理保险制度受益对象以城镇职工医保参保人为主,覆盖范围较窄。同时,部分试点没有把失智程度作为评估指标之一,忽视了该部分群体的特殊照护需求。保障对象范围的限制一定程度上影响了长期护理保险制度作为社会保障项目的社会公平性,亟须在后续探索阶段不断拓宽覆盖范围,增强长期护理保险制度的可及性。

第二,在服务内容方面,对失能情况的评估体系不完善。不少学者指出,我国长期护理保险制度的失能认定评估工具指标体系较为简单,且过于侧重医疗护理,导致与医保的保障范围发生重叠。[1] 虽然我国在2021 年 8 月出台了统一的制度规范,但试点城市的已有方案普遍按照既定的模式推进。因此,长期护理保险制度的探索在今后需要大力推广国

---

[1] 孙敬华:《中国长期护理保险制度的福利要素评析及优化策略》,载《北京社会科学》,2019 年第 10 期。

家层面的评估办法,并充分结合各地实际情况完善评估体系的各个环节,满足人们多层次与多元化的照护需求。此外,服务内容还存在各地待遇差距较大,城乡之间不平衡、行政区域之间不平衡等问题。① 由于我国区域发展不均衡,地区之间在经济与社会发展水平上存在较大的差异,而已有试点普遍采取"收支平衡、略有结余"的原则确定保险制度的待遇水平,各地因地制宜制定并实施了与本地发展相适宜的照护服务体系。然而,这也导致了长期护理保险的显著政策差异,不利于社会公平。因此,我国长期护理保险制度的探索在今后的发展中应当根据地方实际情况,借鉴较为完善的探索模式,完善与发展自身的制度方案。

第三,在服务递送方面,大部分地区长期护理保险向机构护理发展倾斜,并不符合参保人尤其是老年人的居家主流意愿。基于社会化养老体系已有的探索基础,不少试点选择以发展机构照护为基点。然而,由于根深蒂固的家庭观念等因素影响,我国老年人普遍倾向于接受居家照护服务,这与我国长期护理保险制度的试点探索在一定程度上不相匹配。相对地,在试点探索阶段,也有不少城市开始自主完善照护服务的种类,延伸为发展机构照护与居家照护相协调的服务体系,构建不同类型服务协调发展的照护体系。

第四,在筹资机制方面,目前各地长期护理保险筹资依赖医保基金,尚未形成可持续的多元筹资机制。稳定且可持续的资金筹集机制是保障长期护理保险制度健康运行的重要保障,然而,随着我国各地医保基金运转压力的逐年加大,尤其是在欠发达地区其医保基金面临更多的难题,这为长期护理保险制度探索带来不少的资金压力,限制了实践探索的继续推进。因此,独立的、多元化的筹资机制的构建是各地深化发

---

① 张文博:《照料社会化:长期照护保险制度实践研究——基于对青岛市长期医疗护理保险的考察》,载《北京工业大学学报(社会科学版)》,2017 年第 6 期。

展长期护理保险制度探索必须要突破的难题，也有助于建立政府、社会与个人共同承担照护服务责任的制度体系。

总体而言，我国长期护理保险制度的试点探索成效显著，并已形成多样化的地方模式，这些宝贵的实践探索都为后续国家层面的长期护理保险制度的构建与发展提供了丰富的经验参考。然而，我国长期护理保险制度的进一步发展也需要基于试点实践经验总结存在的问题，从而针对性地就服务对象、服务内容、服务递送和筹资机制各个环节进行制度性的调整。目前，长期护理保险制度在全国试点阶段尚未形成统一的、适用于全国的制度规范，各城市的探索都各有特色。相对地，广州市作为第一批试点城市之一，自2017年出台长期护理保险制度，在将近五年的实践过程中不断完善与深化制度方案，以老年人需求为导向的"广州模式"已经逐渐成形，一定程度上克服与避免了全国其他试点方案在各个方面所出现的问题。在第二部分，本书将结合本部分所提出的制度分析框架，就广州市的制度方案与实践进行总结与分析，归纳长期护理保险的广州经验。在本书的最后一章，也会结合现有试点城市的政策分析与对"广州模式"的研究，探讨如何在国家层面构建长期护理保险的制度框架。

第二部分
长期护理保险的广州经验

本部分共五章，聚焦广州试点经验。开篇用纵深视角描绘了广州市长期护理保险试点历程，分别对三个发展阶段的成效与挑战进行详细解读。其余四章探讨广州市长期护理保险在发展过程中所形成的突出做法，分别从服务经办模式、服务递送形式、服务提供者的选择和服务的监督管理这几个角度，提炼总结"广州模式"的制度实践优势。本部分选取"广州模式"的亮点，在制度层面基于长期护理保险制度分析框架剖析其运作机制，以此在实践层面为国内其他正在或即将进行长期护理保险试点的城市提供经验参考。

第四章 广州市长期护理保险探索：政策沿革与实践分析

一、探索背景

作为目前广东省唯一的长期护理保险制度试点城市，广州市综合借鉴国外长期照护保险制度已有实践，并参考全国性的指导意见，充分结合本土老年人的照护需求与养老服务体系的已有发展等方面的考量，在2017年启动了试点探索的历程，逐渐形成具有地方特色的"广州模式"。

与全国的趋势相一致，广州市的人口老龄化程度也不断增长，部分地区的形势尤为严峻。从2012年至2020年，广州市60岁及上人口占户籍人口的比重从15.42%增长至18.27%，呈现出整体上涨的趋势[1]（见图4-1）。其中，地区之间存在较大的差异，部分地区已进入中度老龄化阶段。2020年，越秀区、海珠区和荔湾区户籍60岁及以上老年人口数超过20万，分别为31.43万人、28.45万人和22.31万人，占本区户

---

[1] 广州市卫生健康委员会：《广州市发布2020年老年人口和老龄事业数据》，http://www.gz.gov.cn/zwgk/zwwgk/jggk/lsqkgk/fzghlsqk/content/post_7987212.htmlhttp://www.gz.gov.cn/zwgk/zwwgk/jggk/lsqkgk/fzghlsqk/content/post_7987212.html（访问时间：2022年2月1日）。

籍人口比重均超过20%。① 因此，虽然从总体比例来看，广州市尚属"比较年轻"的地区，低于全国平均水平，但是由于广州市的城市化发展进程起步较早，"老城区"的人口老龄化形势较为复杂严峻，具有更为迫切的照料需求，亟须广州市探索具有针对性的照料服务体系。相应地，长期护理服务发展的地区规划和资源配置情况也需要把地区差异纳入考虑。

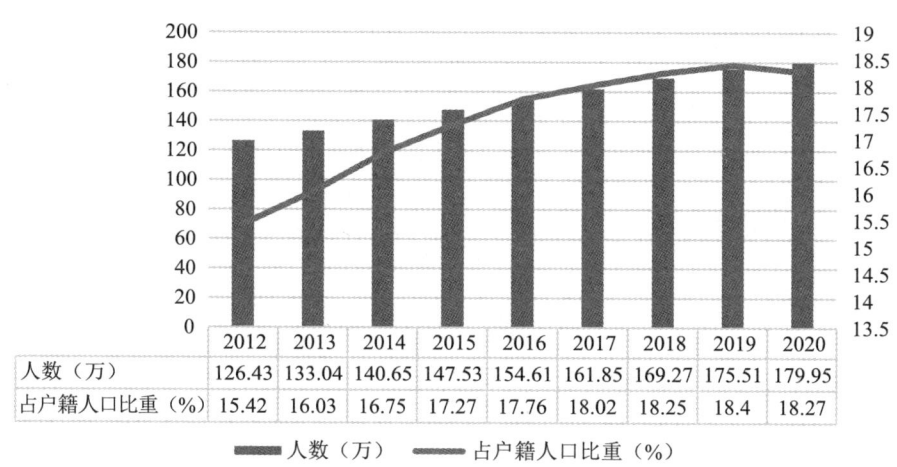

图4-1 广州市老龄化人口比例

据《2020年广州市卫生资源和医疗服务简报》显示，2020年广州市居民平均期望寿命为82.9岁，这意味着老年人随着年龄增长产生失能问题的可能性将随之增加。而随着人口预期寿命延长，人类疾病谱逐渐慢性病化。换言之，老年人口失能化现象不断加剧。广州市2015年1%人口抽样调查数据②显示，2015年广州市老年人口失能、半失能率分

---

① 广州市卫生健康委员会：《广州市发布2020年老年人口和老龄事业数据》，http://www.gz.gov.cn/zwgk/zwwgk/jggk/lsqkgk/fzghlsqk/content/post_7987212.htmlhttp://www.gz.gov.cn/zwgk/zwwgk/jggk/lsqkgk/fzghlsqk/content/post_7987212.html（访问时间：2022年2月1日）。

② 广州市统计局：《广州市2015年全国1%人口抽样调查主要数据公报》，http://tjj.gz.gov.cn/tjgb/glpcgb/content/post_2788684.html（访问时间：2022年2月1日）。

别为 6.34%、1.84%，全市失能率为 8.19%。① 而现实情况更不容乐观，据广州市城镇职工医疗保险和城乡居民医疗保险的参保人数整理得出相关数据测算②，到 2021 年底，职工医保参保人中失能人数将达到 4.46 万人，城乡居民医保参保人中失能人数则高达 5.36 万人。由于老年人口失能化的现象加剧，广州市对长期护理服务需求日渐强烈。整体而言，广州市老龄人口呈现出基数大、增速快的特征。因此，快速发展的老龄化形势伴随着失能老年人数量的增长，引发了老年人群体的照料难题。

此外，广州市还呈现出空巢化、家庭结构小型化等现象。第七次人口普查数据显示，广州市每个家庭户的平均人口为 2.22 人，比 2010 年第六次全国人口普查的 2.73 人减少了 0.51 人③，家庭户规模继续缩小。这很大程度影响了老年人对来自于家庭的照料服务的获取，与老年人日趋迫切的长期照料服务需求形成了鲜明对比，显示出家庭保障功能的逐步弱化。因此，发展社会照护服务体系，以应对骤增的老年人生活照料和护理等养老服务的供给需求刻不容缓。

不仅如此，广州市老年人口抚养比也在逐年提高，家庭养老负担沉重。2018 年，广州老年人口抚养比为 28.54%，占社会抚养比的 50.63%，少年人口抚养比（27.83%）低于老年人口抚养比 0.71 个百分点。④ 与 2014 年广州社会总抚养比 44.23% 相比，2018 年每 100 名劳动年龄人口需要负担 60 岁及以上年龄人口数比 2014 年增加约 5 人，增

---

① 本章将 2015 年 1% 人口抽样调查中针对老年人健康状况抽样调查结果中的"不健康，但生活能自理"人群类同于"半失能"人群，把"生活不能自理"人群类同于"失能"人群，计算失能半失能老年人占当年老人总量的比例为失能率。
② 数据由广州市医保局向本研究团队提供（截至 2020 年 9 月 30 日）。
③ 广州市统计局：《广州市第七次全国人口普查公报［1］（第一号）——全市常住人口情况》，http：//www. gz. gov. cn/zwgk/sjfb/tjgb/content/post_7286268. html（访问时间：2022 年 2 月 1 日）。
④ 广州市人民政府：《2018 年广州老龄事业发展报告和老年人口数据手册发布》，http：//www. gz. gov. cn/zwfw/zxfw/content/post_3100022. html（访问时间：2022 年 2 月 1 日）。

长速度颇快（见表4-1）。相对地，第七次全国人口普查数据显示，广州市社会总抚养比从2010年的22.16%增长至27.69%，老年人口抚养比在十年间从8.15%增长为9.98%[①]（见图4-2）。由于全国人口普查采取"常住人口"的口径进行统计，并非是过往常用的"户籍人口"口径，因此统计数据中老年人口抚养比的数据并不能够直接与2014年至2018年的进行对比。然而，无论是出于何种统计口径，广州市人口老龄化形势严峻是毋庸置疑的事实，基数大、增长快的老年人群体对照护服务需求日渐强烈，对于养老服务和长期护理体系的发展都提出了更高的要求。

表4-1 2014—2018年广州市社会抚养比数据

抚养比（%）	2014年	2015年	2016年	2017年	2018年
社会总抚养比	44.23	46.81	49.37	53.16	56.37
少年人口抚养比	20.08	21.47	22.84	25.55	27.83
老年人口抚养比	24.15	25.34	26.53	27.61	28.54

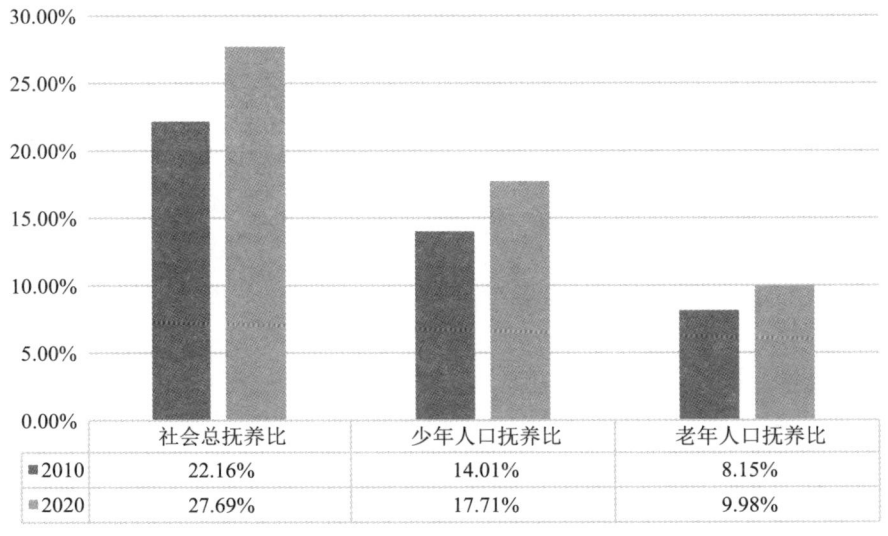

图4-2 2010—2020年广州市社会抚养比变化

① 广州市统计局：《广州市第七次全国人口普查公报[1]（第四号）——人口年龄构成情况》，http://www.gz.gov.cn/zwgk/sjfb/tjgb/content/post_7286231.html（访问时间：2022年2月1日）。

尽管广州老年人对长期护理服务的需求日益强烈，但其支付能力与购买正式照护服务所需要的市场价格相比，仍有一定差距。截至2019年末，全市参加企业职工基本养老保险的离退休人员为102.71万人，抚养比（年末参保职工缴费人数/年末离退休人数）为5.84∶1；全市于2019年1月1日起调整企业退休人员基本养老金，调整后的企业退休人员月人均基本养老金提高到3586元。城乡居民基本养老保险符合领取待遇人员57.80万人，2019年1月起全市城乡居民基础养老金最低标准提高到221元/人/月。①然而，退休金水平与现行广州市区大多数热门养老院4000元/月—5000元/月的收费水平仍有较大差距。假如老人倾向居家养老，而子女无暇照顾，聘请全职保姆需要6000元/月左右。②多数老人在面对养老难题时，需每月拿出全部退休金，还要加上子女的经济支持才足够支付养老服务的费用。

此外，广州市发展长期护理服务体系具有较好的组织基础。近年来，广州市的养老服务探索采取具有广州特色的"大城市大养老"模式，通过不断推动社会力量参与养老服务，出台《广州市养老服务条例》《关于推动基本养老服务体系发展的实施意见》等政策措施吸引海内外具有专业资质的服务机构为本土老年人提供多元化的养老服务，并已经在全国范围内形成具有地方特色的广州探索经验。截至2021年11月，广州市拥有的养老相关企业共7763家，数量居国内首位，其中，设立香港独资、中法、中日合资合作养老机构4家。③这些都表明，社会力量已经成为广州市提供养老服务的主体，能够为广州市长期护理服务的发展提供有力支持。

---

① 广州市人力资源和社会保障局：《2019年度广州市社会保险信息披露》，http://rsj.gz.gov.cn/gkmlpt/content/6/6813/post_6813572.html? jump=false#512（访问时间：2022年2月1日）。
② 本研究团队访谈所得。
③ 中华网：《广州养老企业总数7763家 第七次全国人口普查显示常住老年人口213万》，https://gd.china.com/qiye/20001169/20211117/25480433.html（访问时间：2022年2月1日）。

因此，在老龄化、失能化加剧带来长期护理需求增长，辅以家庭照顾能力弱化的背景下，如何既满足老年人口长期护理的需求又顺应其养老偏好，是广州长期护理保险亟须思考的问题。首先，从需求满足来看，尽管城镇职工退休金的领取现状说明，老年人购买养老机构提供的正式照护服务或全职保姆提供的居家养老服务所需的费用，均在一定程度上超出其个人支付能力范围，而长期护理保险能够支付失能老人在基本生活照料、医疗护理服务等方面产生的费用，能够帮助有需要的老年人解决这一需求难题。其次，从养老偏好满足来看，广州市长期护理保险在 2019 年 3 月开始允许由非正式照护者担任兼职居家护理员，从政策层面支持非正式照护在长期护理中的发展，顺应老人的养老服务偏好。然而，长期护理保险制度的发展不能够只停留在回应现有需求的层面，还应该对今后社会形势和失能群体的更高照护需求进行预估和考虑，以此更好地满足他们的照护服务需求，而这也正是驱动广州市长期护理保险制度持续深化发展的动力。

二、政策沿革

在国家公布长期护理保险试点政策后，广州市于 2017 年启动了长期护理保险制度的自主探索，其实践大致可分为三个阶段，各个阶段都呈现出了明显的发展特征（见表 4-2）。从政策更新情况来看，广州市长期护理保险政策时效性较强，能够根据实际需求和实践情况及时调整试行办法的内容，增强了试点的科学性和可推广性。

表 4-2 广州市长期护理保险相关政策

阶段划分	政策发布时间	政策文件
第一阶段	2017 年 7 月 28 日	《广州市长期护理保险试行办法》
	2018 年 1 月 10 日	《广州市长期护理保险协议定点服务机构管理办法》

(续表)

阶段划分	政策发布时间	政策文件
第二阶段	2019 年 7 月 26 日	《广州市长期护理保险试行办法》
	2019 年 7 月 31 日	《广州市长期护理保险协议定点服务机构管理办法》
	2020 年 4 月 15 日	《开展长期护理保险试点工作的补充通知》
第三阶段	2020 年 12 月 30 日	《广州市长期护理保险试行办法》
	2020 年 12 月 31 日	《广州市长期护理保险协议定点服务机构及评估管理办法》
	2021 年 1 月 6 日	《广州市长期护理保险失能评估机构经办操作指引》
	2021 年 9 月 23 日	《广州市老年人照护需求综合评估管理办法（试行）》

第一阶段为启动阶段。2017 年 4 月，广州市提出《关于开展长期护理保险试点工作的意见》（穗府办函〔2017〕67 号），明确长期护理保险的参保范围与保障范围、筹资方式与标准、待遇支付、管理与服务等内容。同年 7 月，《广州市长期护理保险试行办法》（穗人社规字〔2017〕6 号）出台，标志广州市长期护理保险的正式推行。协议定点机构的管理办法等措施也随后颁布，体现了广州市长期护理保险体系构建的稳步推进。

第二阶段为发展阶段。2019 年 3 月，广州市医保中心颁布《关于加强长期护理保险居家护理业务管理的通知》（穗医管〔2019〕83 号），并出台《居家护理服务巡查记录表》等配套文件，发展与完善居家护理服务的管理制度。同年 7 月，《长期护理保险试行办法和协议机构管理办法》出台，结合第一阶段的经验总结与老年人持续变化与发展的照护需要，在整体政策框架的基础上更新了评估流程与部分服务项目内容。2020 年 4 月，长期护理保险试点工作的补充通知推出，优化鉴定评估流程。

第三阶段为深化阶段。2020 年 12 月，广州市医保局等印发《广州市长期护理保险试行办法》（穗医保规字〔2020〕10 号）（简称 10 号文）和《广州市长期护理保险协议定点服务机构管理办法》（穗医保规字〔2020〕11号）（简称11号文），从参保缴费、待遇支付与服务管理等方面对既有政策进行了较大程度的调整与优化，标志着广州市长期护理保险的探索进入新阶段。

（一）长期护理保险制度试行办法

对比三阶段的《试行办法》，广州市长期护理保险对筹资方式、保障范围、待遇资格、支付标准等多个环节都做出了一定的调整（见表4-3）。

表4-3 广州市长期护理保险制度的政策变迁①

	启动阶段	发展阶段	深化阶段
时间	2017—2018年	2019—2020年	2021年起
主管部门	人力资源与社会保障局	医疗保障局	医疗保障局
经办部门	医疗保险服务管理局	医疗保险服务中心	医疗保险服务中心
评估机构	劳动能力鉴定中心	医疗保险服务中心	失能评估机构
参保对象	基本职工医疗保险参保人	基本职工医疗保险参保人	基本职工医疗保险参保人；年满18周岁的基本居民医疗保险参保人
筹资模式	从基本职工医保统筹基金划拨	从基本职工医保统筹基金划拨	单位和个人缴费、财政补助等
办理程序步骤	办理登记、提出申请、机构初评、现场评估、集体评审、结果公示、结果告知、复查评估（8步）	提出申请、机构初评、现场评估、结果公示、结果告知、复查评估（6步）	提出申请、机构初评、现场评估、结果公示、结果告知、复查评估（6步）
评估类型	失能评估	失能评估（延续护理评估）	失能评估、延续护理评估、设备使用评估

① 作者自制，根据相关资料整理。

(续表)

	启动阶段	发展阶段	深化阶段
失能评估	日常生活活动能力评定量表		日常生活活动评估表、精神状态评估表、感知觉与沟通评估表、社会参与评估表（2022年起：日常生活活动能力评估表、认知能力评估表、感知觉与沟通能力评估表）
失能等级	零级（基本正常）、一级（轻度失能）、二级（中度失能）、三级（重度失能）		零级（基本正常）、一级（轻度失能）、二级（中度失能）、三级（重度失能Ⅰ级）、四级（重度失能Ⅱ级）、五级（重度失能Ⅲ级）
费用结算	属长期护理保险基金支付的部分，由市医疗保险经办机构与长护定点机构按服务项目结算；属个人负担的部分，由参保人员自行支付	新增：长期护理保险费用由长护定点机构登录信息系统记账，按月结算	
服务类型	基本生活照料、医疗护理		基本生活照料、医疗护理、设备使用服务
服务项目	31+19	37+30	48+34+8

（1）启动阶段—发展阶段：适度调整

对比启动阶段与发展阶段，广州市长期护理保险制度在相关职能部门的变更、办理程序的简化、细节表述差异、服务项目扩大这几个方面有所调整。这两个阶段的转变是在启动阶段整体框架基础上的小范围调整，体现广州市在探索长期护理保险制度过程中的适应性调整，同时伴有一定的路径依赖特征。

第一，管理机构发生变化，明确相关部门职责分工。2019年，广州颁布新的《广州市长期护理保险试行办法》（简称《2019年试行办法》）。新政策的最大亮点是明确相关部门的职责分工，同时将长期护理需求评估工作交由市医疗保险经办机构负责，确立医保部门在长期护理保险的主导地位。由于长期护理保险属于社会保险，广州市在2017年颁布《广州市长期护理保险试行办法》（简称《2017年试行办法》）中规定由人社部门负责长期护理保险的组织实施，市医疗保险经办机构负责经办服务和管理工作，市劳动能力鉴定委员会负责长期护理需求的鉴定评估。然而，劳动能力鉴定的服务对象与长期护理的服务对象在需求特征上存在差别，前者的测量目的是了解劳动能力的丧失程度，后者的测量是为了评估生活自理能力（包括认知能力）。从专业性角度而言，长期护理保险的鉴定评估工作更适合由医疗保险经办机构负责。因此，《2019年试行办法》规定"市医疗保障行政部门主管长期护理保险工作，市医疗保险经办机构负责长期护理保险的经办服务工作及长期护理需求的鉴定评估工作"，同时进一步明确财政、民政、卫生健康部门作为协助参与部门的职责，按照各自职能开展相关工作。这一变革体现了医疗保险体系是广州市长期护理保险制度建设的基石这一特征。

第二，评估步骤简化，提升申请审批效率。长期护理保险评估程序从八个步骤简化为六个，合并了"办理登记和提出申请"并取消了"集体评审"一环。步骤的简化体现了广州市基于启动阶段的实践经验，为进一步提升申请审批效率与便捷失能老年人做出相应调整。

第三，在细节表述方面的修改。新办法对不予受理长护评估申请的条件和长期护理保险待遇终止条件分别进行了删减和增加，并将费用结算的时间具体到"按月结算"，使整个长期护理保险运作流程具体化。此外，《2017年试行办法》中的部分规定，例如"启动阶段按年龄段分步实施"和初始"每年按照130元每人的筹资标准进行收支需求测算"等，已经根据具体实践情况相应取消。这些细节的调整体现了广州市长期护理保险制度的专业化和精细化程度不断提升，试点方案的实践探索得到规范。

第四，调整服务内容。针对基本生活照料服务项目，新《试行办法》保留了原有的七大板块,新增了"失智护理"服务,并明确服务时间按"护理计划定期实施"。在医疗护理服务项目中,新《试行办法》删除了"气管切开护理"项目,增加了"口腔护理、会阴冲洗、运动疗法"等12个项目。服务内容的调整使得长期护理保险制度覆盖的服务更加聚焦老年人的实际需求。

(2) 发展阶段—深化阶段：全面创新

对比发展阶段与深化阶段,广州市的长期护理保险制度在参保对象、筹资模式、评估类型、失能评估、待遇资格等多个方面都做出了较大的调整,显示出广州市的试点实践进入了新的创新探索阶段。

一是参保对象覆盖范围增加。广州长期护理保险的参保人在覆盖职工医保参保人的基础上,新纳入年满18周岁的城乡居民医保参保人,基本实现了成年居民的"制度全覆盖"。在广州市的早期探索阶段,长期护理保险制度仅覆盖城镇职工参保群体,这种以医保参保类型决定待遇享受人群的方式,一定程度上有损长期护理保险的公平性原则,不利于社会和谐与稳定。现阶段中,广州市长期护理保险制度覆盖所有成年的基本医疗保险参保人,充分体现了长期护理保险的公平性原则。参照国际经验,作为社会保障的重要体现,长期护理保险制度秉承"风险共担,互助共济"的发展理念,遵循"公平优先,兼顾效率"的基本原则。广州市长期护理保险制度覆盖所有基本医疗保险成年参保人的模式强化了长期护理保险的筹资能力,实现可持续的运转,能够避免将来单独设立险种和账户时可能产生的高额转轨成本。在后续阶段,有"第六险"之称的长期护理保险必将在我国全面铺开,体现社会公平的长期护理保险制度则会是我国公民的社会福利权利的关键实现形式,有助于促进社会和谐与稳定。

二是筹资模式更多元,强调责任共担。明确长期护理保险通过单位和个人缴费、财政补助等途径进行筹资,其中职工医保参保人分别从医保基金统筹账户和个人账户按月划转,居民医保参保人从居民医保基金中的个人缴费和财政补助部分按年划转,并针对职工医保参保人的年龄、居民医保参保人中的学生与居民身份，分别确定缴费的基数与缴费水平。因此，长期护理保险的基金来源于职工医保、居民医保划转、原长期护理保险试行办法的基金结余和利息，以及其他合法收入。此外，在此阶段，广州市的长期护理保险制度的筹资包括单位和个人缴费途径，强调了个人的筹资责任，能够有效地厘清政府、单位与个人等各主体的责任边界，这很大程度上削弱了长期护理保险基金与基本医疗保险基金之间的直接关联，有利于长期护理保险制度的单独运行，为后续阶段设立独立险种奠定基础。基于启动阶段和发展阶段的探索，参考广州市长期护理保险基金的支出规模，不难预见，随着试点的深入推进，覆盖群体将进一步扩大，届时基金支出将大幅度地增加，过往为了减少试点工作阻力而推行的、从职工医保基金池划拨基金的做法已经难以适应广州市后续探索的需要。因此，深化阶段的筹资模式强调个人责任，能够很大程度地缓解医保基金可预见的压力，有助于基本医疗保险与长期护理保险的可持续运行。广州市长期护理保险制度筹资模式的调整是结合地方实践不断探索的结果，其发展路径一定程度上能够为全国其他城市在今后阶段的探索提供经验借鉴。

三是待遇资格的种类增多。10 号文将待遇享受人员分为长期失能人员、延续护理人员和设备使用人员，其中长期失能人员根据评估划分为长护 1—3 级；延续护理人员特指年满 60 周岁在医保定点机构住院后，经评估有医疗护理需求的人员；设备使用人员仅限于未入住护理服务机构，即享受居家护理服务，且经评估符合规定的长期失能或延续护理人员。待遇资格种类的增加，一方面满足了不同失能程度的老年人的照护服务需求，为他们提供更具有针对性的长期护理服务，另一方面能够使长期护理服务更精准地递送至对应的老年人，提升资源投放效率。此外，2022 年 1 月开始实施的《长期护理失能等级评估标准（试行）》在原有能力完好、轻度失能、中度失能和重度失能四个等级的基础上，增添为零级（基本正常）、一级（轻度失能）、二级（中度失能）、三级

（重度失能Ⅰ级）、四级（重度失能Ⅱ级）、五级（重度失能Ⅲ级）。更精细化的失能等级划分有助于为待遇享受人提供更适宜的照护服务，也有利于提升长期护理保险基金的使用效率。

四是长期护理保险评估标准更加规范。将长期护理保险分为失能评估、延续护理评估和设备使用评估。相关的评估内容在11号文中详细规定，长期护理保险失能评估评定标准包括《日常生活活动评估》《精神状态评估》《感知觉与沟通评估》《社会参与评估》四大组成部分，每一个表分为零级—三级，再根据每个表的结果组合评定为长护零级—三级。关于费用收取分为失能评估费用和延续护理评估费用，失能评估费用为200元/人/次，评估结果若为长护二级—三级或一级失能，则由基金按100%或50%支付，评估结果若为其他情形，则由申请人个人自付评估费。延续护理评估费用是100元/人/次，若符合享受待遇条件则基金支付100%，反之基金及申请人均不支付评估费用。长期护理保险制度评估标准的细化与完善，是长期护理保险制度资源更精准递送的重要保障。在此基础上，2022年1月开始实施的《广州市老年人照护需求综合评估管理办法（试行）》更新了"评估机构和评估人员"的相关规定，提出"医疗保障部门、民政部门通过采购等方式依法选定评估机构并协商订立合同，选定结果并将结果公布"，而评估机构应当为符合资质规定的社会组织或企事业单位，即公共部门协作委托新的评估机构，逐渐把评估的工作从商业保险公司的经办业务中分离，提升评估的效率。相应地，评估标准则调整为《日常生活活动能力评估表》《认知能力评估表》与《感知觉与沟通能力评估表》。

五是服务内容愈加翔实，增加了设备使用服务。长期护理保险服务包括生活照料服务、医疗护理服务和设备使用服务三类。生活照料服务项目分为两类12大项48小项，分别是基本生活照料服务项目和专项护理服务项目，其中基本生活照料服务项目又划分为基础照料和按需照料项目；医疗护理服务项目共34项，相比第二阶段增加了4项；设备使用服务项目分为8项,包括移动辅助器具——轮椅、个人护理和防护辅助产品——床具床垫、个人医疗辅助器具——瘫痪康复仪器。服务形式分为机构护理和居家护理,居家护理中的生活照料服务根据失能等级不同划分为A、B、C三类,每类服务规定了每月不同频次和时长的上门时间。长期护理服务的服务项目增加构建了更为全面的护理服务体系,满足参保人更多元化和深层次的服务需求,在"保基本"的基础上更好地为不同参保人提供差异化的照护服务。

六是待遇标准因应待遇资格变化而更具层次。根据失能等级和参保类别分别规定了生活照料、医疗护理和设备使用的费用标准与基金支付比例(见表4-4)。

表4-4 广州市长期护理保险第三阶段待遇标准(单位:每人)①

待遇类型		失能等级	职工医保参保人			城乡居民医保参保人		
			费用标准	基金支付比例	基金最高支付限额	费用标准	基金支付比例	基金最高支付限额
生活照料	机构护理	长护三级	120元/天(床位35元)	75%	90元/天	60元/天	70%	42元/天
		长护二级	30元/天		22.5元/天	15元/天		10.5元/天
		长护一级	300元/月		225元/月	200元/月		140元/月
	居家护理	长护三级	105元/天	90%	94.5元/天	50元/天	85%	42.5元/天
		长护二级	900元/月(不超过12个月)		810元/月	450元/月(不超过12个月)		382.5元/月
		长护一级	300元/月(不超过12个月)		270元/月	200元/月(不超过12个月)		170元/月

① 作者自制,根据相关资料整理。

（续表）

待遇类型	失能等级	职工医保参保人			城乡居民医保参保人		
		费用标准	基金支付比例	基金最高支付限额	费用标准	基金支付比例	基金最高支付限额
医疗护理	长护三级	本市基本医疗服务价格	机构护理：75% 居家护理：90%	1000元/月（耗材300元）	本市基本医疗服务价格	机构护理：70% 居家护理：85%	500元/月（耗材200元）
	长护二级	本市基本医疗服务价格		500元/月	本市基本医疗服务价格		250元/月
设备使用	长护三级	300元/月	90%	270元/月	200元/月	90%	180元/月
	长护二级	200元/月	85%	170元/月	150元/月	85%	127.5元/月
	长护一级	100元/月	80%	80元/月	100元/月	80%	80元/月

对于城乡职工医保参保人，享受机构护理的长护三级、二级和一级的生活照料费用分别是120元/人/天、30元/人/天和300元/人/月，基金支付比例为75%，享受居家护理的生活照料费用分别是105元/人/天、900元/人/月和300元/人/月，基金支付比例为90%；长护三级和2级医疗护理费用分别是1000元/人/月和500元/人/月基金支付限额，长护三级、二级和一级设备使用费用分别是300元/人/月、200元/人/月、100元/人/月费用标准，且分别按90%、85%、80%的比例支付。

对于城乡居民医保参保人，享受机构护理的长护三级、二级和一级的生活照料费用分别是60元/人/天、15元/人/天和200元/人/月，基金支付比例为70%，享受居家护理的分别是50元/人/天、450元/人/月和 200 元/人/月，基金支付比例为 85%；长护三级和二级的医疗护理基金支付限额分别为 500 元/人/月和 250 元/人/月，长护三级、二级和一级的设备使用费用标准分别为 200 元/人/月、150 元/人/月和 100 元/人/月，基金支付比例分别为 90%、85% 和 80%。

七是结合以往经验进一步理顺服务管理的思路。长期护理保险定点机构分为长期护理保险定点护理服务机构和长期护理保险定点设备服务机构，这些机构分别为参保人提供生活照料、医疗护理和设备使用服务。长期护理保险失能评估机构负责长期护理保险评估工作，由市医保中心通过招标采购确认。在经办服务方面，商业保险公司协助市医保中心开展经办相关事务工作。11 号文提出了两点要求，一是对定点机构的管理要求更为高效明确。新增定点机构的办理程序进一步简化，核查的工作日缩短，对于定点服务机构的管理要求和年度考核内容放进协议或另行制定。同时明确规定了长期护理保险定点机构不得有违规行为。二是明确失能评估人员的资质要求。失能评估人员分为失能评估员和失能评估专家，失能评估员要求具有相关专业背景及 2 年以上相关工作经历，失能评估专家在此基础上要求具有相关领域的中级及以上职称。

（二）长期护理保险协议定点服务机构管理办法

为加强和规范长期护理定点服务机构的管理，广州市在三个阶段都出台了对应的《定点机构管理办法》。新《定点机构管理办法》对于纳入定点的机构范围有所放宽，但提高了准入条件和强化了监督管理。2021 年 9 月，广州市进一步出台《广州市长期护理保险协议定点服务机构长期护理服务管理补充协议》。管理办法在三个阶段的不同之处见表 4-5。

表4-5　广州市长期护理保险新旧《定点机构管理办法》的对比①

类别		启动阶段	发展阶段	深化阶段
定点机构范围		定点服务机构：养老机构、社会医疗保险定点医疗机构、社区居家养老服务机构、家庭服务机构（4类）	定点服务机构：养老机构、社会医疗保险定点医疗机构、社区居家养老服务机构、家庭服务机构、非社会医疗保险定点医疗机构的护理机构（5类）	定点服务机构：养老机构、社会医疗保险定点机构、非社会医疗保险定点医疗机构的护理机构、社区居家养老服务机构（4类）定点设备服务机构：在定点服务机构基础上，还应具备：提供器具租赁服务、提供社区养老服务、具备特定硬件设施、具备专职服务人员
长护定点机构的申请条件	所有服务机构	应具有为失能人员提供对应申请服务类别的护理从业经验3个月以上	新增：应提供不少于15例具体服务案例资料	
	居家护理服务机构	无	应额外配备专业化居家护理服务管理队伍，其中专职或兼职医护人员不少于3人、专职护理员不少于2人	专兼职医护人员不少于3人、专职护理员不少于2人；质控管理员不少于1人，由专兼职护士或高级及以上养老护理员担任。建立以全职护理为主、兼职护理为辅的运营模式，健全护理服务人员管理员负责制度
	长期护理服务人员	每名长期护理服务人员同期护理的参保人员数量不超过5人	新增：符合以下条件之一：1. 具有护士从业资格 2. 已取得养老护理员证书 3. 按照民政、医疗保障等行政部门认定的养老护理或长期护理等培训教材，学满学时并培训合格	符合以下条件之一：1. 具有医师、康复治疗师或护士从业资格 2. 按照医疗保障、民政、卫生健康、人力资源社会保障等行政部门认可的养老护理员、医疗护理员等课程标准完成学习

① 作者自制，根据相关资料整理。

(续表)

类别		启动阶段	发展阶段	深化阶段
监督管理	监督内容	年度考核	日常巡查+年度考核	日常管理+年度考核+日常巡查
	监督程序	发布通知—组织自评—医保经办组织现场考核—综合评审—结果反馈（5步）	发布通知—组织自评—第三方机构承办初评—医保经办组织现场考核—综合评审—结果反馈（6步）	由市医疗保险经办机构与长期护理保险定点机构通过服务协议进行约定

（1）启动阶段——发展阶段

相对于启动阶段的措施，发展阶段颁布的《定点机构管理办法》对于纳入定点的机构范围有所放宽，但提高了准入条件和强化了监督管理。首先，在长期护理保险定点的机构范围上，新管理办法在四类机构的基础上，增加了"非社会医疗保险定点医疗机构的护理机构"。其次，新《定点机构管理办法》进一步强调了人员配置、服务能力、服务场所等质量提升方面的相关内容。在机构服务的经验要求上，新管理办法规定除了"需要具备3个月以上的对应服务类别护理从业经验"外，还需要"提供不少于15例的具体服务案例资料"，对于居家服务类机构而言，还应"配备专业化居家护理服务管理队伍"并且要包括"不少于2人的专职护理员"，保证了所申请机构承接长期护理保险的可行性。对于从事长期护理服务的人员，新旧管理办法都在人数上有所规定，即长期护理服务人员和接受护理的参保人员比例不应小于1∶5；此外，新管理办法还着重要求长期护理服务人员必须具备一定的从业资格、护理证书或完成相关培训，在服务人员的质量和专业性上对长期护理保险定点机构作出了更高的要求。最后，新管理办法对于监督管理活动的要求更加细致，包括增加"日常巡查"作为监督内容，将年度考核的内容具体化，并在监督程序上，在医保经办组织现场考核前，增加了第三方机构承办对定点机构进行初步评估工作的步骤，提升了整体监督工作的完整性和科学性。

2020年4月，为实现参保人医保待遇和长期护理保险待遇的无缝衔接，广州印发《补充通知》以推行"延续护理"项目，这是指参保人在住院或家庭病床治疗期间即可提出评估申请，出院后可即时享受为期1—3个月的待遇，待遇给付条件与《2019年试行办法》一致。在服务项目上，《补充通知》规定了"延续护理"以医疗护理为基础，参保人不可单独享受生活照料项目。

（2）发展阶段——深化阶段

与《试点办法》的调整相适应，广州市在深化阶段的定点服务机构管理办法的调整主要体现在服务内容上，即在基本生活照料与医疗护理的基础上增加设备使用服务，并在定点机构服务范围、机构申请条件等方面都新增了对应的执行方案。为进一步保障长期护理服务的高质量递送，定点机构管理办法在申请条件与管理模式等方面也做出了相应的修订，更好地配合长期护理保险制度在广州市的发展与优化。

第一，定点机构被细化为定点服务机构与定点设备服务机构。新版《试点办法》新增了设备使用服务，因此该管理办法同样适用于定点设备机构的管理，要求申请的机构需要在器具租赁服务、社区养老服务、硬件设施建设与专职人员配备上符合相关要求。此外，对比发展阶段规定的五类定点服务机构，深化阶段并没有把家庭服务机构纳入到管理范围内，强调了对长期护理服务的精细化管理。第二，强调建立以全职护理为主、兼职护理为辅的运营模式，完善服务机构人员团队配备要求。相对于发展阶段构建的"医护人员+专职护理员"的团队设置，深化阶段新增了"质控管理员"的岗位，由专兼职护士或高级以上的养老护理员担任，对参保人提供高质量的照护管理，并为长期护理服务的递送提供专业指导，保障相应的照料服务能够更好地满足失能老年人的需求。该调整也明确区分了照护人员专职与兼职的工作性质差异，强调以专职为主的模式有助于照护人员与老年人建立起长期的"照料与被照料"关系，让老年人更乐意接受社会化照料服务，也有助于保障服务递送的稳定性。第三，对长期护理保险护理服务提供人员取消养老护理资格员要求。深化阶段的管理办法简化了长期护理服务人员的专业要求，一定程度上把专业人员的资格认定工作交由医疗保障、民政等不同的职能部门负责。

在最新的试点办法基础上，2021年推出的《广州市长期护理保险协议定点服务机构长期护理服务协议》对全职护理员和兼职护理员进行了比例调整，体现了对既有"以全职护理为主、兼职护理为辅"的运营模式的逐步完善。该《补充协议》明确，全职护理员应该逐步达到护理人员总数的40%以上（以往是50%），居家兼职护理员人数超过护理人员总数60%，否则在年度考核时将被予以扣分处理。机构支付给居家护理人员的月平均薪酬应该达到该参保人护理费用的85%以上（以往无此限制）。机构每名照护管理人员同期管理的家护人员从过往的不超过30名改为不超过50名，管理人员的上门巡查原则上从每月不少于2次调整为不少于1次，每次巡查时间不少于30分钟。此规定的调整能够适应可预期的持续增长的居家护理服务需求，拓宽长期护理保险制度的服务人群范围。此外，该协议还规定了对于长期护理保险基金支付范围外的服务项目，服务机构不得借长期护理保险名义或绑定长期护理保险待遇强制要求参保人开展并进行收费，增加参保人经济负担（此前无此规定），这能够保障参保人最大限度地享受保险制度范围内的照护服务，体现了对居家护理服务发展的制度优化。

三、实践分析

历经启动阶段、发展阶段与深化阶段，广州市长期护理保险的政策内容不断更新，对实践探索提供了清晰的行动指南。迄今为止，广州市的长期护理保险制度的发展取得了一定的成效，已经形成较为成熟的"广州模式"。其实践可以基于第二部分提出的分析框架，从参保对象、协议定点服务机构、人才队伍、基金支出等情况加以讨论。

(一)参保对象

在2017年至2020年期间,广州市长期护理保险制度的参保对象是城镇职工社会医疗保险参保人员。城乡居民基本医疗保险的参保人自2021年开始被纳入到长期护理保险制度的覆盖范围内。截至2021年8月,全市长期护理保险待遇享受人数超4.6万人①(见图4-3)。参保人数整体呈现持续增长趋势。在长期护理保险制度实施的第三阶段,2021年起的待遇享受人数增长尤其迅速,这与在广州市制度实施深化阶段内,保险覆盖群体扩展至城乡居民基本医疗护理保险的参保人相关。其中,接受居家护理服务待遇享受人数占84%,接受机构护理服务参保人数占16%。对比而言,接受机构护理服务的参保人虽然在制度发展的起步阶段占据多数,随着制度的推进也呈现稳步增长的趋势,但是自

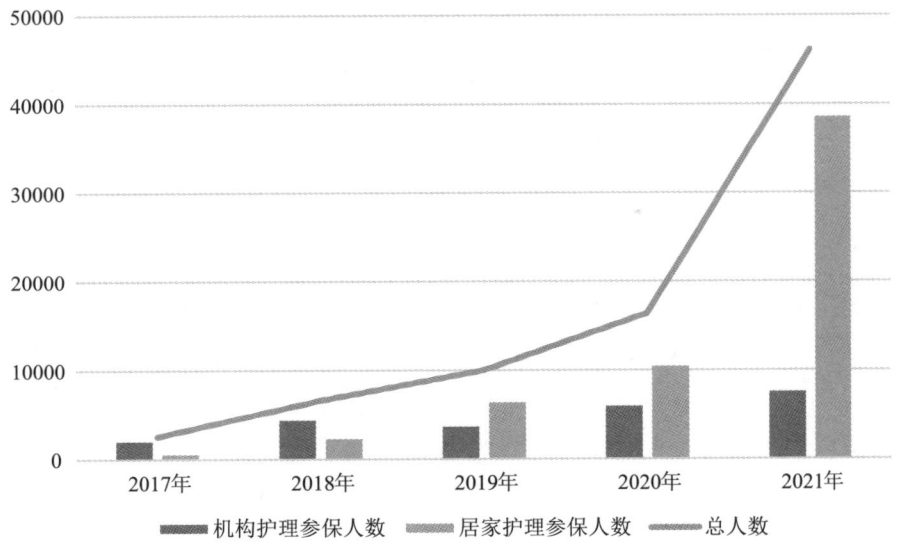

图4-3　广州市长期护理保险参保人数(2017—2021年)

① 据医疗保障局官方数据及新闻报道综合整理(截至2021年8月31日)。

2019年起,广州市居家护理参保人数超过机构护理的参保人数,且两类人群的数量差距在2020年进一步扩大,到2021年更为显著,表明居家护理逐步成为参保对象的主流选择,这也与广州市发展居家护理的力度密切相关,相应地也进一步指引居家护理的深化发展。

截至2021年8月,在接受居家护理服务的群体中,职工基本医疗保险待遇享受人数占66.93%,城乡居民基本医疗保险待遇享受人数占33.07%[1](见图4-4)。对照广州市职工医保与居民医保参保人数比例,可总结得出广州市长期护理保险制度在居民医保参保人群体中的覆盖程度还有待进一步提升。其中,在接受居家护理服务的群体中,有医疗护理服务资格的参保人数量占45.32%[2](见图4-5),表明医疗护理的可及程度有待进一步提升。

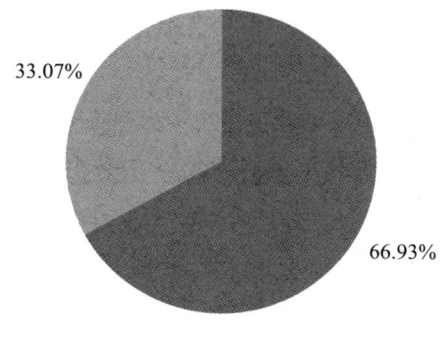

图4-4 不同医保参保群体在居家护理待遇享受群体比例

在接受居家护理服务并享受各级待遇的群体中,长护三级的人数比例超过98.65%,其余等级的群体比例较小。[3]这一定程度上与长护三级是照护服务存在最为迫切需求的群体相关。此外,在广州市现行的长期

---

[1] 据医疗保障局官方数据及新闻报道综合整理(截至2021年8月31日)。
[2] 据医疗保障局官方数据整理(截至2021年8月31日)。
[3] 据医疗保障局官方数据整理(截至2021年8月31日)。

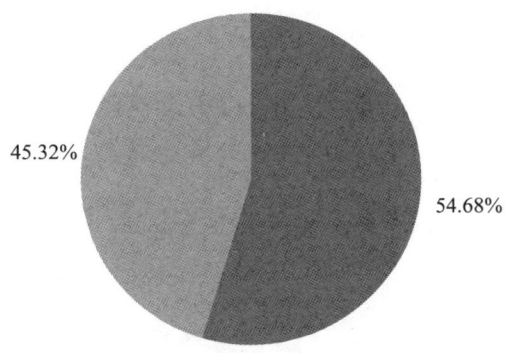

图 4-5 有接受医疗护理服务资格的比例

护理保险制度中,只有长护三级的参保人才能够享受由兼职护理员提供的居家护理服务,其他等级的参保人只能够选择服务机构外派的全职护理员,且能够享受的待遇支付水平与三级存在一定的差距,因此照护需求相对而言并非十分迫切的长护一级与二级,对于申请长期护理保险待遇的意愿相对较低。此外,自《补充通知》出台后,"延续护理"被纳入至广州市长期护理保险制度的护理类别,但总体申请比例依然较低(0.13%)。这与延续照护的推出时间和失能老年人对此的了解程度等因素相关,表明了延续护理的发展还存在较大的空间。

其中,在长护三级的待遇享受群体中,以城镇职工基本医疗保险的参保人为多数(67.09%)①(见图4-6),这与广州市长期护理保险制度对于服务对象的调整相关,城乡居民基本医疗保险的参保人在2021年开始才能够申请长期护理保险,但是其人数呈现快速增长趋势。此外,享受长护三级居家护理服务的群体数量在广州市不同行政区域内也呈现一定的差异②(见图4-7),这与各区域的老龄化程度和老年群体

---

① 据医疗保障局官方数据整理(截至2021年8月31日)。
② 据医疗保障局官方数据整理(截至2021年8月31日)。

的失能比例相关。

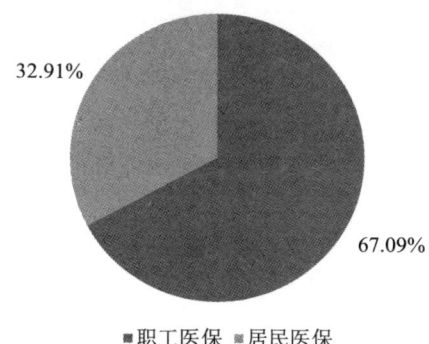

图4-6 长护三级居家护理服务待遇享受比例（按参保群体划分）

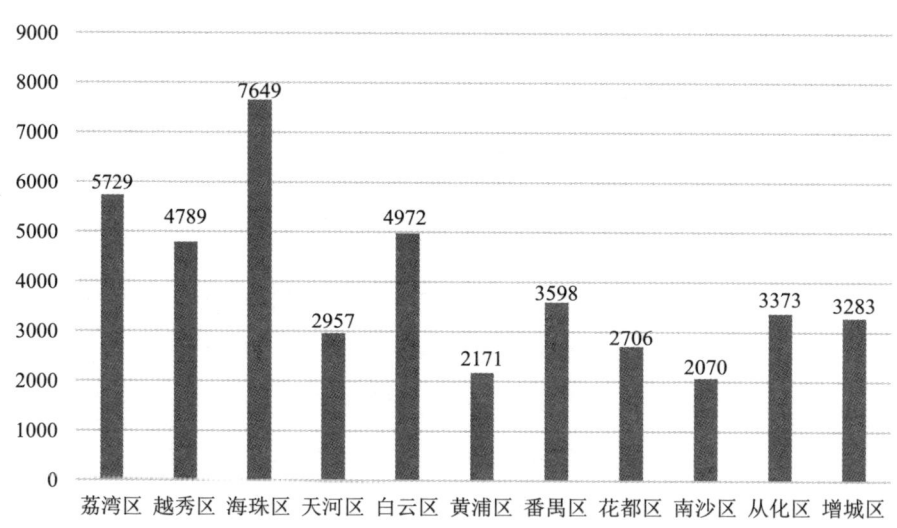

图4-7 长护三级居家护理服务待遇享受人数（按行政区域划分）

（二）协议定点服务机构

1. 服务机构数量

广州市提供长期护理服务的定点机构数量不断增加。截至2021年9月，广州市定点护理服务机构中有养老机构131家、医疗机构64家、家庭服务机构 37 家、社区居家养老服务机构 18 家①，它们根据医疗护理条件的不同分别仅提供基本生活照料服务，或同时提供基本照料及医疗护理服务，其中又以后者为主（见图 4-8）。这表明长期护理保险制度的不少协议定点服务机构，延伸了养老服务机构和医疗机构原有功能，能够借助于已有的发展经验为长期护理保险制度的有序运行提供借鉴，而医疗机构能够为长期护理保险的推行提供专业保障。

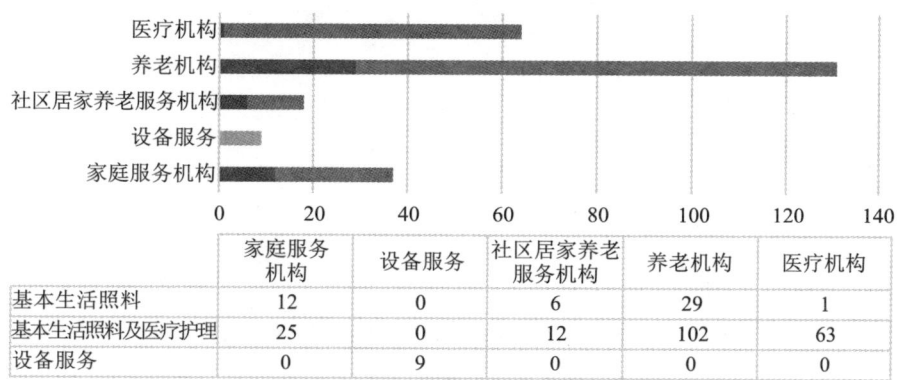

图 4-8　广州市协议定点护理服务机构类型与服务类型统计

从不同类型服务机构的增长趋势来看，居家护理定点机构数量的增长势头非常迅猛。如图 4-9 所示，居家护理型机构数量在 2019 年 7 月后大幅上升②，其增长速度明显快于仅提供机构护理的机构（以下简称"机构护理型机构"）。其数量更在 2021 年超过后者，体现了居家护理在广州市长期护理递送中的发展力度。这是市场基于老年人偏好与实际需求自行探索的结果，相对地也体现出长期护理保险制度参保人对于居家

---

① 广州市医疗保障局：《长护定点机构名单》，http：//www.gz.gov.cn/zfjg/gzsylbzj/ybfw/content/post_6905343.html（访问时间：2021 年 9 月 1 日）。

② 广州市医疗保障局：《长护定点机构名单》，http：//www.gz.gov.cn/zfjg/gzsylbzj/ybfw/content/post_6905343.html（访问时间：2021 年 9 月 1 日）。

照护偏好的适应性发展。可以预见的是,居家护理将会继续是广州市长期护理服务在后续深化阶段的发展重点。

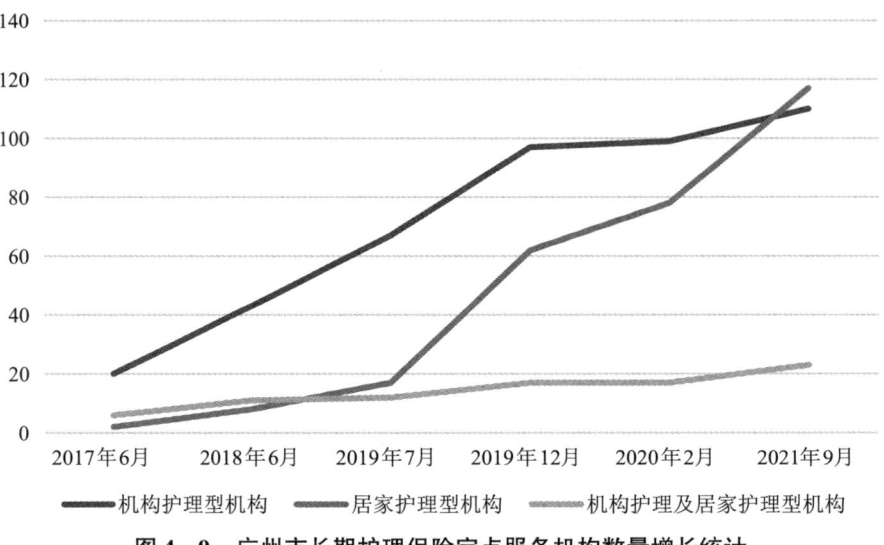

图4-9 广州市长期护理保险定点服务机构数量增长统计

此外,广州市长期护理保险制度定点服务机构的数量分布呈现出一定的地区差异。就各区分布情况来看(见图4-10),目前荔湾区、海珠

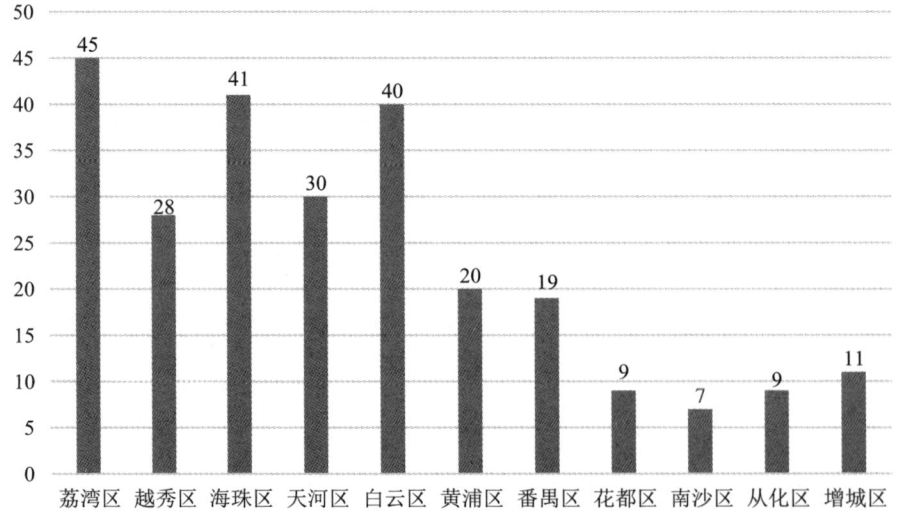

图4-10 广州市各区长期护理保险制度协议定点服务机构数量统计

区、白云区机构数量最多,每区都有 40 间以上,其次是天河区、越秀区、黄埔区与番禺区,有 20 至 30 间护理服务机构,而花都区、从化区、南沙区定点护理服务机构的数量较少,在 10 间以下。[①]

就各区定点护理服务机构类型来看(见图 4-11),除南沙和从化区之外,养老机构在各区定点机构中数量占比最大,是所有机构类型中数量最多的。南沙区和从化区养老机构数量较少,以医疗机构类型为主。就提供居家服务为主的家庭服务机构来看,荔湾区和越秀区的数量最多,其次是白云区、天河区和海珠区。就设备服务机构来看,目前天河区、花都区、番禺区和增城区尚未有定点设备服务机构。

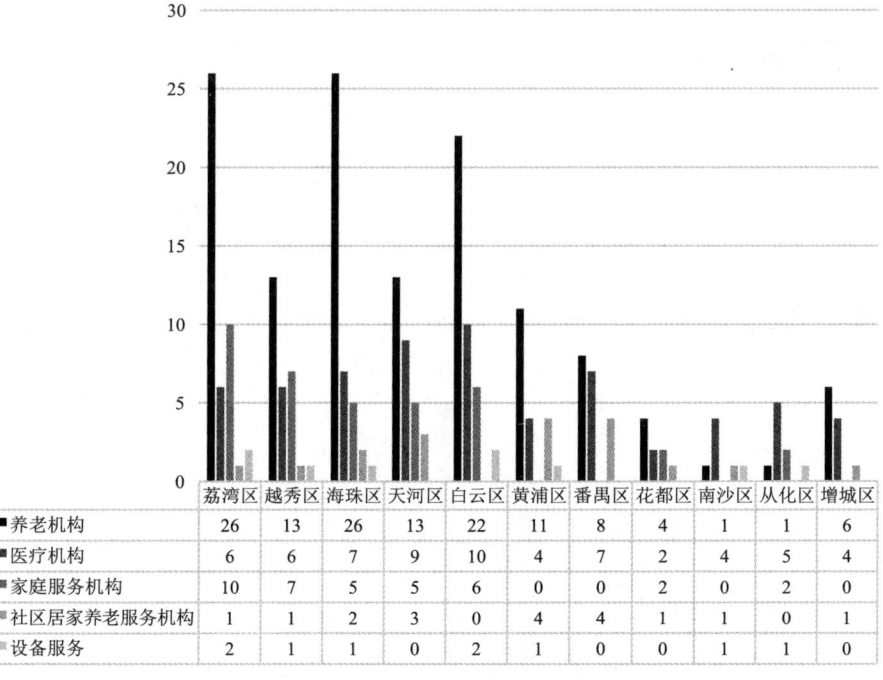

	荔湾区	越秀区	海珠区	天河区	白云区	黄浦区	番禺区	花都区	南沙区	从化区	增城区
■养老机构	26	13	26	13	22	11	8	4	1	1	6
■医疗机构	6	6	7	9	10	4	7	2	4	5	4
■家庭服务机构	10	7	5	5	6	0	0	0	2	0	0
■社区居家养老服务机构	1	1	2	3	0	4	4	1	0	0	0
■设备服务	2	1	1	0	2	0	0	0	1	1	0

图 4-11 广州市各区协议定点护理服务机构数量统计

---

① 广州市医疗保障局:《长护定点机构名单》,http://www.gz.gov.cn/zfjg/gzsylbzj/ybfw/content/post_6905343.html(访问时间:2021 年 9 月 1 日)。

2. 服务机构床位数

由于广州市各区的老龄化程度存在较大差异,对照各区的机构数量分布,各区长期护理床位的分布也呈现出对应的分布差异。从床位的地理分布来看①(见图 4-12),荔湾区、海珠区和白云区提供的长护床位最多,其中,荔湾区和海珠区是典型的市中心老城区,老龄人口密集,存在较大的长期照护服务需求。此外,由于社会经济发展水平与城市化水平等因素,这些老城区既有的养老服务体系的发展也相对较为完善,对于定点机构的发展有一定的基础。因此,这些地区的定点机构床位数量相对其他地区较多。而充裕的床位设置也能够对长期护理服务的递送起到一定的保障。此外,由于白云区面积大且地价相对便宜,机构床位较多。增城区、花都区、南沙区和从化区的长护床位很少,是因为这些地方老龄人口较少,且远离市中心,交通便利程度较低,因此,这些地区并不具备吸引机构护理型服务机构入驻的条件。因而,广州市定点机

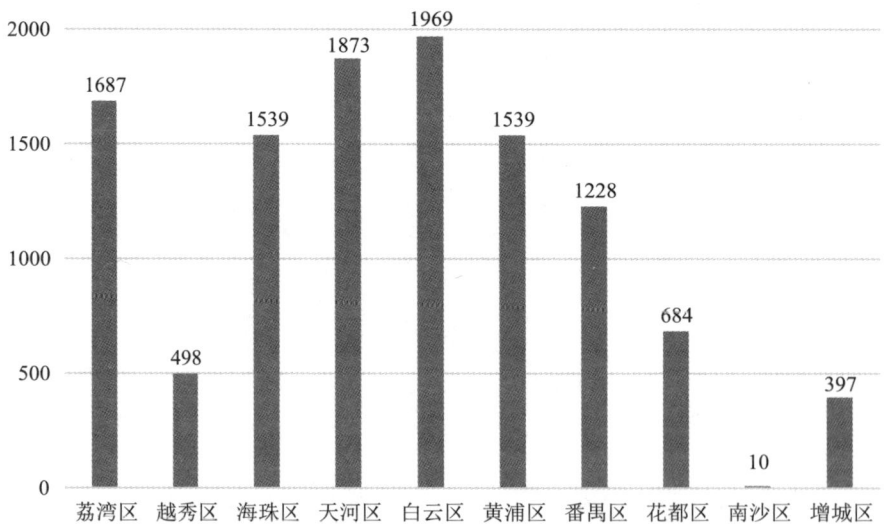

图 4-12 广州市各行政区可提供长护服务床位数

---

① 据广州市民政局和医疗保障局公开数据整理(截至 2021 年 7 月 1 日)。

构的床位发展与当地老年人的照护需求及发展的成本相关,且市场自发的探索在其中起到了关键性的作用。经过几年的探索,目前广州市长期护理床位的分布整体较为合理。

(三) 人才队伍

截至 2021 年 9 月,全市定点协议服务机构的工作人员数量达 5.5 万人,其中护理人员数量达 4.8 万人 (见图 4 – 13)①,占总工作人员数量的 88%。在各种类型服务机构中,护理人员数量都占比较大,在医疗机构、社区居家养老服务机构和家庭服务机构中的比重都超过 90%,而在养老服务机构和设备服务机构中的比重则相对较低,这又与机构提供服务的类型相关。

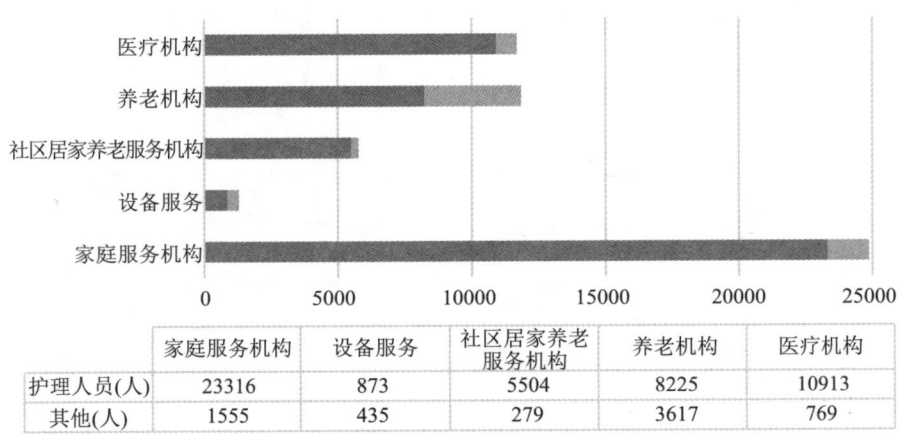

	家庭服务机构	设备服务	社区居家养老服务机构	养老机构	医疗机构
护理人员(人)	23316	873	5504	8225	10913
其他(人)	1555	435	279	3617	769

图 4 – 13 广州市长期护理保险协议定点服务机构工作人员数量

具体来看,广州市长期护理保险中居家护理服务的护理员主要由参保人亲属、保姆和机构外派护理员组成,前两者被称为兼职护理员,后者为全职护理员。图 4 – 14 展示了 2019 年 5 月至 2020 年 7 月每月居家

---

① 据广州市长护险定点护理服务机构公开数据整理 (截至 2021 年 9 月 1 日)。

护理员的数量。如图所示，长期以来亲属都为居家护理员的主要组成群体，其数量于 2019 年 6 月开始剧增，随后稍有回落，于 2019 年 11 月后稳步增长；保姆护理员数量呈明显上升趋势，自 2020 年 3 月起其增速几乎与家属护理员同步；而机构外派护理员数量曲线几乎与坐标轴平行，与逐月增加的家属和保姆护理员相比，机构护理员规模发展停滞不前。总体而言，目前兼职护理员成为居家护理员群体的主流。结合广州市长期护理服务的发展实践，申请享受居家护理服务的失能老年人逐渐多于申请享受机构护理服务的，这体现了老年人对于居家照护服务的偏好。当失能老年人在自己的居住场所接受护理服务时，相对于机构外派的护理员，他们会更愿意接受亲属所提供的服务。迄今为止，广州市的实践数据为长期护理保险制度的服务内容和服务递送方面在后续阶段的调整与完善提供了更为清晰的方向，能够发展更好满足老年人照护需求的长期护理保险制度。

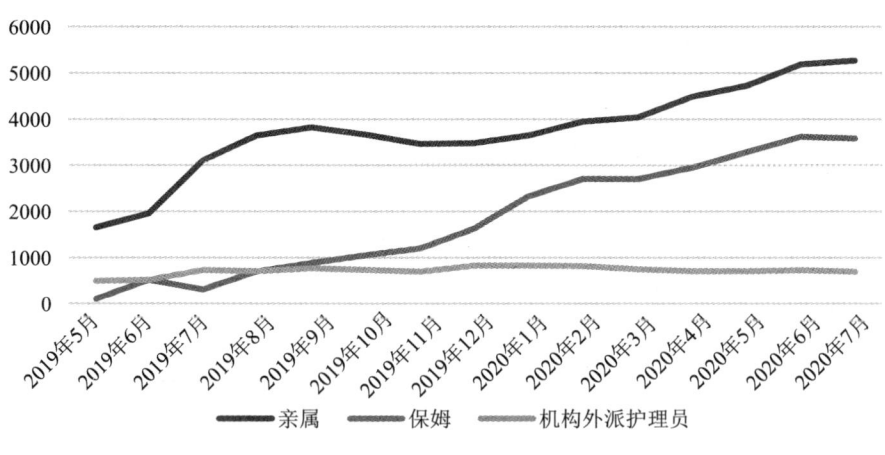

图 4–14　广州市居家护理员数量变化

（四）基金支出

广州长期护理保险的给付标准依据服务项目划分，其一是基本生活照料服务，对于职工基本医疗保险的参保人，机构护理报销比例为75%（不得高于120元/人/日），居家护理报销比例为90%（不得高于105元/人/日）；其二是医疗护理服务，按项目及支付比例进行报销（不得高于1000元/人/月）。对于城乡居民基本医疗保险参保人，机构护理报销比例为70%（不得高于60元/人/日），居家护理报销比例为85%（不得高于50元/人/日），医疗护理的标准则不高于每人每月500元。截至2021年12月底，广州市长期护理保险制度覆盖全市职工医保参保人约895万人，18周岁及以上城乡居民医保参保人约278万人。从试点开始至2021年12月底，累计享受待遇人数为7.9万人，基金累计支出17.8亿元。[①]总体而言，广州市的待遇支付水平位居全国前列，表明了广州市长期护理保险制度对于失能老年人的支持。此外，较高的待遇支付水平也表明需要进一步完善已有制度安排的筹资机制，尤其在筹资渠道和筹资水平等方面，这在广州市长期护理保险制度探索的第三阶段已经有所体现，单位和个人缴费被确立为长期护理保险制度的重要筹资途径，这在很大程度上保障了广州市长期护理保险制度的可持续运行。

四、模式概述

纵观广州市长期护理保险制度的探索历程，可以基于不同维度总结出其发展趋势。在纵向维度上，广州市长期护理保险制度的实践呈现启动阶段、发展阶段与深化阶段的分阶段推进、逐步调整与完善的模式特征。无论是对于《试行办法》的优化还是对于长期护理保险定点机构更为细致的管理规定，在探索过程中的不断调整都彰显出广州市长期护理保险制度正在朝着规范化、专业化的方向发展。尤其是在深化阶段，呈

---

① 广东省医疗保障局：《广东省医疗保障局关于广东省十三届人大五次会议第1587号代表建议协办意见的函》，http://hsa.gd.gov.cn/zwgk/zfxxgkml/jyta/content/post_3921541.html（访问时间：2022年7月20日）。

现出在长期护理保险制度在服务对象、服务内容等多个方面的全面创新，已经形成较为成熟的模式，一定程度上能够为其他试点城市提供示范。在横向维度上，对比全国范围内长期护理保险制度同期试点的城市，广州市的实践在服务人数、护理人员数量、服务类型数量和服务项目数量等方面都呈现显著的增长趋势，制度方案不断完善，满足失能老年人更多元化的需求。此外，广州市的试点方案在服务经办、服务内容与服务监管上呈现一定程度的创新特色，一切从失能老年人的切实需求出发，构建起以需求引导发展的长期护理保险制度。

基于第二章总结的长期护理保险制度分析框架，结合广州市长期护理保险制度的实践探索，可以总结出其总体机制与具体模式特征（见图4-15）。"广州模式"从失能老年人的切实需求出发，面临庞大的失能老年人申请与服务递送监管的工作量，为了提升保险业务经办效率，广州市选择委托商业保险公司经办长期护理保险业务，构建起政府部门与社会力量的高效协作机制。为了满足老年人多层次与多样化的照护需求，广州市以购买服务的形式推进机构护理服务与居家护理服务，并考

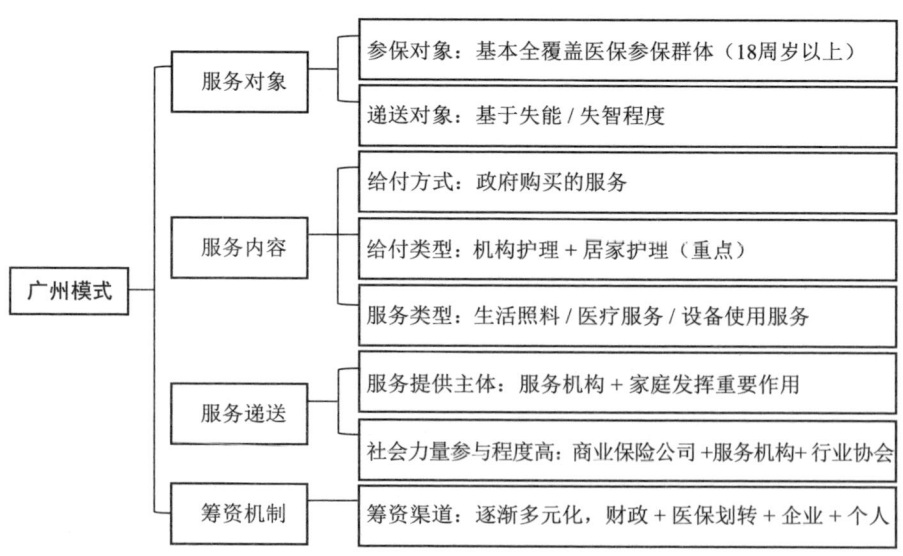

图4-15 长期护理保险制度"广州模式"

虑到老年人对"在地安老"的普遍性偏好，大力推进居家护理服务中的非正式照护服务，其重点是发展由家属担任的兼职护理员，在更好地满足老年人需要的同时形成了对专业护理人员缺口的有效补充，构建起人员较为稳定的、能够提供连续性照护服务的长期护理服务递送机制。为了保障长期护理服务体系的有序运行，除了由政府部门担任监管角色，目前广州市还正在着力规划建立长期护理行业协会，引导行业协会自发参与到长期护理服务的工作中，保障服务的高质量与高效递送。

目前，我国正处于长期护理保险全面推广的重要时期，也已经处于需要决定下阶段制度走向的十字路口，对已有长期护理保险制度试点的实践经验总结非常有必要。作为全国第一批试点城市之一，广州市在多方面的制度安排都有效地推进了长期护理保险实践的有序与可持续发展，业已形成长期护理保险制度的"广州模式"，能够为全国范围内的其他试点探索发展提供独特的地方经验。因此，对广州市长期护理保险制度的模式进行深入而全面的剖析具有关键意义。

第五章　长期护理保险中的社会力量参与：商业保险公司经办业务

2020年9月,《关于扩大长期护理保险制度试点的指导意见》（医保发〔2020〕37号）出台，在明确了扩大长期护理保险制度试点的基本政策的同时，提出我国长期护理保险制度在经办管理方面应当引入社会力量参与，来充实经办力量。正如第二章中对"服务递送"环节的论述，商业保险公司作为第三方的参与，本质上是实现政府部分职能转变的重要探索，这有助于充分借助市场机制的优势取代既有由公共部门全程包办的规则，实现政府机制和社会力量机制的优势互补。在长期护理保险制度的探索中，广州市引入商业保险公司经办业务，引导市场主体服务于公共服务事业，已经形成了较为规范的运作模式，也能够为社会公共保险制度与商业保险制度的合作累积经验。

一、商业保险公司经办长期护理保险业务

相比于大部分试点由政府直接经办长期护理保险工作，广州市长期护理保险工作基于制度实施管理的复杂性，选择交由商业保险公司作为第三方承办具体业务。2019年，广州市通过政府购买服务的方式，委托商业保险公司参与长期护理保险、长期护理鉴定评估以及长期护理保险待遇经办工作。由于广州市覆盖11个行政区，且各区之间老龄化人口

比例、社会经济发展水平、养老服务发展基础（例如，养老机构床位数量）等多个方面差异显著，为了对各个片区设立更具有针对性的长期护理服务递送方案，广州市综合考虑各区现状以及地理位置等影响服务递送的因素，把下辖范围划分为四个片区，分别为第一片区（白云区、花都区、从化区）、第二片区（海珠区、南沙区、番禺区）、第三片区（天河区、黄浦区、增城区）和第四片区（越秀区、荔湾区）。其中，享受机构护理类别的参保人员按照其入住长期护理保险定点机构所在的行政区纳入对应的业务片区管理，享受居家护理待遇类别的参保人员按照其长期护理保险服务的建床地址所在行政区纳入对应片区管理。面对庞大的长期护理保险工作量，为促进参与社会力量之间的良性竞争以推动长期护理保险制度的发展，广州市医疗保险服务中心通过公开招投标的方式，委托四家不同的商业保险公司在对应的辖区范围内推进长期护理保险工作，并在它们工作开展中全程监控，综合对比各家商业保险公司的工作成效，通过对不同商业保险公司经办业务工作的多维度比较，总结适用于广州市的长期护理保险业务经办模式。

广州市医疗保险部门与商业保险公司权责分明，明确双方在长期护理保险经办过程中的工作分配，提高了长期护理保险的经办效率，维护了长期护理保险的专业性和权威性。医疗保险部门和商业保险公司都各自派驻工作人员，共同建立长期护理保险联合管理办公室，负责长期护理保险的工作开展，而商业保险公司在市医保中心与区医保中心都设有驻点。因此，医疗保险部门与四家商业保险公司都构建起了紧密的常规沟通机制，保障双方信息的高效沟通。在工作开展中，商业保险公司组织管理长期护理保险专职工作人员，并在片区范围内开展评估经办、复查复评、评估监督、费用申报等方面工作。待遇经办工作业务则包括对长期护理定点机构、长期护理保险待遇享受人等进行监督稽查，新增长期护理保险服务定点及其相关的准入工作，对长期护理服务定点机构护理人员的护理服务进行跟踪回访，对长期护理保险待遇享受人员进行满意度调查等。此外，商业保险公司需要成立专门的管理团队，其中部分特定岗位需要具备护理、康复等专业背景的人员，并需要所有人员接受相关的业务培训，保障其充分了解业务内容。商业保险公司还需要构建自我评价机制，定期对自身工作开展进行全面审查，并进行相关的风险预测和风险评估，形成季度运行报告提交至医疗保险部门，增强委托方与被委托方之间的业务联系，确保信息互通。

二、"多元一体"的长期护理服务经办体系

迄今为止，广州市长期护理服务经办工作已经形成了"医疗保险部门—经办机构—定点服务机构—评估机构"多位一体的协作体系（见图5-1），各主体各司其职、各尽其责、形成合力共同助力长期护理保险在广州市落地。

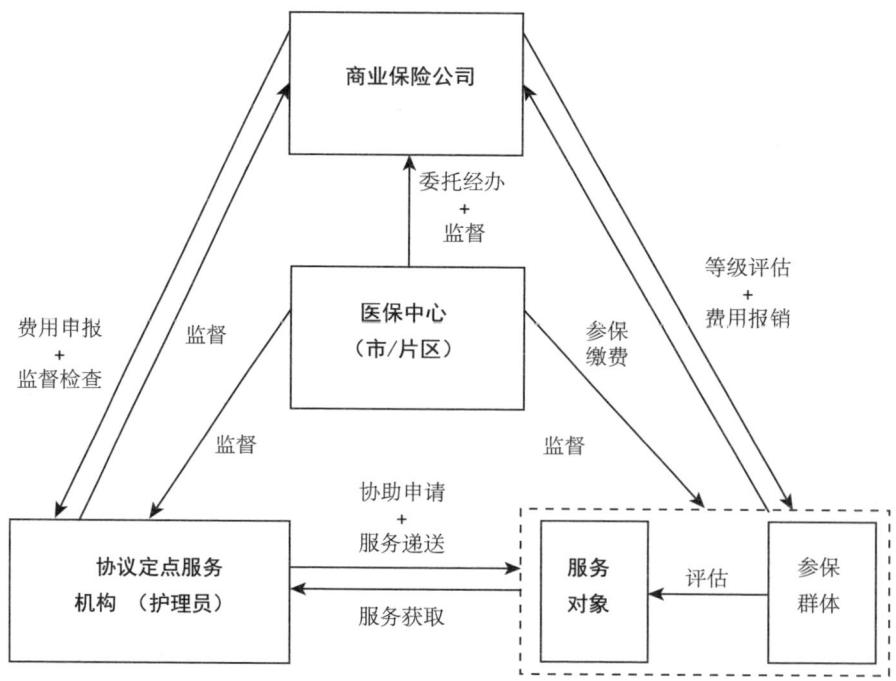

图5-1 广州市长期护理保险业务经办体系

依据广州市现行的制度方案，不同类别的参保人员通过长期护理保险制度定期缴费，当其存在长期护理的需求时，由参保人员或其代理人填写申请表，并由护理服务机构协助其在长期护理系统上传申请。在现场评估并公示评估结果后，服务机构告知申请人资格核定情况。其中，失能评估结论自出具次日起生效。延续护理和设备使用护理评估流程相似，申报人员可按照失能登记选择对应的服务类别和方式，并由长期护理服务定点机构定期提供服务，且向长期护理保险经办机构，亦即商业保险公司申报费用。其中，每月底办理一次中途结算（特殊情况及时办理出院结算），次月1至10日办理申报，通过系统及纸质报表同步申报。其中，医疗保险部门对从服务申请到基金报销在内的所有环节进行全程监督，确保服务经办过程中所有参与主体的工作都能够有序开展。医疗保险部门在服务经办的过程中履行监督管理的职责，包括制定和维护相关法律法规，合理引导其他参与主体开展业务。此外，医疗保险部门也会对长期护理保险定点机构按年度进行考核，考核内容包括但不限于为参保人员提供长期护理服务的情况、信息系统管理情况、长期护理保险费用控制情况与配合开展经办服务及长期护理评估情况。

商业保险公司作为业务经办主体，也会对长期护理服务定点机构的工作开展进行常规性的监督检查。监督稽核包括年度考核和日常监管。日常监管通过商业保险公司的巡查队伍组织日常上门巡查进行，内容包括了解参保人的身体状况、接受服务的状况与护理员提供长期护理服务的情况，具体需要对照参保人的护理服务计划，检查服务是否正常提供至失能老人，同时也会向参保人家属了解相关情况，形成对于护理服务递送情况的综合判断。

在商业保险公司的日常巡查中，对于机构护理和居家护理的巡查关注点也有所不同。由于机构护理部分在发展养老服务方面已经积累了较为丰富的经验，且在服务提供过程中已经形成较为规范的流程，因此保险公司更注重于考察机构对于长期护理保险制度实施的相关政策制度的了解程度，以此保障机构能够在充分了解政策制度的基础上规范地递送服务。对于还处于初步探索发展阶段的居家护理部分，保险公司在日常上门巡查中更注重居家护理员提供服务的流程和服务内容，以此保障服务递送的质量。因此，商业保险公司在日常巡查中采取更具有针对性的监管策略能够提升对于不同类型护理结构的监管效率，以此更好地保障长期护理服务的规范化运行。然而，不少居家照护服务的护理员，尤其是家属担任的兼职护理员对于长期护理保险制度运行的整体情况不够了解，只能够向保险公司的巡查人员反映他们实务工作的有限信息，因此保险公司更多通过与协议定点机构的沟通了解情况。

此外，年度考核则是在年底进行的重要评估。在日常巡查监管过程中，若发现有违规行为，初犯行为则告知对应的协议定点服务机构和护理员，进行口头警告；若存在多次违规行为则会把相关信息反馈至医保中心，对其进行相应的罚款和整改。如违规行为涉及费用问题，则由医保中心向定点管理机构追讨。如果存在违规申报基金等行为，定点机构会被扣分，而专项检查中发现违规行为，则会依据问题的严重程度，以通报的方式对其进行处罚。商业保险公司对于检查中发现问题的上报对象会分为区域层面与全市层面的医保中心，表明了经办体系的明确分工。相关违规行为会被记录在案，作为年度综合考核的重要指标之一。因此，商业保险公司对定点机构的工作开展构建有效监管机制，也是对参保人接受高质量照护服务的保障，也有利于促进广州市长期护理体系的高效运行。

对于医保中心与商保公司的协作，二者明确划分各自的权利与义务，构建起政府部门与社会力量有效协作机制。医保中心在商保公司设立驻点，保障信息的高效互通；医保中心运用专门的APP实现对商保公司在线上的全程监督，且线下推行定期考核与突击抽查的方式，实现高质量监管。在服务经办的过程中，广州市构建了医疗保险部门对商业保险公司的多渠道监督机制，并对其工作进行绩效考评，保障经办业务符合要求。广州市制定并出台了统一的经办标准，涵盖服务和监督等多个方面，为商业保险公司的业务开展提供了行动指南，也被用作医疗保险部门进行监管的指标。经办业务的常规监管包括突击检查、交叉检查和第三方监督等，保障商业保险公司经办业务在日常的有序开展。例如，医保中心对商业保险公司最重要的考核是依照经办合同制定考核办法，且商业保险公司作为经办机构也会进行自评，对照评分项目自查自评，并提供相对照的负责材料加以证明，然后由医保中心组织人员对所提交的材料进行审核与复查，或会组织现场的核查，以此更好地确保审核获取信息的有效性和全面性。

此外，医保中心会与四家经办业务的商业保险公司定期举办月度会，由商业保险公司汇报其工作过程中发现的问题，医保公司则会相对地布置重点工作。由此，通过工作信息的常态化交流构建医保中心与商业保险公司之间的有效互动沟通，医保中心能够了解商业保险公司与长期护理定点机构的工作情况，以更全面和及时地了解广州市长期护理保险制度的经办工作开展情况，也有助于评定商业保险公司的经办效果。

2021年8月，广州市还推出了专门的APP"和宇智护"用于长期护理保险经办工作的开展。通过各参与主体的系统登录和信息上传，这个APP能够实现长期护理服务机构对护理人员的监督、商业保险公司对长期护理服务机构和护理人员的监督，亦即医疗保险部门对商业保险公司、长期护理服务机构和护理人员的全程监督，促进各参与主体之间的信息往来。自2020年新冠肺炎疫情爆发后，商业保险公司的日常巡查工作开展受到了一定程度的影响，而智能化与信息化APP的应用，使其能够借助线上的方式，在把控风险因素的同时，保障护理服务的常规递送的真实情况。然而，由于该APP处于上线初期，功能的实际使用情况以及使用者对于APP的使用也还在适应阶段，软件应用依然在不断调试中以完善功能，以便能够更好地满足监管的需要，今后对长期护理保险制度的讨论也需要充分考虑APP在制度的实际运行中所发挥的作用。总体而言，广州市长期护理保险的探索借助于信息技术，构建了多主体参与的多层次监督管理体系，确保医疗保险服务中心作为长期护理保险业务经办协作系统中的核心监管者的角色，使得其能够及时获知各参与主体的行动，并为后续的评估提供信息参考。

三、社会力量参与长期护理保险经办模式分析

（一）协作优势

在广州市长期护理保险制度的运行实践中，商业公司作为社会力量承担起经办工作，其在运营能力和专业性等方面具有相当的优势，能够有效地实现与政府部门的资源共享与风险共担，有助于节约行政成本与制度运行成本，提高了长期护理服务工作的经办效率，也保障了长期护理服务工作的专业性，协助推动长期护理保险的有序运行。同时，商业保险公司作为社会力量的加入，更是实现政府职能转变的现实需要和有益探索，推动实现"小政府、大社会"。此外，市场机制的引入也促进了保险公司之间的良性竞争，充分发挥市场活力，经办机构自发促进服务质量的不断提升，最终惠及每一位享受待遇的失能老年人。在"广州模式"中，社会力量参与长期护理保险经办模式的优势体现为以下的两个方面。

一方面，广州市现有的商业保险公司经办模式充分发挥市场主体的优势，实现与政府部门的资源共享与风险分担，形成政府部门与市场主体的互惠合作机制。商业保险公司组建有专门的人员团队负责长期护理保险制度的经办工作，在资金管理和长期护理服务的评估和监管方面累积了相当的经验，能够弥补政府部门在社会保险管理方面的不足。通过与商业保险公司合作，其在人员配备和技术研发中有一定的优势，能够更高效地组织构建相应的人员团队履行评估和监管等职能。政府部门也

不再需要重新搭建长期护理保险管理体系，避免了人员安排和制度管理上的难题。此外，采取商业保险公司经办的模式具有较大的政策调整的弹性空间，政府部门能够在制度探索过程中灵活调整政策并引导经办的商业公司及时适应政策调整。此外，广州市现行的"医保中心—商业保险公司"的经办模式管理流程简单高效，一定程度上较有效地避免由政府部门内部复杂的协商与决策机制导致的运行机制冗长的问题，较为扁平化的管理模式体现出更为简单与快捷的优势，同时也能够减少行政成本。

对应地，商业保险公司参与长期护理保险的经办工作也能够满足其自身的多方面考量。作为社会保障体系中的关键构成，长期护理保险制度的推行是满足需要照护群体护理需求的必然制度安排，而作为社会力量参与的商业保险公司负责保险的业务经办也是其履行自身社会责任的重要体现。此外，在开展经办业务的过程中，商业保险公司通过了解参保人的服务使用情况，构建起对应片区长期护理保险制度运行的信息网络，从而也能够在持续的合作中累积经验，不断提升企业整体运作水平，并把所得成果应用至其他商业产品的发展上。同时，通过参与长期护理保险制度的运作，有助于保险公司自身形成对于长期护理保险制度未来发展的专业预测，研发与长期护理保险制度相衔接的商业保险产品，满足老年人多样化的护理服务需求。这也有助于为广州市长期护理保险制度的持续运行提供更为专业的分析，并把信息反馈至政府部门，为长期护理保险制度的完善与发展提供科学依据，推动广州市长期护理保险制度的可持续运行。与此同时，政府部门能够在长期护理保险的推广中起到积极作用，例如通过政策宣传和倡导，并应用线上和线下结合的方式向广州市的社会大众宣传长期护理保险制度开展。例如，通过相关官方微信公众号的文章发布、地铁上的公益宣传广告、社区内宣传栏和电梯内广告的投放等多种方式，提升公众对长期护理保险制度的了解程度，以此为商业保险公司和定点机构的工作开展提供民众基础。此外，政府部门作为长期护理保险制度运行的主导者，与经办的商业保险公司构建了良好的沟通机制与协作机制，在监督商业保险公司运作的同时也提供了其工作顺利推进的保障。因此，良好的市场机制的引入能够同时发挥政府与市场的双重作用，兼顾社会公平与效率，实现社会资源的更有效配置。

另一方面，不同的商业保险公司参与长期护理服务体系，形成市场主体之间的良性竞争优势，推动服务的发展。广州市的长期护理保险经办划分为四个片区，分别交由不同的商业保险公司通过招投标的方式构建与医保中心的经办管理合作关系。商业保险公司作为市场力量参与到长期护理保险制度的递送中，响应了国家发展的号召，充分发挥第三方经办机构的力量为国家应对人口老龄化和实现"健康中国"战略等探索发展做贡献。在参与长期护理保险制度运行的过程中，商业保险公司通过与政府部门的合作，履行社会责任，并借助合作的平台树立更优质的企业形象，向社会公众，尤其是参保人及其家属更好地展示与传播企业品牌，做好商业保险公司的营销。这些考虑都能够作为吸引商业保险公司参与长期护理保险制度的经办工作的诱因。在此基础上，市场机制的引入能够促进各主体通过不断优化服务的提供而增强自身的竞争能力，形成不同商业保险公司之间的良性竞争，并延续至日常经办工作的开展当中。此外，作为经办主体，不同的经办保险公司在日常工作开展中除了进行自身经验总结，也会与其他片区的保险公司进行相互的工作经验交流，为长期护理保险制度在广州市的运行提供智力支持，以此推进长期护理保险制度在广州市的探索与优化。

虽然广州市目前的长期护理保险制度已取得一定的成效，在作为社会力量参与"多元一体"经办体系的过程中，商业保险公司还表达了对制度进一步优化的期待。例如，商业保险公司希望可以获得医保中心出台认可的稽查规范，其次是希望优化考核方式。因此，APP 的推出是广州市优化长期护理保险制度的重要探索之一，借助于信息技术的发展提升制度运行效率，降低商业保险公司在日常巡查中的人力成本与行政成本，以此在今后的发展中通过功能的拓展与优化为广州市的实践提供更有力的技术支持。

(二) 潜在不足

然而，在广州市目前的长期护理保险制度实践中，商业保险公司作为社会力量参与经办业务的模式，也暴露了一些潜在的不足，可能会对制度的深化推进造成一定的负面影响。

首先，虽然广州市目前划分了四个服务片区，并由不同的保险公司经办，但是也可能存在商业保险公司垄断长期护理保险经办业务的情况，对社会力量参与市场机制的良性竞争带来负面影响。由于长期护理保险制度在我国尚属新兴险种，具备相关资质参与经办工作的商业保险公司数量并不多，亦即在制度实际运行中，有可能会出现同一批保险公司长期中标的情形。因此，参与经办工作业务的保险公司数量有限，难以在社会力量之间形成强有力的竞争与市场机制优势的发挥受到了较大的限制。更甚，"多元一体"的长期护理服务经办体系由于有限的市场竞争而难以形成淘汰机制，一定程度上形成了行业垄断，可能会影响医保中心作为长期护理保险制度执行过程中的主导角色，不利于长期护理经办体系的有序运行。

其次，由于广州市长期护理保险在深化阶段把服务对象的范围拓展至城乡居民基本医疗保险的参保人，2021年起的长期护理申请的数量飞速增长，这对商业保险公司的经办能力提出挑战。可预期的、大量增加的工作量引起了关于商保的经办队伍能否满足参保经办的需求的讨论，这也对商业保险公司人员团队的专业素养和稳定性提出了更高的要求。目前，广州市划分为四个片区并由四家商业保险公司经办业务，但由于广州市人口基数大，失能人数也持续增加，每家商业保险公司面向的辖区居民可能多达数百万。结合对广州市财政压力的考量，商业保险公司出于经办工作成本的考虑而调整工作模式,其工作人员专业素养与稳定性受到影响,在广州市长期护理保险制度的深化探索阶段,商业保险公司的作用能否得到有效发挥受到一定的质疑。

总体而言,商业保险公司经办业务是社会力量参与的重要体现,是广州市长期护理保险制度发展的关键探索。通过交由商业保险公司经办保险业务,广州市构建起了医疗保险中心、商业保险公司、定点服务机构和参保人"多元一体"的经办体系,各主体之间在日常工作开展中保持高效畅通的沟通。商业保险公司的加入充分发挥了市场机制的优势,形成了政府部门与市场主体的互惠合作机制,且市场主体之间的良性竞争促进了广州市长期护理的不断发展,对于广州市长期护理保险制度的高质量执行提供了保障。

第六章　长期护理保险中的政府购买服务：机构与居家服务并行发展

参照第二章提出的长期护理保险制度框架，在"服务内容"环节的制度设计，通常包括现金给付或服务给付的给付方式、发展机构照护或是居家照护的选择。在长期护理保险制度的深化探索阶段，广州市以服务购买为主要形式向失能老人递送服务，并通过兼顾发展机构护理与居家护理服务，老年人能够自行选择服务类型和形式，以满足老年人多层次与多元化的照料服务需求为导向，提升老年人对长期照护服务的获得感与满意度。

一、以服务购买为主要形式，采取实物给付

（一）运行情况

纵观我国两轮长期护理保险制度试点，绝大部分城市以发展实物给付方式为主，为符合条件的老年人提供在机构或是居家护理服务机构购买的照料服务。目前广州市长期护理保险制度采取的是服务给付的方式。其中，可选择的服务类别与老年人的失能等级相关。长期护理保险的失能等级评估目前由商业保险公司主导，中轻度失能的老年人（一级与二级）可选择机构护理服务与居家护理服务，重度失能的老年人（三

级）接受的则是专业的服务递送。

广州市长期护理保险服务递送环节涉及的主体包括三类（见图6-1），一是广州市医疗保险经办机构，即广州市医保中心和各区分中心，以及受委托开展经办服务的商业保险公司。对此，商业保险公司作为保险服务经办机构与协议定点服务机构对接，主要工作是对机构的费用申报与对待遇享受人的服务使用情况予以监管（具体论述在第五章已有详细展开）；二是提供服务的定点服务机构，包括护理服务机构和设备使用机构，由护理服务机构的照护管理员（护士）和护理员（护工）为待遇享受人提供机构护理或居家护理服务，具体的服务类别按照失能评估等级制定，并由商业保险公司和定点机构组织上门巡查保障服务的常规递送；三是待遇享受人，即经评估评定后符合资格享受长护待遇的长期护理保险参保人。

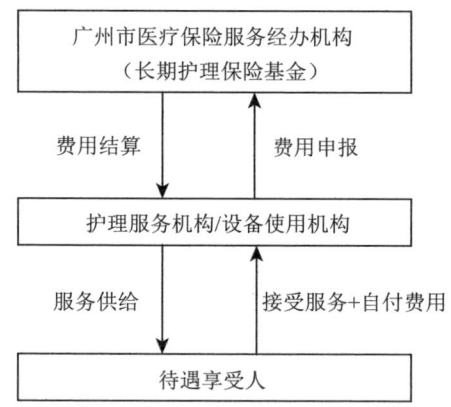

图6-1 广州市长期护理保险服务递送模式

在服务递送过程中，广州市长期护理服务由公共部门统一向不同类型的照护服务机构购买，由服务机构在机构内部（全职护理员）或外派护理员（兼职护理员）到服务对象所居住的机构或家中提供服务。在长期护理服务递送的过程中，商业保险公司作为保险服务经办机构与协议定点服务机构对接，主要工作是对机构的费用申报与对待遇享受人的服务使用情况予以监管（参见第五章）。在定点机构与待遇参保人的沟通中，可分为由护理服务机构为入住的老年人直接提供护理服务，或由登记在机构的全职护理员与兼职护理员上门为参保人提供对应的居家护理服务；其中，按照广州市目前的待遇支付标准，城镇职工基本医疗保险与城乡居民基本医疗保险的参保人的每月获得生活照料的基金最高支付限额分别为 94.5 元/天和 42.5 元/天。参照广州市当前聘请全职护理员的平均工资，假若参保人的护理员并非由家属担任，转而向机构申请全职或兼职护理员，则往往需要参保人或者家属额外支付用于聘请全职护理员的服务费用，补齐长期护理保险待遇报销标准与护理员工资之间的差额，而这对于失能老人尤其是城乡居民基本医疗保险的参保人而言是较大的经济负担，一定程度上影响了他们对于长期护理服务的申请使用。

对于存在较为迫切的长期护理服务需求的参保人，广州市目前的实践中允许符合长护三级的参保人能够享受兼职护理员提供的照护服务，而兼职护理员大部分是其家属。具体而言，家属通过《试点办法》中认定的资格认证后能够受雇于照护机构，为需要照护的家属提供长期护理服务。家属需要在对应的协议定点服务机构申请，接受符合长期护理保险制度对兼职护理员的资格认证和考试培训，成为机构下辖管理的外派护理员。自 2019 年起，家属护理员群体已经逐渐成为广州市居家护理服务人员的主体。因此，广州市现行的模式是基于老年人普遍偏好的，尤其是在居家护理中允许由熟悉的家属为其提供日常照料。广州市的长期护理服务递送与其他试点的实物给付方式有所不同，但是其本质上依然是待遇享受人以保险支付或自付费用的形式向机构购买服务，协议定点服务机构则为参保人提供基于失能评估情况确定待遇支付标准的、不同类型的护理服务。

(二) 优势分析

在广州市现行的长期护理保险制度中，商业保险公司、协议定点服务机构与参保人共同构成了运行有序的服务递送体系。以购买服务的方式为参保人提供服务，在实践中体现了多个方面的优势。

第一，保障了长期护理服务递送的公平性。广州市长期护理保险制度的覆盖范围拓展至城乡居民基本医疗保险的参保人，且服务提供的种类也在基本生活照料和医疗护理的基础上，增添了设备使用服务，服务项目数量也在各阶段发展中持续增加。相应地，申请长期护理保险待遇的失能老人的照护需求大幅增长，他们也能够享受到多元的照护服务，需求得到全方位的满足。广州市长期护理服务需求的大幅增加也吸引了更多的护理机构加入长期护理保险制度体系中，尤其是兼职护理员的设置，推动了居家护理服务的发展。此外，经统一标准评估的身体失能情况，是判断被服务对象接受服务类型与数量的唯一标准，使不同经济状况的老年人都能够平等地享有所需要的照料服务，也保障了护理保险资金和资源的最优配置。与我国长期护理保险制度的其他试点一致，广州市的长期护理保险制度也是基于参保人的身体失能程度提供待遇，参保人即使在收入水平上有差异，但也都能够因为身体实际需要享受到基本的护理服务，这有效地避免了制度造成的待遇差异，充分践行了长期护理保险制度作为一项公共保险制度安排的公平属性。

第二，提供了参保人切实需要的照护服务。社会服务的给付形式通常分为实物给付和现金给付，广州市长期护理保险为接受长护服务的待遇享受人支付一定比例的费用，属于实物给付。广州采用实物给付的方式保障服务能够准确递送至存在需求的群体，能够真正满足失能人员的需求，这在长期照护的护理员相对紧缺的情况下尤为必要。这种方式选择能够让失能人员获得切实需要的服务，有助于延缓其失能进程，充分发挥长期护理保险的制度功能。此外，相比于现金给付方式存在资金去向的不确定性，实物给付方式能够让失能人员更熟悉可供选择的服务类别，有助于开发失能人员的潜在需求，在服务提供上切实发挥了失能照护的作用，相应地也能够以需求为指引，推动长期护理服务体系的发展。然而，需要注意的是，虽然广州市长期护理保险采取的是购买服务的形式，但由于不少兼职护理员都是由参保人的家属担任，事实上长期护理保险制度每月支付于护理员的工资通常会被使用于与参保人相关的生活或医药费用支出，因此其被不少参保人与家属认为是对于失能老人的经济补贴，虽然这对减缓失能老人在医药和生活费用上的经济压力起到了相当大的帮助，但也容易导致参保人与护理员对制度产生误解，并不能使他们认识到这是保险基金对实现商品化的照护服务的购买。在"广州模式"中，由家属担任兼职护理员提供居家护理服务，虽然容易被误认为是直接的现金支付形式，但是实际上家属已被登记于对应的协议定点机构，且上岗前需要接受统一的培训与资格认证，加之其提供照护服务的全过程都会受到机构甚至是商业保险公司的规范监管，因此，对应的参保人群体享受的是由家属提供的被商品化与规范化的护理服务。然而，这种对长期护理保险制度潜在的误解，或许会影响护理人员对医保部门等其他主体在政策监管过程中的配合程度。

有参保人受访时表示：

> 长护险最大好处就是减轻负担。长护险每月都有一笔钱给我姐姐（护理员），虽然不是很多，但是其实也是补偿性收入，我们还有很多基础病，收入也不会很多，所以有长护险就会开心，相当于政府提供补偿给我们。（RF-M1，参保人）

第三，有助于提升长期护理服务的质量。由医疗保险中心监管、商业保险公司经办保险业务的广州市长期护理保险模式，能够实现对所有正式照护者与家属或亲友担任的非正式照护者的有效管理，通过课程培训与资格认证等方式，对其所提供的长期护理服务质量起到重要的把关作用。具体而言，商业保险公司组织专员定期上门，检查接受居家护理服务的参保人接受服务的情况，以此判断定点机构的费用申报是否属实，这能够对长期护理服务的质量保障起到重要作用。协议定点服务机构通常建有专门的工作沟通微信群，能够在线上及时向专职护理员与兼职护理员分享工作资讯，并对他们的工作提供全程指导和进行全程监督。此外，广州市新启用的 APP 也有助于商业保险公司和协议定点机构了解长期护理服务提供情况，尤其是居家护理服务部分，推动提升服务质量。

对此，机构受访者表示：

> 我们上门发现有问题，就填医保局的那一张表，所有机构都是用那一张表去评的……就是你上门服务的过程中，一是做服务，二是做一个巡查与监督，包括对我要管理他的，我要教他每个月三项的服务内容，还要监管好这个护理员有没有每天在照顾他……现在有那个打卡 APP，可以用那个去监管服务，但是打卡的（系统）还有待完善。(N-F1，机构照护管理员）

> 我们有线上全程对护理员的工作进行指导、监督，对护理员进行管理……护士还要每个月上门两次，做基本检查和部分护理项目。(CH-F1，机构工作人员）

第四，促进长期护理服务市场的发展。广州市采取购买服务的形式为养老服务行业的发展提供了政策诱因。长期护理保险制度的推行能够为护理服务提供稳定且可持续的资金支持，为护理服务机构提供政策和资源上的支持，为照护市场创造更多的工作岗位，也能够增强老年人对照护服务的购买力，增强长期照护市场的活力，使护理机构得以发展更高质量与种类更丰富的长期护理服务体系。相应地，护理服务市场的探索推动相关产业的发展，有助于为失能老年人提供更多元和优质的服务选择，激活老年人及其家属对于长期护理服务的潜在需求，在提高老年人享有服务的幸福感和满足感的同时，有效应对持续深化的人口老龄化社会中爆发增长的长期护理服务递送的需要，从而推动护理服务市场的长期稳定发展。自广州市长期护理保险试点开展以后，定点护理服务机构的数量不断增长，从2017年7月的28家增长到2021年9月的259家。定点服务机构里面不仅有原有的养老院，而且还有看好长护市场发展的新晋居家护理服务机构。此外，长期护理服务市场的发展，也推动完善了服务的递送流程。基于不断发展壮大的长期护理市场，长期护理递送过程中也涌现了部分乱象，广州市由此针对不同服务种类出台了相应的指导标准，有效地促进了照护服务的规范化发展。

尽管此模式有着多种优势，广州市长期护理保险制度在执行环节仍然存在有待提高的方面，主要是在政策的宣传上，如何把政策信息更好地传递至主要的制度目标群体。通过实地调查发现，不少待遇享受人及其家属表示，通过邻居推荐或在医院住院和看病过程中听到别人提及而了解到长期护理保险，然后选择相应的定点协议服务机构了解详细流程，继而提出申请。因此，这在一定程度上反映了长期护理保险制度在广州市的宣传力度似乎有待进一步提升。这需要通过更加大众化的途径向社会公众宣传长期护理保险制度，让公众意识到该保险是针对失能群体提供护理服务的制度安排，并知晓其准入要求和机构分布情况等。在广州市过往的实践中，除了在地铁宣传栏和小区电梯内设置宣传广告投放的方式，到社区摆摊也是主要的宣传途径之一，能够在居民的家门口较为有效地宣传长期护理保险制度的相关资讯，这对于制度瞄准的老年群体尤为奏效。然而，受到新冠肺炎疫情的影响，线下活动的开展受到了较大的限制，一定程度地限制了通过线下活动向较年长的制度目标群体传递制度信息。不过，需要肯定的是，随着长期护理保险制度在今年起把覆盖范围延伸至城乡居民基本医疗保险的参保人，符合保险申请要求和提出申请的人数增长迅速，随着享受服务人数的增加，在社会公众中的宣传效应会更加明显。

不同受访者的说法都佐证了此观点，表明长期护理保险制度面向社

会大众的宣传工作还有待加强:

> 我知道长护险,是因为住在我家对门的邻居就有 A 机构的参保人,之后机构的工作人员听说了我的情况,就联系我帮我们申请了。[FC-F1,兼职护理员(家属)]
> 一开始其实不知道长护险的具体名字,但是之前跌倒的时候(在医院)听病友介绍,知道有这样的服务,自己查了两个星期资料,才知道具体的情况。[FC-M1,兼职护理员(家属)]

二、兼顾发展机构与居家护理,老人自主选择

(一)运行情况

在服务递送方面,广州的长期护理保险实践呈现了机构服务与居家服务并行发展的特点,且在深化阶段逐步向发展居家护理倾斜。对于机构护理,广州市在深化阶段体现出对其的延伸发展,在养老机构、医疗机构、社区居家养老服务机构和家庭服务机构的基础上,增加了非社会医疗保险定点机构的护理机构。截至2021年7月,长期护理服务机构合计243家,并预计在2021年年底增长至300家。此外,长期护理保险制度对服务项目的增加,例如所覆盖项目的数量从启动阶段"基本生活照料+医疗护理"的"31+19"项,增加至深化阶段"基本生活照料+医疗护理+设备使用服务"的"48+34+8"项,促使照护机构不断发展可提供的服务与提升对应的服务质量,增强自身在长期护理服务市场的竞争力。对于居家护理,广州市在发展阶段与深化阶段实现制度化水平的不断提高,覆盖人数也快速增加,体现了老年人对在地安老的偏好性选择。为进一步保障照护服务的高质量递送,广州市推出的 APP 主要应

用于居家护理服务,在线上实现对服务递送的高效全程监控。该 APP 设置有定位打卡与视频监控等功能,在充分考虑到保障老年人隐私的同时,也能实现对居家护理服务的便捷监管,保障居家护理服务的高质量递送。

长期护理保险制度实施的显著成效之一是有助于减轻个人和家庭照护老年人的负担。区别于医疗护理,长期护理保险制度能够保障失能老年人接受更具有针对性的和专业化的照护服务,且能够选择在居住的养老机构内接受照护,或在自己熟悉的家中接受护理员上门提供的居家护理,使其免受舟车劳顿之苦,更为安全地接受所需要的照护服务。此外,还可以享受对应的保险报销待遇,有效地减轻老人及其家属在照护老年人方面的压力,尤其是对于部分需要长期卧床接受服务的失能老年人。由于长期护理服务更能够契合失能照护需求,长期护理保险制度的推行也有助于减少"社会性压床"等占用或浪费公共医疗服务资源等现象,促进了医保资源和医疗服务资源的优化配置,提高医保基金的使用效率。

有受访的兼职护理员对长期护理保险提供的医疗服务予以高度评价:

> 现在最好的就是可以帮忙换尿管……我爸爸出院后,如果要让我推我爸爸到医院,很辛苦的,我的脚痛,他也很重,在医院也很贵。后来我就问了机构的经理,说是尿管可以上门做,就很大地解决了我的问题,不用推着他走来走去。[FC - F6,兼职护理员(家属)]

在机构护理和居家护理两种服务形式中,居家护理为监管的重点。一方面,在民政登记备案的养老机构已有完备的监督管理制度约束,其服务条件和服务质量有所保证;另一方面,机构护理执行的场所是养老机构,相对家里而言其公共性更强,对服务发生的真实性更容易追查。

因此机构护理的监管通常涉及长期护理保险宣传与长期护理保险系统操作等层面的问题，相对居家护理而言较少稽核服务质量。

有商业保险公司的受访者表示：

> 如果说他原本是那些老牌的机构来申请吧？那他的服务质量还是不用质疑，可能就是对政策（要了解），或者是资料上还需要去完善……机构护理的话，我们就更多的是要了解他们对这个长护政策的一个熟悉度，就是普及度，因为他们的服务肯定是做到位，但是他们对政策认识度可能没有那么高，包括他们的记账的一些问题……无论养老院再差也好，他们本来在民政那边就有一套属于他们的标准。所以他们更多出现的问题可能就是那个操作不及时，系统操作的不及时，然后或者是弄错了，记错了。（IE-F1，商业保险公司）

虽然机构护理也是广州市长期护理发展的重点之一，但是由于公办护理机构的运行往往需要财政支出的大力支持，在老龄化程度日益严峻的今天，急剧增加的照护需求对于公共财政的支持提出了更高的要求，也随之产生了较大的运行压力。目前，广州市公办护理机构的床位较为紧缺，需要轮候的时间较长，难以使具有迫切照护需求的失能老年人获得满足，这部分群体只能够转而寻求其他的照护方式。其中，经济能力相对有限的失能群体更是容易面临难以获得所迫切需要的照护服务的难题。伴随着照护服务需求的快速增长，与社会大众对于社会化照护服务购买意识的逐渐增加，不少私营护理服务机构加入广州市长期护理服务的递送体系中。然而，需要注意的是，其中有相当一部分机构的定位是中高端照护服务，每月高昂的支付费用对于大多数失能老人及其家庭而言是一笔较为沉重的经济负担，依然难以负荷。因此，在兼顾发展机构照护与居家照护的同时，基于目前养老服务体系的发展情况，广州市逐渐侧重于探索发展居家护理,具体模式论述与优势分析将在第七章展开。

(二) 优势分析

广州市长期护理服务保障体系兼顾机构护理与居家护理的发展,体现出多个方面的优势,具体可以总结为以下三个方面。

第一,发展机构护理,不断提升照护机构提供服务的专业化水平。相比于居家护理,机构护理在服务专业性上有无可比拟的优势,尤其是在为高度失能的老年人提供特定的长期照护服务上。对于失能程度较高的待遇享受人而言,除了一般性生活照料服务,他们往往还需要医疗护理服务,这对于服务提供场所所配备的专业人员和特定器械有较高的要求,而发展机构护理则能够发挥相对于居家护理服务发展的优势。此外,发展机构护理中的长期护理服务,能够有效减轻符合评定标准的参保人的经济负担,较大程度上为他们居住在护理机构的花销提供了补偿。因此,广州市选择以实物给付的方式为待遇享受人递送服务,有助于提升机构护理服务的质量,兼顾硬件设施设备与软性照护服务的发展,能够有效补充居家护理中专业技能和可及器械的相对不足,为失能老年人提供更多护理服务的选择。

第二,发展居家护理,推进实现"在地安老"的目标。居家护理服务的推进能够让失能老年人得以在熟悉的生活环境中接受照护服务,有助于他们维持亲友人际网络,满足精神层面获取支持的需要,对轻度和中度的老年人延缓生理机能的衰退尤其能够起到一定的积极作用。居家护理的发展,充分发挥家庭作为服务提供者的关键性角色,能够构建并完善"政府—市场—家庭"在老年人照护方面的责任分配,家庭由此对现有照护服务体系起到了重要的补充性作用。在广州市的实践中,最显著的优势是充分发挥家庭成员的作用,鼓励他们成为提供照护服务的兼职护理员,并为长久以来提供照护服务的家庭成员给予一定程度上的商品化补偿。这也有效弥补了长期护理服务照护人员的紧缺，有助于构建并完善具有连续性特征的长期护理服务的递送。

第三，广州市注重机构护理与居家护理共同发展，配合以购买服务的形式发展长期护理服务，实现机构护理服务与居家护理服务的有效协同，鼓励轻度与中度失能的老年人接受居家护理，重度失能的老年人接受机构照护，形成面向不同失能程度的老年人的差异化护理体系，优化照护资源的配置模式，以此提高公共资源的配置效率。

总体而言，"广州模式"兼顾发展机构护理服务与居家护理服务，打破了不同服务类型之间的界限，是健全和持续完善机构与居家护理服务体系相协调发展的有益探索，有助于构建与完善居家社区机构相协调、医养相结合的养老服务体系，推进并实现竞争性服务供给，以此更好地全方位满足老年人各阶段、多层次、多样化的照护需求。由此，广州市的长期护理保险制度采取服务给付的方式，亦即政府部门通过向服务机构购买服务以面向存在照护需求的老年人递送服务，但同时还采取了家属护理员受雇于服务机构为其老年人家属提供服务的方式，这是"广州模式"的显著特征。与其他试点城市类似，广州市兼顾发展机构护理与居家护理，但在此过程中逐渐向居家护理的发展倾斜，这是广州市充分考虑老年人切实的照护需求的又一体现。

第七章　长期护理保险发展重点：居家护理与非正式照护

在兼顾机构护理服务和居家护理服务共同发展的基础上，广州市长期护理保险制度在探索过程中逐步呈现出更为重视发展居家护理服务的趋势。这与政策实施过程中失能老年人的自主选择相适应，广州市政策方案内容的调整侧重于发展居家护理，尤其是其中的非正式照护，以此保障老年人群体能够获得更为充足的照护服务。

一、大力发展居家护理服务

（一）实践情况

由于居家养老依然是我国老年人的主流选择，部分试点城市在长期护理保险制度中也大力推进居家护理服务的发展。然而，在试点探索的启动阶段，广州市长期护理保险实践呈现出"过于倚重机构护理发展，相对忽略社区居家护理发展"的特征。无论是定点服务机构还是参保人员数量，机构护理类型的数目远多于社区居家护理。2017年，由于制度处于刚起步阶段、社区宣传力度不足等原因，较少人了解或申请居家护理服务，当年的机构护理参保人数几乎为居家护理的四倍。一年后，随着参保群体数量增多，对居家护理产生带动效应，加之居家护理参保者初期基数低，2018年享受居家护理的参保人数实现快速增长，逐渐追平同时期机构护理的参保人数，增长率达400%。简而言之，前期实践呈现为"机构护理为主，居家护理为辅"的特点，但随后，失能老年人呈现了对居家照护选择的明显偏好，这也指引着广州市不断完善其长期护理保险制度。

大力发展居家护理也反映在政策的不断调整当中，具体体现为广州市长期护理保险制度报销限额向居家服务的倾斜。在广州市第三阶段的政策中，对于评定为长护三级的参保人，职工医保接受机构服务的最高报销金额为3700元，接受居家服务的最高报销金额为4105元，最高差额达405元；而在居民医保方面，接受机构服务的最高报销金额为1760元，接受居民服务的最高报销金额为1955元，最高差额也有195元。因此，长期护理保险报销额度在居家服务上的倾斜，充分鼓励了新增参保人对居家而非机构护理服务的选择，也有力地推动了长期居家护理服务行业的发展。

相应地，着力发展居家护理的趋势在广州的实践数据上也有所显示。一方面，在待遇享受人数上，截至2021年8月，广州市长期护理保险机构护理参保人数为7559人，居家护理参保人数为38553人，是机构护理总参保人数的5倍多。居家护理整体参保人数增加迅速，2021年的居家护理参保人数是2020年的1.8倍，并早在2019年就反超机构护理的参保人数。另一方面，对于定点服务机构数量，截至2021年8月，能提供居家护理的定点服务机构数量达到140家，占长期护理保险定点机构总数的54%，比上年同一时期的数量占比增加了5%。这说明经过三阶段的政策发展后，居家护理服务已经成为广州市长期护理服务的主要递送途径。从数据可明显看出，广州政府对于"建设以居家养老为基础、社区为依托、机构为补充的多层次养老服务体系"的决心，通过增加居家护理型定点服务机构、报销比例等方式，为促进广州市居家养老市场的健康发展保驾护航。目前，广州市长期护理保险制度探索中的居家护理发展已经取得了一定的成效，为下阶段的持续发展提供基础。

因此，在广州的长期护理保险制度的推进过程中，享受居家护理的服务对象数量飞速增长，对应的护理机构也呈现相应的快速增加趋势。此外，在"广州模式"的居家护理服务中，除了由护理机构外派的全职护理员外，由家属担任的兼职护理员在广州的长期护理保险实践中发挥着越来越重要的作用（参见第六章）。虽然广州市在《试行办法》中明确要建立"以全职护理员为主，兼职护理员为辅的运营模式"，但是家庭一直在老年人生活照料中承担着关键角色，由家属担任的兼职护理员更能得到老年人的青睐。对此，在发展阶段的制度安排中，新颁布的《广州市长期护理保险协议定点机构及评估管理办法》明确规定，按照医疗保障、民政、卫生健康等政府部门认可的养老护理员和医疗护理员等课程标准完成学习的人员，即可担任长期护理服务提供人员。在实践中，不少老年人依然倾向于选择由经过专业培训和资格认证的家属、朋友等来担任护理员。由此，老年人的偏好性选择一定程度上也引导了长期护理市场的发展，长期护理服务机构结合老年人的需求不断发展和更新照护服务项目，形成了与家庭的有效互动，以此共同促进广州市长期护理服务的发展。

由此，长期护理保险的发展逐步调整至"以居家护理为主"兼具必要性和必然性。一方面顶层设计要求"建设以居家为基础、社区为依托、机构为补充的多层次养老服务体系"，另一方面，丰富的国际经验验证了居家养老的重要作用，且更重要的是中国老年人群体深受传统家庭文化、氏族观念和孝道精神等影响。这也是广州市长期护理保险制度深化发展过程中呈现出的新趋势。

（二）配套政策：强化居家护理的监管

在服务递送的过程中，居家护理服务提供的地点是在参保人的家中，因此护理员是否按照待遇支付计划提供服务，往往由于护理员和服务机构之间的信息不对称问题而难以监管,服务质量不达标或服务数量不符合基金支付额度所对应的数量等乱象容易发生,加强对居家护理服务递送过程的监管非常必要。

在"广州模式"中,长期护理保险注重强化居家护理服务监管的探索,确保照护服务的质量。具体而言,居家护理服务由机构外派专职护理员或兼职护理员提供上门服务,其中兼职护理员包括了与机构签订劳动协议的家属或自聘保姆,他们属于非正式照护者,通过培训认证后持证上岗。一方面,养老护理员提供服务的场所在待遇享受者的家中,属于私人领域,如何在不侵犯个人隐私的情况下保障服务的真实发生是一大难点。另一方面,选择居家护理的人数众多,居家护理这一形式满足了老人在家中养老的愿望,同时减轻住宿床位花销,是未来的发展趋势。但目前来看,提供居家护理服务的多为非正式照护者,他们的护理服务水平和经验相对于在机构从事多年的老员工和专业护士而言存在不足,倘若服务不到位却能报销长期护理保险费用,将会影响政策实施的效果,不利于满足失能人员的需求。

广州市长期护理保险制度对居家护理实行"自下而上"三重监管模式。第一重监管是护理服务机构内部管理,由机构照护管理员对养老护理员进行护理服务指导与纠正,并且每月至少上门1次,巡查养老护理员对待遇享受人的护理服务情况进行监管,判断照护计划是否实施到位;第二重监管是商业保险公司对服务机构及其护理服务情况的监管,由商业保险公司监督稽核队伍通过上门巡查、台账翻查等方式,检查实际护理人员与登记护理人员信息的一致性、照护计划实施的合理性与费用结算的准确性;第三重监管是市医保局以及下属医保中心对商业保险公司及其监督稽核内容的监管,商业保险公司通过日常监管将异常情况上报医保中心,由医保中心作出处理决定,并对违规情况进行处罚与通报。

在日常监管手段的运用上,广州市医保局依据长期护理保险制度变迁与覆盖人群的扩增不断调整监管手段。在试点初期，由于待遇享受人数和机构数量较少，监督管理主要采用上门巡查的形式进行。受委托的商业保险公司定期上门巡查，了解待遇享受人的照护情况，记录环境与安全不达标、护理质量不佳、护理员照护计划实施与费用申报不一致等异常情况，并对异常行为进行提醒与上报。随着参保人数不断扩增，仅仅依靠人力上门的方式产生大量的交通与时间成本，不利于监管效率的提升。因此，广州市医保局逐步探索使用信息化手段进行监管。广州市医保局将信息系统的功能延伸至服务监管，设置护理员、照护服务机构、商业保险公司等多个端口，通过护理员"定位打卡"、护理员和待遇享受人"人脸识别"等方式对服务的真实性进行监管。总体而言，目前的日常监管方式包括上门巡查、电话回访、台账翻阅、APP打卡等。

广州市长期护理保险还建立了惩罚和退出机制，对于违规行为严厉处罚。目前广州市对定点护理服务机构有日常监管和年度考核机制，年度考核结果将应用于定点协议续签和费用结算。定点服务机构最后一个月的申报费用将用作服务质量保证金，医保局根据年度考核结果按比例支付该笔费用，考核结果为优秀、良好、合格、不合格的分别可支付100%、80%、60%、0%的费用。以2021年第二季度为例，广州市医疗保险服务中心通报违规长期护理保险定点机构9家，对其进行约谈整改，这些违规机构存在在广州市医疗保险信息系统提出评估申请录入参保人信息时，参保人资料录入不真实、不准确，以及在新闻媒体上发表关于长期护理保险政策及管理的不当言论等违规行为。[①]

因此，侧重于发展居家护理，能够在满足老年人及其家属实现"在地老化"的生活目标的同时，维持原有的生活品质并提供他们所需要的照护服务，且能够借助于信息技术的发展完善提高照护服务的能力和监

---

① 广州市医疗保障局：《广州市医疗保险服务中心关于2021年第二季度定点机构违规行为处理情况的通报》，http://www.gz.gov.cn/zfjg/gzsylbzj/ybjg/content/post_7370544.html（访问时间：2021年7月9日）。

管水平。基于今后日益严峻的老龄化形势，广州市侧重发展居家护理的模式也能够在老年人照护需求不断增长的情况下，利用回归社区与家庭的发展方式，减少老年人对于机构护理服务的依赖，形成多元化照护服务发展体系。

二、重视发展非正式照护

对于广州市长期护理保险制度中的居家护理，只有被评定为长护三级的失能老人才能够申请由兼职护理员为其递送服务，而兼职护理员需要由有意愿担任的参保人家属向定点协议服务机构提出申请，并通过培训与考试获得资格认可。得益于长期护理保险制度覆盖范围的不断拓展，能够吸引更多的护理员参与到服务提供中。大量兼职护理员的加入很大程度地缓解了全职护理员不足而导致的老年群体可及服务紧缺的困境，为广州市长期护理保险制度发展提供了重要的人员保障。

（一）政策内容调整

在广州市长期护理保险制度的探索中，呈现出显著的政策调整差异，具体可体现在以下四个方面。

第一，长期护理保险定点服务机构管理办法中对"兼职护理员"的数量比例进行放宽。《广州市长期护理保险协议定点服务机构及评估管理办法》（简称《管理办法》）中，要求居家护理服务定点机构需要"建立以全职护理为主、兼职护理为辅的运营模式"，并拟设定"全职护理员需超过50%"的比例。但在2021年9月发布的《广州市长期护理保险协议定点服务机构长期护理服务管理补充协议》（简称《补充协议》）中，将全职护理员人数比例设定为护理员总数的40%以上，降低了10%，从侧面反映出广州市对于兼职护理员存在的肯定。

第二，广州市医保局鼓励定点机构定期对所有服务人员进行职业道德和业务技能培训。《管理办法》规定"建立培训考核制度，业务技能培训应以针对失能人员提供的长期护理服务为主要内容，每月对服务人员进行一次操作技能及服务质量考核"，充分体现了"广州模式"对于兼职护理员职业化发展的推动。

第三，广州市民政部门将非正式照护服务视为未来养老服务规划中的重要组成部分。广州市在养老服务体系"十四五"规划中明确"支持家庭承担养老功能"并"为失能失智老年人家庭照护提供支持性服务"，实行"家庭护老者培训计划项目"。一方面，组织开展失能老年人及其家庭成员养老照护、应急救护知识和技能培训；另一方面，通过政府购买服务，发展面向长期护理服务对象家庭成员的"喘息服务"，减轻家庭成员照护负担，同时通过社工、心理咨询师为护老者提供心理慰藉服务。由此可见，非正式照护服务在广州市养老服务与长期护理服务中将会被愈加重视。

第四，关于居家护理服务递送的相关规定得到优化。2021年发布的《补充协议》规定，在全职护理员（40%）和居家兼职护理员（60%）的比例设定、机构支付给居家护理人员的月平均薪酬比例（85%以上）、机构照护管理人员同期管理的家护人员数量以及属长期护理保险基金支付范围外的服务项目的收费规定等方面作出了说明。《补充协议》的规定体现了对于居家护理服务发展的规范性探索，有助于整治护理服务行业乱象。其中，给予居家护理人员的支付比例规定有助于避免恶性竞争行为，促进服务机构的规范发展。然而，取消家属护理员自付费用收取的规定引起了一定的争议，因其减少了机构的收入，高昂的运营成本容易使得机构运营陷入困境。

（二）实践情况分析

在广州市着力推进发展非正式照护的实践中，参保人及其家属都表达了对非正式照护的肯定，这主要与失能群体的个体偏好、对于不同类型照护服务的成本效益考量、非正式照护服务的稳定性、现有的高质量照护服务递送以及配套的政策运行等因素相关。对于长期护理保险制度的运行，参保人及其家属都予以高度评价，这与广州市以老年人切实照护需求为导向的发展原则密切相关。

1. 失能群体的个体偏好

受到政策的影响，家属担任的兼职护理员逐渐成为居家护理服务员的主要群体。截至2021年7月，广州市居家护理养老护理员的来源分布中，亲属为5267人，保姆为3583人，机构外派护理员为698人，亲属占比为55.16%①。目前，广州市大部分的兼职护理员是参保人的家属，他们相对于专职护理员能够更专注于对失能老年人的照顾，显示出非正式照护的发展优势。根据实地调研，发展长期护理的非正式照护也是不少待遇享受人及其家属的偏好。这与失能人员的日常生活习惯（例如语言、饮食等）、护理员与服务接受对象之间照护关系以及社会大众（尤其是老年人群体）对于家庭成员以外的照护服务提供的观念等多方面的因素相关。

有机构受访者表示：

> 家属做护理员很重要，一些老人家真的不喜欢外人……之前试过有一个老人家，一个月换了5个还是6个护理员。如果是家人的话，肯定会好很多……还有一个语言问题，因为专职的护理员有一些是讲普通话的，或是讲话有口音，老人家不习惯。（专职更多来自外地？）对啊，广东省都有，但是有一些老人家始终会觉得，你又不是讲广州话，或是很多时候说话又不标准，煮饭的时候口味又不合适……（N-F2，机构照护管理员）

---

① 据医疗保障局官方数据及新闻报道综合整理。

在广州市的实践中,虽然没有在政策文件中明确"家属护理员"的身份,但实际上由家属担任护理员是不少参保人与其家属的偏好。相对于聘请全职护理员,不少老人对于家人的照顾更为青睐,认为家属提供照顾更为贴心,两者之间更为熟悉的亲属关系能够减少参保人的戒备心理。

有家属担任的兼职护理员表示:

> 老实讲,请保姆的价钱和我出去工作的价钱差不多。现在保姆很贵的,做饭、照顾,随随便便就7000或者8000。其次肯定没有我照顾这么好,我大声一点说话都不会,完全不会发脾气,但是保姆就可能会担心……(如果不是亲人照顾)因为很多事情会担心,例如,她(保姆)会不会做康复服务,但是我就会尽量,热敷,帮他按摩,凡是可以照顾的都尽量学着做。[FC-F2,兼职护理员(家属)]

此外,在接受护理员照护的时候,失能人员与其家属对个人隐私和尊严的考虑,也影响了他们对居家护理服务护理员的类型选择。尤其是男性的参保人,他们通常对接受女性护理员的照顾留有顾虑。部分参保人更是表示对于来自家庭以外的陌生人提供的照料较为排斥,若关系亲近的家属能够为自己提供居家护理服务,往往不希望在陌生人面前暴露自己失能需要接受他人护理的情形。

有家属担任的兼职护理员表示:

> 之前有想过找保姆,但是找不到合适的保姆。或者之前也找过,但是没有家属贴心,而且洗澡上厕所也不方便……比较贴身的照顾,找一个外人没有家人这么好。[FC-F4,兼职护理员(家属)]

要是我可以放假一两天，肯定好，但是我丈夫肯定不愿意，即使你让他大哥来照顾，他也不愿意。肯定是自己人，知根知底。[FC-F1，兼职护理员（家属）]

2. 非正式照护更符合成本效益考量

对于失能程度较高的老年人，聘请保姆照顾成本较高，对于参保人与其家属而言是较为沉重的经济负担。由于广州市长期护理保险制度对于城镇职工基本医疗保险和城乡居民基本医疗保险的参保人设置有差异化的支付标准，且目前广州市全职护理员工资水平较高，而存在较高长期照护需求的失能人员往往需要为护理员工资自行支付额外的费用，对于参保人（尤其是城乡居民医疗保险的参保人）及其家庭都造成了一定的经济压力。因此，现今允许家属担任护理员的模式能够同时实现家人照顾与提供劳务支付，能够较好地满足参保人的需要。需要注意的是，由于长护三级的参保人对居家护理服务存在更为迫切的需求，对于家属不能担任兼职护理员的失能老人，只能够借助于定点机构招聘全职护理员为自己提供照护。相应地，由实地调查可知，目前专职护理员在广州市处于供不应求的卖方市场，他们对工资待遇要求较高，更倾向于服务符合长护三级等级的失能老人，而对长护一级与长护二级参保人提供可及的上门服务比较有限。

有兼职护理员和机构受访者都表述了相似的观点：

有长护险肯定好很多，经济上始终有帮助。我自己没有工作，我丈夫（参保人）也没有，现在有补贴肯定比较好。但是要对比自己的需要，2000元怎么可能请到一个护工，一个钟点工都要5000到6000啦。[FC-F16，兼职护理员（家属）]

经济上的原因和传统观念影响吧……加上（家人）之前一直照顾得很稳定，广州市的家属护理员会更好，没有必要请全职，因为

自己还要贴钱。（N-M1，机构照护管理员）

由家属担任护理员提供居家护理服务的绝大部分是长护三级的参保人，这与参保人及其家属对于长期护理保险的认识相关。对于被评定为长护一级与长护二级的参保人，由于长期护理保险的待遇支付标准通常并不能完全满足老年人所需要的服务项目需求，若他们需要向机构申请居家的长期护理服务，则要自己额外付费，这很大程度上影响了该部分老年人使用长期护理服务的意愿，对于制度设计目标之一，即延缓老年人的失能状况存在一定的负面影响。这也与长期护理保险制度的普及宣传情况及大众对于专业的老年护理服务的购买意识相关。

有商业保险公司的受访者表示：

一级和二级就是另外要掏钱……他们没有这种意识，还是觉得因为他一级，一级的话他还是大部分可以自理的，只是小部分需要协助，所以他们就觉得，那我还不如不要，因为要另外再掏钱去享受可能不是我想要的服务，可能就会转换成做家政类的。这不是长护里面的生活照料，因为他们还是有一定的能力，他们一级一直是80分。（IE-F2，商业保险公司）

然而，虽然在广州市长期护理服务的递送中，不少兼职护理员是由对应老年人的家属或亲友担任，但在目前的政策文件中并没有对"专职护理员"与"兼职护理员"的待遇标准进行区分。家属在向协议定点服务机构申请担任家属护理员后，通过机构组织开展的培训后即上岗为失能老人提供居家的长期护理服务，部分家属会认为长期护理保险的待遇支付是作为他们照护失能老年人的公费补贴，这在一定程度上形成了他们对长期护理保险制度作为公共保险项目运行的误解，并没有充分地意识到其作为登记在服务机构的护理员的身份，不明晰长期护理保险制度运行中的监管流程。在广州市的实践中，虽然不少兼职护理员由家属担任，但实际上其依然遵循的是提供服务（实物）而并非现金福利的制度逻辑，因为这更能够保障参保人获得切实所需要的护理服务，保障保险资金的安全。因此，这说明广州市的制度在实践过程中还需要向护理员，尤其是兼职护理员明确制度安排，强化其自身对作为公共保险项目中服务提供者身份的认知，提升其对于长期护理服务递送过程中的相关程序的配合程度。

相应地，不区分专职护理员与兼职护理员的待遇一定程度上也影响了定点服务机构的运营偏好。对于机构的日常管理，由于专职护理员是作为正规的员工身份进行登记的，需要机构保障其"五险一金"等员工待遇，而兼职护理员则不需要遵循此类规定，在保障居家护理服务能够正常提供的基础上，机构在人力方面所需要投入的运营成本相对较低。因此，机构更愿意聘请兼职护理员为参保人提供服务。加之兼职护理员主要是由家属担任，服务机构的覆盖对象也是长护三级的参保人占多数，这在一定程度上影响了针对不同失能程度的参保人的保险制度发挥其兼顾多层次护理服务需求的优势。

3. 家庭提供照护服务稳定性更高

在广州市的长期护理服务递送过程中，家属担任的护理员比全职护理员的工作稳定性更强。发展家属来担任兼职护理员为参保人提供所需要的照护服务，对于不少参保人而言更为稳定，因为家属能够提供全天候的照顾，且不需要受到专职护理员的人员流动的影响，能够保障失能老年人及时获得所需要的照护服务。此外，由于目前广州市的大多数专职护理员并非本地人，有不少比例来自于广东省以外，每逢节日尤其是春节往往选择回家过年，这对于失能程度较高、需要全天候照护的参保人而言极为不方便，参保人家属往往不得不填补人员空缺。因此，有受访者表示相对于存在一定流动性的全职护理员，更倾向于选择依托于有血缘关系的亲属担任护理员,以此保障长期护理服务提供的连续性。

长期护理保险的待遇享受人和他们的家属都表达了对于家属担任兼职护理员的偏好：

> 我女儿也有护理证,之前和保姆一起考的……平时女儿可以和保姆轮流。之前保姆回家的时候就是她顶上。(RO-F1,参保人)

> 我有一个亲戚,找保姆,说服保姆去考证都花了一段时间。保姆其实也不会照顾,她怕麻烦不想去考试,要参加到长护险考试(才能申请长护险)。而且保姆有流动性,可能不做,要休假等,要换保姆的话长护险就会停。所以其实家人就稳定很多。(RF-M1,参保人)

> 最麻烦的是人手问题,就算有钱没有人手,你给我一万也没有用。你看现在的护工很难请的,都是护工挑选主人家,因为人很少,他们要求很高,要有自己的房间、要按时休息,一个月休息四天,否则还要加钱。如果人家要回距离远的乡下,那十天八天家里又需要有家属跟上,我就尽量自己做。[FC-F8,兼职护理员(家属)]

4. 专业的培训指导能够保障服务质量

在广州市长期护理服务递送过程中,对于护理员的培训与指导是核心内容之一,是保障长期护理服务高质量递送的关键,尤其体现在对于兼职护理员的照护者支援方面。在广州市长期护理服务递送中,居家护理服务由专职护理员或兼职护理员在失能老人的家中依照参保人的资格评定情况提供对应的照护服务。在所有护理员上岗前,必须接受长期护理保险制度相应的培训以获得资格认证。对应的定点服务机构也会向名下登记的护理员组织定期培训与提供相关信息的分享。而定点服务机构需要提供对护理员的培训情况等记录至对应的经办商业保险公司。强制性的培训与配套的监督体系对于保障护理员的照护水平起到了重要作用。

有担任兼职护理员的家属表示：

> 我们申请差不多四到五个月才批准，批准后我还要去考证，教我们怎么起身、怎么扶、摔倒怎么办，早上给什么饮食比较好之类的，反正有需要我们的就帮他（参保人）。[FC-F15，兼职护理员（家属）]

> 之前长护险的培训也有教我们日常怎么照顾，就是也学到一些新技能吧。[FC-F14，兼职护理员（家属）]

另外，服务机构也需要依据规定安排照护管理员（护士）定期上门巡查护理员的服务提供情况，了解护理员工作正常开展所需要的机构支援（例如，参保人身体状况发生变化时，护理员需要与定点服务机构商议提供额外的专业培训与指导），以此收集相关信息统一反馈至服务机构，由机构针对对应的个案情况尽可能地为护理员与参保人提供帮助与支持。

不同受访者都对长期护理保险提供的服务支持予以肯定：

> 我们有线上全程对护理员的工作进行指导、监督，对护理员进行管理……护士要每个月上门两次，做基本检查，部分护理项目，以及做了很多家庭的心理慰藉工作，包括参保人的情绪纾解，参保人家属的情绪纾解，都是我们的工作。（CH-F1，机构工作人员）

> 每次上门，我们就会量血压，然后检查皮肤，然后跟他聊一下最近有没有什么不舒服的……基本上都是这样，还要检查一下他，

假如发现他的皮肤有点肿啊，我们可能会建议他到医院去看一下医生，因为我们不能开药。（N-F3，机构照护管理员）

（成为护理员）之前有上过培训课，要考试，还有定期护士上门，比如，这一次重温怎么护理，下一次又是不同的课程安排，有什么不懂的地方都可以提供帮助。[FC-F3，兼职护理员（家属）]

广州市在大力推进发展居家护理的同时，配备了面向居家护理员的培训与支持规定，有效促进非正式照护护理员的职业化发展。在实施长期护理保险制度以前，实际上不少失能老人接受的都是由家属提供的服务，但是家属并没有接受相关的培训与技术指导，只能够自主摸索如何为老年人提供所需要的照护服务。在广州市推行长期护理保险制度后，家属可以通过多种方式与渠道获得来自专业人士的技术指导，包括预防意外、护理康复，甚至是处理伤口和更换导管等方面的指导。因此，广州市的政策实践探索在保障服务质量的同时也提供了对于护理员的支持与帮助，有助于引导他们提供规范的专业的护理服务，推进广州市长期护理服务的质量不断提升。然而在居家护理中，有一些专门的医疗护理项目依然存在风险。例如，对于护士上门操作的服务项目，在安全风险的防控上有一定的担心。

对此，有机构的照护管理员表示：

我们不像是医院，如医院插管后，24小时都有人在身边，一旦有事都可以抢救。我们的话，做完这个事情以后会担心，可能会有风险，因为（抢救）是争分夺秒，例如老人插胃管，可能会返流，噎着……居家的医疗风险很大，很多机构以及很多护士都不想做……因为很多事情很难说，我操作的时候可能会正确，但是我们走了以后家属操作了，可能有风险，例如窒息，那家属肯定会认为是护士的问题，即使我们已经有证据、视频、图片和签护理服务

单,但是你也不能排除家属会告你,所以真的很难。(N-F2,机构照护管理员)

5. 制度不断优化以回应照护需求

在优化发展居家护理与非正式照护的同时,广州市也不断探索能够更有效地监督和管理相关服务递送的方式。2021年7月,广州市推出了连通参保人、护理员、护理机构、保险公司与医保部门的应用软件,要求提供护理员在APP上打卡以证明护理员身份与护理服务递送的真实发生,以此实现对于居家护理服务的信息化与智能化监管,有效应对持续增长的长期护理服务的使用需求,以此推动基本护理服务体系的优化与发展。这在新冠肺炎疫情期间尤为重要,实现线上的信息监管,也能够在技术的持续优化中减少服务机构管理的工作量。

有兼职护理员分享了APP的用户使用感受:

APP没有什么问题,刚开始比较麻烦,有几日打不了卡,但现在已经比较方便,有智能手机的人都可以。(OC-F1,兼职护理员)

APP现在还可以。我们这一辈(还算年轻)还算好,要是老一点就用不了,很多人在微信群里面问。不过现在比刚推出的时候好很多了,完善了,现在后台搞好了,可以一键搞定。[FC-F1,兼职护理员(家属)]

6. 长期护理保险的实施成效

在实地调查中,几乎所有受访的参保人与担任兼职护理员的家属都对长期护理保险制度实施的成效表示满意,主要原因之一是该制度在很大程度上地减轻了他们的经济负担,尤其是对于长期负担昂贵医药费用的家庭。此外,有受访者更是表示长期护理保险制度的实施改变了失能老人的照护模式,能够把过往部分用于自身工作的时间照护家中的老年人，提升了老年人可及服务的质量。

不少待遇享受人和家属担任的护理员分享了类似的看法：

> 长护险是我儿子帮我申请的……长护险现在一个月一千多，有了当然好很多，没有的话生活费就会紧巴巴，现在有了一千多元的补贴。(RF - F5，参保人)

> 我自己有退休金，我儿子也会每月给我钱。但是一个月的医药费用真的比较高，像是昨天的尿管就要500元了，一个月的医药费就两千多了……有了长护险，有国家补贴，肯定差很远。(RF - M4，参保人)

> 长护险之前我们也没有请人，但其实那时候就已经需要别人照顾了，之前是我的爸爸照顾，但是他自己高血压也有中风危险，不太方便……之前想过请人的，但是太贵了……现在长护险帮助很大，我花在这边的时间多一点，基本每天都过来这边。[FC - M3，兼职护理员（家属）]

由于广州市长期护理保险制度依据参保人的基本医疗保险参保类型设置了对应的待遇支付标准，城乡居民基本医疗保险的参保人在今年才可开始享受待遇支付，有参保人对此持保留意见。然而，对于原本并未能够享受长期护理服务的参保人而言，长期护理保险制度除了能够提供购买服务的基金支付，其定期上门巡查服务的提供实际上也能够增加参保人与家人以外的社会大众的接触，为失能老人提供一定的精神支持。

有待遇享受人表示：

> 每个月只有750元，但是每个月都来见一见，聊一聊天，其他变化也不算大。(RF - F1，参保人)

> 政府已经做的不错了，每个月上门来看望我。阿姨也能够上门

按摩之类，也很好。（RO－F1，参保人）

不少参保人及其家属都表示，长期护理保险制度在广州市的实施让失能老人在医疗资源上获得了较大支持，表现为服务机构的医生与护士上门为参保人提供所需要的康复服务，也为护理员提供了所需要的护理指导。此外，在照护管理员上门巡查的同时，也会注重与兼职护理员进行沟通，尽可能地了解他们工作中所需要的支持。然而，由于这部分并非保险制度明确规定的常规项目，护理员对于这方面支持的有效获取难以保障。

有家属担任的兼职护理员表示：

之前我哥哥腰有问题，压迫神经线，现在有机构的医生教我，他（参保人）自己也有做，所以好了很多，脚已经有感应。上个星期，发现左脚可以竖起来一个小时。现在机构跟进很好，我们到省中医院看医生，每周要看一次，医生护士看他的状态都觉得（护理得）很好……长护险之前是自己慢慢摸索，自己不是很专业，不够系统，现在医生时不时都来看一下他，可以照顾他。[FC－F2，兼职护理员（家属）]

三、优势分析

在"广州模式"中，在服务内容环节中体现了侧重于发展居家护理，并主要由家属成员提供非正式照护的制度设计，具有以下四个方面的优势。

第一，这是符合我国大众社会观念的服务内容安排。虽然近年来我国家庭结构和家庭规模等方面发生了显著变化，家庭对老年人提供照护服务的能力有所下降，但是长久以来对家庭的依赖依然很大程度上影响老年人的照护服务选择，尤其是心理层面。在兼顾机构护理与居家护理发展的基础上，广州市在探索过程中更加鼓励发展居家护理服务。这某种程度上体现了照护政策在我国语境下的"去家庭化"，亦即家庭从过往同时承担对老年人照护的筹资和服务递送功能，转变为受雇于长期护理保险制度，获得基金支付的工资并为老年人提供照护服务，这与德国模式类似。对此，广州市长期护理保险制度中雇佣家属提供照护服务的模式，一定程度上促进了家庭成员提供的照护服务的"去商品化"，体现了对家庭成员劳动的认可和经济性补偿。此外，发展居家护理，尤其是家属担任护理员的非正式照护，能够有效地迎合老年人心理，减少老年人重新适应新事物的时间和成本。在专职护理员提供服务的过程中，可能存在由沟通语言、生活习惯、饮食习惯的差别造成的矛盾等问题，需要参保人有磨合的时间，如果磨合失败，就要重新招聘合适的护理员，这会增加雇佣的成本。而发展非正式照护则能够免去这方面的忧虑。因而，广州市长期护理保险制度实践中对于居家护理和非正式照护的偏好性发展，能够满足老年人心理层面对家庭环境和家庭成员的依赖，提升老年人生活的满意度和幸福感。

第二，充分发挥家庭的作用，倡导家庭美德。广州市长期护理保险制度允许家属作为兼职护理员为失能老年人提供照护服务，在保障家属获得经济收益的同时，为老年人与家属提供更多相处的机会，便于增进双方感情，能够显著加强老年照护中的亲情关怀作用。不少老年人排斥陌生人的照顾和碰触，由家属担任护理员提供的服务会令老人的熟悉感和安全感大幅增加，对于失能老人精神状况甚至是身体状况起到了重要的支持作用。此外，引导更多参保人家属加入护理员队伍，在对当前护理员缺口形成有效补充，满足老年人当前需要的同时，也提高了家属照顾老人的意愿，缓解了家庭矛盾。长期护理保险使家属照顾老年人变成一种有偿行为，能够有效缓解中低收入家庭的经济压力、提供照护服务家属的怨怼心理与整个家庭由照顾老人重担所产生的紧张关系。同时，这也是培养年轻一代对家庭成员的责任感的重要实践，有助于倡导家庭美德，在新时代践行我国的传统孝文化。同时，《十四五规划和2035年远景目标纲要》提出，要"支持家庭承担养老功能"，广州市大力发展居家护理能够引导家庭作为服务递送者参与到养老服务体系中，一定程度上补充了市场上正式照护服务提供者的缺口。同时，家庭作为重要的服务递送主体，在竞争力度增加的长期护理照护市场中促进了正式照护者自发地提升服务质量，形成非正式照护和正式照护相辅相成、共同发展的局面。

第三，这是"去机构化"的实践，在"后疫情时期"尤为重要。大力发展居家护理，并鼓励家庭成员担任家属护理员为老年人提供照护服务，是实现长期护理服务"去机构化"的探索。过往不少研究指出，相对于机构照护，发展居家照护并不需要额外的场地和专业器械的硬件支持，更符合成本效益的考虑。相对地，发展居家照护的成本关键在于护理员的培训以及工资支付。重点发展居家照护服务，能够更好地整合已有资源对长期护理员开展有效的系统培训，一定程度减缓公共财政的压力。此外，在新冠肺炎疫情时期，为了避免有被感染高风险的老年人群体受到疫情影响，绝大多数的照护机构选择封闭式管理，使得在院舍居住的老年人难以与家人进行日常联系，对老年人的心理健康造成了一定的影响，也由此让部分老年人重新思考关于长期护理服务类型的选择。对此，相对于住在离家的固定场所，居住在原有生活环境并接受居家照护服务成为了更多老年人青睐的选择。由此，发展居家照护，尤其是其中的非正式照护，在后疫情时期更为必要，能够为有需要的老年人提供更多和更高质量的、稳定的、可及的长期护理服务。

第四，这是构建"居家—机构"照护服务协作体系的有益探索。借鉴德国经验与国内其他试点的探索，机构照护有着居家照护无可替代的专业性优势，在很大程度上是需要特定照护服务的重度失能的老年人的必然选择。相对地，对于轻度和中度失能的老年人，他们所需要的照护很大部分能够由经过相关培训的护理人员提供，并不需要入住照护机构全天候地接受照护服务。因此，在我国目前的情况下，无论机构化照护程度发展如何，存在照护需求的老年人，尤其是轻度和中度失能的老年人，依然倾向于选择留在家中接受服务，特别是来自于家属提供的服务，因此居家护理服务与机构护理服务的各自发展并非存在挤出效应，而是能够构建起有效分工协作的照护服务体系。"广州模式"选择大力发展居家护理和非正式照护，能够推进实现机构护理与居家护理的合理分工，分别瞄准不同失能程度的老年人提供更具有针对性的服务，从而能够引导两种类型的服务提供主体更好地整合资源，提升各自类型照护服务的质量以满足老年人不断发展的照护服务要求，尤其是充分发挥家庭作为服务递送者的关键性作用，构建"居家—机构"照护服务的协作体系。

总而言之，相对于公共部门与市场等其他主体，"广州模式"充分发挥家庭的照护能力，把"家庭"作为重要服务递送主体纳入到老年人社会化照料服务体系中，符合老年人普遍希望接受家人照料的主流意愿，也是对相对缺乏的专业全职照护人员的有力补充。这赋予了家庭作为区别于家政服务的非正式照护服务提供者的制度化认可，有助于推动家属护理员的职业化程度，也是对《第十四个五年规划和2035年远景目标纲要》中强调的"支持家庭承担养老功能"的适应性调整，在生活照料的基础上满足老年人对来自家属精神慰藉的期盼，切实满足了老年人多样化的照护需求。

第八章　长期护理保险探索的规制：从政府监督到行业自律

在发展老年人照护服务的过程中，我国各级政府部门都积极构建与其他主体的协作，探寻公平与效率的最佳组合，旨在提供更优质与更高效的照护服务，以最大限度地满足老年人急速增长的护理需求。然而，过往的不少研究普遍集中在政府与市场之间的关系①，讨论政府部门与不同类型的护理服务机构的角色分工以发挥各自优势构建合作机制。相对地，已有研究对于各主体所处的护理行业的整体发展以及相应的规制讨论较少，一定程度上忽视了行业发展中其他主体作用发挥的重要性。其中，在提及护理行业发展的讨论中，有研究提出，要在养老服务发展过程中实现多元化主体提供更为优质的照护服务，公共部门应当更好地履行提供公共服务的职能，为发展老年人照护服务予以政策保障与法规建设，加强监督以保障有序发展。② 在健全养老服务业发展法律法规的同时，政府还应当明确养老服务发展的标准和内容，强化有效监管，确

---

① 张思锋，张泽滴：《适应多样性需要的养老服务及其质量提升的多元主体责任》，载《人口与社会》，2018年第4期；席恒：《养老服务的逻辑、实现方式与治理路径》，载《社会保障评论》，2020年第1期；董红亚：《中国特色养老服务模式的运行框架及趋势前瞻》，载《社会科学辑刊》，2020年第4期；杨翠迎，刘玉萍：《养老服务高质量发展的内涵诠释与前瞻性思考》，载《社会保障评论》，2021年第4期。

② 周敏：《论我国居家养老服务的产业化之路——兼谈政府，市场及家庭的职能定位》，载《社会保障研究》，2015年第1期。

保养老服务业的健康和规范发展。① 因此，虽然对行业发展的法律法规制定被多次提及，但是也主要从政府功能的角度出发，对于非政府组织的作用发挥关注相对不足。

随着长期护理保险制度的深入探索，为了有效规范护理行业的发展，广州市逐渐意识到，在服务递送过程中，除了政府部门、商业保险公司与协议定点护理服务机构，行业协会在服务递送过程中也能够并应当在其中承担起监督者的角色，有助于避免出现单个政府部门在管理定点服务机构过程中缺位或不到位的现象，保障长期护理服务体系建设与完善的有序推进。同时，构建长期护理行业协会的提议与广州市的实际情况密切相关。广州市具备成熟的社会组织培养土壤与良好的发展空间，能够为长护行业协会提供经验借鉴，填补相关空白。因此，以医保部门为主导，广州市政府目前正在积极统筹建设广州市长期护理行业协会，用以促进参与照护服务体系的有序发展，实现对长期护理服务发展的规制从政府监督到行业自律的转变。

一、长期护理行业协会建设与发展的必要性

自长期护理保险制度实行以来，广州市长期护理服务体系飞速发展，也相应地出现了不少行业乱象。从 2017 年 8 月至今，广州市长期护理服务定点机构数量从 2017 年的 29 家发展至 2021 年的 243 家，所提供的照护服务数量和群体覆盖面的扩张速度尤为迅猛。其中，得益于广州市的公共部门积极构建与多元社会主体的合作，社会力量具有强烈的自主性推进照护服务体系的深入发展，长期护理行业的蓬勃发展态势甚至一定程度上超越了政府部门能够实现有效监督与管理的范畴。因此，长

---

① 曹立前，尹吉东：《供给侧改革下养老服务业发展研究》，载《河北大学学报：哲学社会科学版》，2018 年第 1 期。

期护理行业被认为是处于"野蛮生长"的阶段，部分定点服务机构作为营利组织为在现行的长期护理的制度框架内实现利益最大化，出现了不少恶性竞争行为，为长期护理行业持续稳步发展带来隐患。

总体而言，从广州市医疗保险经办机构年度监督考核结果可看出，仍有部分定点机构的服务水平徘徊于及格线附近。实际上，尽管现时长护行业有稳定的经费来源、服务机构、从业人员与服务对象，但还没有专属本行业的行业守则，加之短时间内定点机构数量的膨胀式增长，导致"有行业无自律"乱象出现。例如，按照现行的长期护理保险制度，广州市长期护理报销经费划拨至定点服务机构，机构存在较大的经济利益诱因以和更多的失能老年人签订协议，通过发展更多的"客户"谋求更大的利润空间。在此基础上，甚至存在部分定点服务机构为争抢"客源"提前到就近医院"蹲点挖客"等恶性竞争行为，一定程度上影响了医院的正常运行与公众对服务机构的观感。此外，登记于定点服务机构的服务使用者——失能老年人，被认为是各服务机构的重要"客户资源"，部分机构工作人员把服务使用者的登记作为谋求个人在求职其他机构时获得高薪岗位的谈判条件，也存在机构因为"客源"与护理员就薪资待遇问题持续讨价还价的现象。因此，这些服务提供者把个体利益优先于服务对象利益的行为很大程度上有违长期护理制度的政策目标，影响广州市长期护理服务体系的持续发展。广州市迄今为止的实践表明，种种行业乱象仅仅依靠部门职能无法彻底治理，更多参与主体的引入尤为必要。不难想象，若长期护理行业协会监管一直缺位，届时大批新成立的长护机构将可能影响广州长护服务的整体水平，并且带来诸多的管理风险。

究其根源，结合广州市长期护理保险的制度规定与实践经验，可以总结得出，导致长期护理服务市场发展乱象的重要原因是现行的长期护理保险制度缺失法定独立险种地位。目前，与全国其他试点城市的制度相似，由于广州市长期护理保险制度并非是独立险种，其筹资很大程度上依赖基本医疗保险制度的基金划拨，这导致了长期护理保险制度对基本医疗保险制度的路径依赖，因此长期护理保险制度的制度设计是对医疗保险制度的政策借鉴，不同政府部门的职责分工也有待明确。在政府部门与服务机构的协作层面，长期护理服务体系发展依然沿用医保对医疗机构所采取的模式机制。然而，医保部门与卫健部门面向的通常为公办性质的医疗服务机构，它们迄今为止已经建立起较为完善的管理规则，因此医保制度在我国的运营相对规范且目前处于不断深化改革的阶段；而长期护理服务由医保部门主导，提供长期护理服务的机构性质多元，可分为公办、私营与慈善组织，这也意味着原有借鉴医保体系的"政府—服务机构"的运用规则难以直接借用。例如，对于慈善组织参与建设的民办服务机构，由于入行门槛相对较低，且与政府部门之间存在较大程度的信息不对称问题，在实际运营过程中难以管理。

此外，在已有的实践探索中，医保部门承担起主管部门的角色，负责对保险基金的运行监管职能，还需要与其他职能部门对接共同推进长期护理服务体系的发展，工作量庞大。同时，由于我国长期护理行业还处于初步发展阶段，其性质与医疗行业存在一定的区别，医保部门对长期护理的行业门槛、行业自律、规章制度等的管理未免有心无力，难以再承担更多的工作量。然而，除了区别于医疗行业，长期护理行业亦有别于民政部门主管的养老类、市场家综类行业，既有政府部门也缺乏专门的治理经验。因此，政府部门对于长期护理行业的规划与推进还处于初步探索阶段。正如不少学术讨论中提出的观点，通过我国基本保险制度法律法规的修订，确立长期护理保险制度为"第六险"，必然成为长期护理保险制度下阶段在全国层面探索的首要任务。届时，现行的对于服务机构的管理规则也需要进行全面更新。然而，任何制度的发展都必须历经一个渐进式的探索过程。目前，长期护理保险制度尚未被确定独立险种的地位，但是各地的长期护理处于快速发展阶段，这对现有的服务机构的规范运行提出了更高的要求。

基于长期护理行业蓬勃发展过程中出现的乱象，政府部门构建与其他社会主体的协作具有迫切的现实必要性。在试点探索阶段，广州市通过不断的经验总结，认识到若想引导广州长护行业的良性发展，必须成立一个专门的长期护理行业协会，希望通过充分发挥长期护理协会的行业自律的功能，为不同性质的服务机构准入设置门槛和基于科学的监督和评估规则的退出机制。对此，广州市正在努力推进长期护理行业协会的筹建，以期使其成为长期护理保险制度被设定为独立险种以前的过渡阶段的重要监管主体。长期护理行业协会作为政府与长护定点机构的沟通桥梁，能够构建意见收集与反馈平台，既有利于医保部门后续借助此枢纽型组织适当地引导与管理长护行业的发展，亦有利于制定并执行行业规章制度，监督行业发展，协调本行业机构之间的服务行为，促进公平竞争，从而通过长护行业的发展促进解决老龄化带来的失能化、失智化问题，最终推动本地失能、失智老年群体照护需求的满足。

二、长期护理行业协会建设与发展的重要性

基于长期护理保险制度的已有实践，广州市长期护理行业协会兼具带动作用与示范效应，有助于规范护理服务发展过程中各主体的行为，从而有效配合政府部门深化推进长期护理保险制度的探索，为长期护理服务的发展保驾护航。

（一）带动作用

广州市长期护理行业协会的建设与发展能够带动试点探索。基于长期护理保险制度的已有实践与广州市目前已有设想，广州市长期护理行业协会的主要职能是开展对本行业的基础调查，研究面临的问题并提出建议，具体包括出版刊物，提供信息、教育、培训、咨询服务，举办展览与组织会议等，以供企业和政府参考。然而，由于目前长期护理行业

协会尚未成立，这部分的职能只能由医疗保障等职能部门分担，并未能够调配专门的人员和资源来推进这些工作，一定程度上影响了长期护理保险制度"广州模式"的进一步总结和推广，这也佐证了建立与发展长期护理行业协会的重要性。因此，长期护理行业协会的带动作用可总结为三个方面。

第一，长期护理行业协会的建立，有助于提炼并推广长期护理保险制度的"广州模式"。构建长期护理行业协会，能够通过连接政府部门、智库专家与参与长期护理服务递送的机构代表和护理人员等不同主体，构建起推动护理服务发展的交流平台，促进主体之间实现更为有效和高质量的沟通。在此基础上，协会能够借助于非官方机构的组织特性，以更为客观和中立的立场整合关于广州市长期护理保险发展的各种声音。行业协会还能够组织学术力量，为广州市长期护理保险制度的发展组织学术性的研讨，就目前制度运行中出现的问题或对未来可预见的情况进行充分的讨论，以此为行业的整体发展提出相关的指导意见或规划性倡导。此外，协会通过统筹组织长期护理保险相关方面的研究、交流与推广工作，研究并制定行业标准与规范，为行业的发展提供指导，从而在学术研究层面更好地提炼"广州模式"，提升广州市作为长期护理保险制度试点城市在全国的知名度与影响力，为我国长期护理保险制度的推行贡献地方经验。因此，随着广州市长期护理保险试点探索的深入推进，行业协会能够推动经验积累和精准提炼相关试点经验，加强长期护理保险研究，总结"广州模式"及其制度亮点，有助于广州市提升自身的试点形象，增强"广州模式"在全国范围内的影响力。

第二，长期护理行业协会的发展，对于引导行业自律将发挥重要作用。在广州市目前的探索中，长期护理行业不断发展壮大的同时也出现了不少的行业乱象。区别于政府部门回归到政策法规制定者与主导监督者的角色以持续探索如何采取措施规范行业秩序，长期护理行业协会能够借助于非官方机构的特质，作为服务递送过程中的重要监督者，采取较为灵活的方式与充分地发挥社会组织的优势，通过与各主体的沟通，促进广州市更系统、有序地开展长期护理保险工作。此外，由于行业协会由参与服务递送的各主体代表构成，在协会日常运营过程中，各代表能够基于各自立场阐明观点，一定程度上能够避免政府部门完全主导监管的信息不对称。在此基础上，行业协会能够引导各主体参与到行业规范制定的讨论中，从而助力形成本地长期护理行业的发展指引推动行业自律。各主体的充分参与也能够很大程度地保障他们能够自主配合行业规范的推行，最终实现从政府主导监管到行业自律的转变。

第三，长期护理行业协会有助于为试点探索提供充足的人员保障。在广州市的实践中，面对长期护理服务发展伴随的庞大工作量，过往由政府部门主导的运行机制面临人员不足的难题，影响了制度机制的深化发展。对应地，由于新成立的长期护理行业协会将会组建新的人员团队，有助于为长期护理服务的发展引入新鲜血液，并实现专项业务由专门人员对接和跟进，保障了工作项目开展的连续性与稳定性。此外，长期护理行业协会能够通过分担工作业务缓解相关职能部门因为人手不足导致的困境，也能够为不同部门的业务开展提供人员支持，有助于提升政府部门的工作效率。

（二）示范效应

广州市长期护理行业协会的建设与发展能够为我国长期护理保险其他试点的探索形成示范效应。2016年，我国开始探索建立长期护理保险制度，然而，在目前的两批试点中，都还没有任何地区成立长护行业协会推动实现行业规范发展。因此，基于长期护理行业协会构建的必要性，广州市具有前瞻性的探索能够在全国范围内形成示范效应。

广州市成立和发展长期护理行业协会具备较为成熟的现实基础。一方面，作为第一批试点城市，广州市长期护理保险制度的试点经验较为成熟，且制度规范呈现出多阶段持续探索的特征，具备丰富的实践经验助力行业协会的建立。同时，广州市在城市规模上属于超大城市，经济发展规模多年来位居全国前列，属于众多试点城市中具有显著资源优势的第一梯队，具备创新性建设行业协会的客观条件。另一方面，广州市具备社会组织发展的肥沃生长土壤。一直以来，广州市社会组织蓬勃发展，在社会工作等领域的实践走在全国前列，为长期护理行业协会的成立提供成熟健康的社会组织发展环境与完善的配套制度安排。对此，广州市率先成立长护行业协会的计划也将会具有相当大的示范性效力，相应地促进广州市社会组织的进一步发展。长期护理行业协会有助于广州市打造长护行业的模范标杆，更有助于后续全面铺开长期护理保险。

在广州市分阶段稳步推进长期护理保险制度探索的过程中，长期护理行业蓬勃发展。区别于全面依托政府部门对商业保险公司、长期护理服务定点机构与相关行动主体进行监督管理，培育长期护理行业的社会组织参与尤为必要，这能够使社会组织的能动性得到充分发挥，促进其参与到"多元一体"的长期护理服务协作体系中，进一步保障长期护理服务体系的有序运行，实现从政府主导规制到行业协会自律的重要转变。

三、构建长期护理行业协会的已有探索

目前，广州市立足于长期护理保险制度的已有实践，由医保部门主导拟定《长期护理行业协会管理办法》（初稿），正在稳步推动长期护理行业协会的构建，旨在引导其充分发挥自主能动性参与到长期护理服务的协作体系中。然而，由于疫情等不可抵抗力因素的影响，原本预计在2020年正式成立的广州市长期护理行业协会，目前还处于筹备组建阶段。

在已有的筹建工作中，广州市医保部门起到主导作用，召集长期护理保险制度发展的相关主体为行业协会的规章制度出谋献策，保障其探

索的科学性。目前，依据广州市已拟定的《长期护理行业协会管理办法》（初稿），长期护理行业协会的组织性质为"广州市从事长期护理行业的企事业单位、社会组织、服务团体及相关专家、学者自愿组成的地方性、行业性、非营利性社会组织"，且接受广州市医保局和相关职能部门的监督管理和业务指导。此外，行业协会的财政来源、业务范围、人事结构、入会程序、会员权利和会员义务等方面都有了清晰的规定。例如，财政来源将会是会员缴纳的会费，会费可以依据会员单位年度报销额度的一定比例收取，以确保责任和规模成正比；业务范围包括但不限于宣传贯彻党和国家的相关方针、规范行业自律机制、规范会员行为、反映会员诉求并维护会员合法权益等。《长期护理行业协会管理办法》（初稿）的各项明确规定将会为长期护理行业协会的后续成立发展起到重要的规范作用。区别于政府的监管，广州市的政府部门在多方面积极协助参与长期护理行业协会的发展，旨在引导其在长期护理保险制度运行的协作体系中充分发挥非政府部门主体的优势，参与长期护理服务的监管，有利于维护行业秩序，逐步形成行业自律，推动长期护理服务领域的进一步发展。然而，在广州市长期护理行业协会的筹建过程中，也有相关主体提出了对基于行业协会进行信息反馈的有效性和效率的担忧，例如协会的运行能否缩短不同主体与政府部门之间对接流程的时长与提升沟通质量。因此，如何构建多元参与主体与政府部门的高质量和高效率的对接，以解决长期护理服务提供过程中的存在难题是长期护理行业协会发展必须要考虑的议题。

实际上，长期护理行业协会的发展还应当与长期护理保险的制度建设密切相关。目前，我国长期护理保险依然处于试点阶段，相关的法律规范还在持续探索当中。然而，长期护理保险制度的全国普遍推行已经势在必行，而当长期护理保险制度在我国被确立为法律层面的独立险种后，长期护理行业的发展也需要进行配套性的转型。对此，虽然我国范围内并没有可参考案例，但是可以借鉴德国运行成熟的长期照护保险体系中的评鉴委员会，亦即由政府部门代表、医生与护理行业代表等组成法定立案法团，它既负责长期照护保险的操作细则制定，也对服务机构的运行予以监督，从而在长期照护保险制度作为法定独立险种运行的阶段充分发挥规制功能。这可以为我国各地方长期护理行业协会的发展提供指引。对此，在探索长期护理保险的规制，以实现从政府监管到行业自律的转变的过程中，广州市可以在今后建成的长期护理行业协会的基础上，充分考虑长期护理保险制度在我国的法律地位和国家层面的行动指南，参照德国长期照护保险制度的实践，推动长期护理行业协会的转型，以促进其在设置独立险种后承担起组织参与行业治理的功能。

第三部分
地方试点与全国政策出台

本部分共两章，从地方试点模式入手，上升至国家层面探讨全国性政策框架。在第二部分的基础上，归纳广州长期护理保险实践的机制特征与经验梳理，重点论述"广州模式"的制度亮点，以其作为地方试点模式的代表。纵观我国已推行的两轮试点探索，其中必然有某些城市的试点经验能够支撑起未来中国"第六险"的政策框架。因此，本部分往前一步，在"广州模式"总结的基础上，站在国家视角审视长期护理保险，思考长期护理保险作为一项具有前瞻意义的试点政策，将如何与现存服务模式相衔接、与其他社会政策相协调，并尝试就未来我国全面铺开长期护理保险改革的方向和路径提出建议。

第九章 长期护理保险的"广州模式":以失能群体的需求为导向

迄今为止,长期护理保险制度在广州市的实践已经历经了启动阶段与发展阶段,目前处于深化阶段。相对于国内其他试点城市,广州市长期护理保险制度最显著的特征是以照护服务的使用者——失能群体的实际照护需求为发展导向,为每位参保人制定具体的长期护理服务计划,实现长期护理保险制度的定制化与标准化供给。在长期护理保险制度的探索中,在服务对象方面,广州市经过多个阶段的发展已经基本实现基本医疗保险参保人群的全覆盖;在服务内容方面,广州市在原有提供基本生活照料和医疗护理服务的基础上,增设设备使用服务,服务项目的数量也不断增加,为存在照护需求的参保人提供多元化的服务;在服务递送方面,社会力量在广州市的长期护理服务递送中承担越来越重要的角色,商业保险公司承担起保险的业务经办工作,协议定点服务机构作为服务直接递送的重要主体,对护理员提供多方面的支持,规范服务的提供,长期护理行业协会也将作为非政府组织参与保险的监管,保障服务的质量;在筹资机制方面,广州市逐渐拓宽筹资途径,把单位缴费与个人缴费设置为常规化的资金来源,这是长期护理保险基金稳定与可持续运行的重要基石。基于已有讨论,可以总结得出,广州市长期护理保险制度探索最显著的特征是其以服务使用者,亦即失能老年人的切实需求为发展内驱力。由于第二部分各章都已经就"广州模式"的各环节展开了深入的分析，因此本章将重点分析广州市以老年人切实需求为导向的模式特征在制度安排中的呈现，而这在服务内容与服务递送两个方面最为突出。

一、服务内容：动员家庭参与，构建起人员充足的护理员体系

在服务内容方面，广州市在兼顾推进机构护理与居家护理的同时，大力发展失能老年人及其家属更青睐的居家护理与非正式照护。其中，虽然广州市采取的是服务给付形式，但是家属能够通过受雇于服务机构为老年人直接提供服务，充分发挥家庭作为服务提供者的关键性作用。这样的制度设计也充分结合了广州市的本土实际。

（一）制度内容

虽然都采取了由家庭成员担任护理员提供居家护理服务的形式，但"广州模式"与以家庭纽带为基础的保守主义福利体制下的德国模式，以及我国范围内强调亲情照顾的"成都模式"都有所不同，它反映了广州市对本土老年人实际需求的充分考虑，结合地方实际提出能够最大限度回应失能群体需求的制度方案。

在德国现行的长期照护保险制度中，通过制度设计鼓励亲友为失能群体提供非正式照护服务。如果失能人员的家庭成员因提供照护服务而放弃工作，保险将会支付给服务提供人员一定数额的现金补贴。其中，假若护理员每周提供的服务时数超过10小时（每周至少两天），则其必须被强制参与基本养老保险，并由长期护理保险承担保险费。此外，按照德国的长期照护保险制度，非正式照护员每自然年可以申请八周的休假，期间会由专业照护机构提供替代服务，而非正式照护员可以继续获

得过往护理津贴的一半。① 由此，在德国的长期照护保险制度中，虽然是由家属担任非正式照护员居家提供服务，但其本质上更类似于在既定的社会保障制度下实现了照护服务的商品化属性，家属在劳动力市场的定位更类似于一般雇员，享有作为劳动者的社会保障待遇。

在成都市的长期照护保险待遇中，其既向具备资质的照护服务机构购买护理服务，也向未经规范化培训合格的人员，主要是失能人员的家庭成员直接购买照护服务，采取的是家庭照护和专业照护相结合的方式。同时，"成都模式"中配备面向家属护理员的专门技能培训，提升其提供照护服务的水平。在护理员待遇支付上，同等失能等级下，长期照护保险的待遇支付额度向居家服务倾斜5%（专业照护：城镇职工75%，城乡居民60%；未经规范化培训合格的人员统一为80%），这也表明了"成都模式"通过制度设计鼓励更多的待遇享受人选择家庭成员或亲友担任非正式照护人员，在符合世界范围内倡导居家照护实现"在地安老"的目标基础上，有效缓解专业照护机构服务提供的压力。然而，由于非正式照护员在资质方面依然与专业护理人员存在一定差距，因此，也有学者认为成都的长期照护保险制度更聚焦于解决"照护依赖"问题，这与"疾病诊治"为目标的医疗服务存在明确的区分。②

相对地，"广州模式"与"德国模式"、"成都模式"都呈现出一定的差异性，这主要体现为两个方面。第一，广州市长期护理保险制度并未区分专业护理人员与非正式照护人员的待遇支付差异。广州市将护理员类型划分为"全职护理员"和"兼职护理员"，并非以照护员与待遇

---

① Federal Ministry of Health Department of Public Relations and Publications. *Long-Term Care Guide*: *Everything You Need to Know About Long-term Care*, 2020. Available at https：//www.bundesgesundheitsministerium. de/fileadmin/Dateien/5_Publikationen/Pflege/Broschueren/200320_BMG_Ratgeber-Pflege_DINA5_ENG_bf. pdf（Accessed 1 Feb. 2022）.

② 覃可可，唐钧：《建立长期照护保障的制度框架：以成都市为例》，载《开发研究》，2019年第1期。

享受人的关系作为区分。所有的兼职护理员需要登记于具体的某家协议定点服务机构，且他们上岗前需要通过相应的培训与考试，以此一定程度上作为专业资质的认证。相应地，机构会派出照护管理人员定期上门（从2022年开始，从每月两次调整为每月一次），在检查失能人员被照护情况的同时，也为护理员的日常工作提供指导。协议定点机构日常也需要按照规定为下辖登记的全职护理员和兼职护理员组织涵盖理论和实务各个方面的培训，并设置与兼职护理员个体的沟通机制，及时了解他们工作的情况。

在广州市的实践中，绝大部分比例的护理员为兼职护理员，其中又以家属为主，这反映出广州市失能人员及其家属对于非正式照护综合考量多种因素后的选择，也一定程度上反映了广州市现阶段发展长期护理保险的制度偏好。基于本研究团队开展的实地访谈，广州市在现阶段暂时并不打算明确对于全职护理员与兼职护理员的区分，或是对于家属作为居家护理员的身份予以区别的认定。这与广州市迅速增长的长期护理服务需求相关，甚至出现对于居家护理服务供不应求的情况，这要求广州市将"把蛋糕做大"作为发展长期护理服务递送的首要任务，构建起护理员团队。例如，2021年开始实行的《广州市长期护理保险协议定点服务机构长期护理服务管理补充协议》对全职护理员与兼职护理员的比例作出调整（从50%：50%调整为40%：60%），且明确规定支付给家护人员的月平均薪酬占参保人护理费用的比例（85%），以保障兼职护理员的劳务收入，这些对于家属担任的兼职护理员无疑是利好消息，也体现出"广州模式"对于推进非正式照护发展的决心。对此，广州市也注重兼顾服务增量与服务质量的发展，通过有效的监管机制和培训体系持续推动兼职护理员专业化水平的提升，以此尽快地为失能人员提供所需要的照护服务。

第二，与德国发展较为成熟的长期照护保险制度相比，广州市与成都市都并未为非正式照护员提供与正式雇员等同的社会保障支持（例如，养老保险、失业保险、休假待遇补贴），非正式照护员在劳动力市场中的定位类似于灵活就业人员，因而能够获取的制度化支持相对不足。家属担任的居家护理员虽然实现了对服务的商品化认证，但是他们并没有被纳入到正式的劳动力市场中，也无法获取与正式就业人员同等的社会保障支持。对于因为家人存在照护需求，而选择退出正式劳动力市场以担任兼职护理员的群体而言，他们失去了作为正式就业人员的保障，导致个体抵御风险能力的降低。实际上，在广州市的实践中，兼职护理员通常是由65周岁以下的退休人员或本身已是家庭主妇等的灵活就业人员担任，这在现今的制度运行中尚且能够满足照护需求。然而，结合今后持续严峻的人口老龄化形势考虑，目前主要由这部分群体支撑起来的护理员体系无疑会让长期护理服务的常规递送难以为继。而对于居家护理员的社会保障讨论的相对不足，也与我国依然处在长期护理保险制度的试点探索阶段相关。虽然家庭成员担任的兼职护理员已经逐渐成为居家护理员群体的主力，但是广州市关于护理员的制度建设依然处于探索初期，关于兼职护理员的社会保障制度建设则需要基于广州市目前的长期护理保险制度框架展开讨论，亦即需要明确区分具有不同专业资质的全职护理员和兼职护理员的身份。而由于"广州模式"中只有长护三级的失能人员才能够接受兼职护理员提供的服务，该群体所需要的往往是全天候的照护服务，这也意味着现有的长期护理保险待遇支付难以完全覆盖全职护理员的劳务费用，需要失能人员或家属提供额外的照护费用。对此，综合考虑长期护理保险的待遇支付水平、自身经济水平和个体偏好等多种因素，家属担任的兼职护理员成为了广州市失能人员的主流选择。

此外，在广州市目前的实践中，全职护理员和兼职护理员的区分主要与他们和协议定点服务机构的关系相关。前者是属于机构的正规雇员，"五险一金"由护理机构作为用人单位依法承担对应份额，而后者仅被认证为登记于机构的护理员，并不需要护理机构作为用人单位缴纳各项基本保险制度的费用。因此，协议定点服务机构往往也更倾向于接受兼职护理员提供服务的失能人员作为"客户"，以此节约自身的运行成本。由此，非正式照护是失能群体及其家属乃至护理机构更为偏好的照护服务安排，而这又需要对非正式照护员提供更多制度性支持。同时，这也需要在制度层面充分考量重构定点服务机构与护理员之间的管理规定，并明确护理员个人社会保障支出和对护理员提供专业指导的责任归属。这些考虑也应当是我国其他试点乃至全国性制度框架建设中予以长远关注的议题。

（二）制度考量

广州市在非正式照护服务方面的政策制定与调整，实际上充分结合了本土实际的制度考量，涵盖人口因素、文化因素与经济因素。这些考量兼顾当下的社会现实与对未来可能趋势的有效预估，体现了其政策探索的前瞻性，保障了制度的适用性与有效性。

对于人口因素的考虑。在当前人口老龄化的社会背景基础上，除了对增长的老年人群体数量的考虑，制度的制定与调整同样需要紧密结合我国整体人口结构的动态变化趋势，亦即需要评估被认为照护功能逐渐被削弱的家庭，其在照护服务中的支持能否延续。广州市的长期护理保险制度实践已有五年，但已经通过不断的政策调适构建起家庭成员担任居家服务兼职护理员的服务体系。广州市充分考虑了家庭作为服务提供者的重要支持作用，与广州市居民的家庭规模和家庭结构相关。目前需要照顾的失能群体往往处于高龄阶段，他们的子女也处于尚有能力为父母提供照料的年龄段，因此是可以被充分开发的人力资源，且这样的照护模式能够延续一定的年限。然而，结合我国人均寿命与人口老龄化背景下对照护需求的估算，我国照护服务的高峰可能会早于过往很多研究预测的21世纪中叶。因此，当目前青壮年群体的父辈出现照料需求时，对于其他城市能否像广州市或成都市一样，有足够的家庭成员愿意或能够提供居家护理服务,已引发了不少的讨论。例如,对于生于"计划生育"政策背景下的八零年代群体,他们的父辈目前大致处于刚退休的阶段,属于"低龄"老年人群,往往还不存在照护服务需求,但是当他们的父母老去并需要照护服务时,作为子女的他们往往难以兼顾父母的照护需求,这就需要寻求其他主体的介入协助。因而,长期护理保险作为照护服务体系中的重要制度安排,在最大限度调动家庭积极性与发挥作用的基础上,还需要充分结合"家庭"作为关键的服务提供主体的动态变化。对此,"广州模式"并没有明确强调是否由家属担任护理员,而是通过"全职"或"兼职"的标准对居家护理服务的护理员予以区分,其制度设计的思路是,把长期护理服务发展的关键明确为保障能够递送足够的服务,而并不需要限定具体服务提供的责任归属。对此,广州市在发展居家护理,尤其是非正式照护的方面,已经构建起人员充足的护理员团队,并通过系统的、专业的培训提高护理员的服务水平,最终落脚于满足失能人员的照护需求。

对于文化观念因素的考虑。相对于国内其他地区,位于岭南地区的广州市延续着更为完整的氏族文化和浓厚的家族观念,对目前需要接受照护的失能老人有较为深刻的影响。"养儿防老"等承载着家族主义和代际契约的观念,一定程度被认为是影响失能人员及其家属对于照护服务方式选择的重要因素。在本研究团队进行的深度访谈中,不少失能老年人表示了其对于家庭,特指对儿女一辈的依赖(对女性受访者更为普遍),这也促使他们产生对于家属担任居家护理员的情感偏好。本团队通过实地走访,发现除了家庭内部的横向关系人员如配偶作为护理员,担任兼职护理员的大多数是参保人的儿子或女儿,亦即是依托于血缘关系构建起照护关系。长期护理保险制度在某种程度上对于一直游离于公共政策体系之外的家庭给予了制度层面的认可,而"广州模式"则充分评估了"家庭"作为失能群体照护服务提供者的作用,也把家庭价值在文化维度或是思想观念维度的影响力考虑在内。

对于经济因素的考虑。在人口老龄化形势日益严峻的背景下，虽然长期护理保险的待遇享受群体持续增长，但是相对于其他基本公共保险项目，其待遇享受群体相对占总人口的比例较少。在"广州模式"中，得益于深化阶段的制度优化，单位与个人都参与缴费的多途径筹资机制很大程度上保障了制度运行资金的可持续。因此，广州市长期护理保险制度运行的难点并非在于资金支持，而是在于照护服务的切实提供。能否有足够的经由全职护理员或兼职护理员提供的高质量护理，是"广州模式"能否持续有效运行的关键，这也意味着需要强化人口因素在政策制定与政策调整过程中的考量。

总而言之，侧重发展非正式照护作为广州市长期护理保险的发展重点，这实际上是对多种因素综合考量的结果，而其中以本地实际和本土失能群体对照护服务的倾向性选择为绝对主导，进一步佐证了长期护理保险制度的"广州模式"以老年人切实需求为指引。对此，始于20世纪90年代的德国的长期护理保险制度探索实际上已经为我国的实践提供了较为完整的路径参考，这也正是包括广州市在内的不少试点城市开始意识到并努力推进的方向，亦即上述论证的为非正式照护者提供更为全面和多层次的社会保障支持，不断规范与发展非正式照护市场。

二、服务递送：积极引入社会力量，建成多元服务递送体系

在服务递送过程中，广州市通过积极的政策引导，鼓励社会力量参与长期护理服务体系的建设，包括经办长期护理保险业务的商业保险公司与组织提供照护服务的协议定点服务机构。在社会力量逐步参与到长期护理保险体系的过程中，也体现了"广州模式"基于失能群体照护需求与本土实际及时进行政策调整的模式特征。

(一) 商业保险公司：发挥专业优势实现监管功能，逐步分离评估功能

在现行的"广州模式"中，由商业保险公司承担经办业务，主要履行服务等级评估与对协议定点服务机构和护理员服务提供进行监管的职能，并以后者为主要功能。然而，由于广州市下辖区域地理范围较大，虽然已经综合考虑地理位置分布和养老服务发展基础等条件将其划分成四个片区，但是在人口老龄化的整体背景下，长期护理保险的申请人数量仍然呈现稳步快速增加的趋势，这为承担评估职能的商业保险公司的工作团队带来极大的压力。部分公司的经办团队甚至已经难以有效应对长期护理保险评估的工作量，可能会延缓存在迫切照护需求的失能人员获得资格准入和享受支付待遇的速度。此外，逐渐超负荷的评估工作量也对保险公司工作人员在履行评估业务过程中的工作积极性带来潜在的消极影响。对此，2022年1月起正式实施的《老年人照护需求综合评估办法（试行）》提出"医疗保障部门、民政部门通过采购等形式依法选定评估机构并协商订立合同"，这在一定程度上表明广州市在长期护理保险探索的深化阶段对于评估环节的效率优化，把评估职能从过往商业保险公司经办的保险业务中分离出来，让单独的团队专门负责评估工作，让保险公司能够充分发挥其团队优势，集中力量执行服务递送过程中的监管环节，保障长期护理保险基金的安全和效率。另外，分离的评估功能将会由符合资质的社会组织或企事业单位执行，这也是广州市在长期护理保险服务体系中进一步引入社会力量的体现。关于经办工作内容的调整，也反映出广州市密切关注长期护理保险的实践探索，并充分考虑本地实际，注重考量能够承担评估职能的主体参与长期护理保险探索的可能性与可行性，以此完善更能够切实回应老年人需求的评估体系。此外，对于商业保险公司经办业务工作的调整，也体现了广州市充分考虑如何优化现有的"多位一体"的长期护理保险经办体系，让保险公司集中力量于与其组织功能更相关的监督环节。在以更好地满足待遇

享受人的利益为目标的基础上，广州市的长期护理保险制度探索也把作为主要参与主体的保险公司的工作情况与它们的意见表达予以高度重视，以此不断完善现有的长期护理保险服务体系。

（二）协议定点服务机构：充分考虑使用者偏好，构建良性竞争机制

在"广州模式"中，协议定点服务机构实际上相当于以长期护理保险参保人为顾客的服务提供方，在不同机构之间逐步构建起竞争机制。具体而言，由于长期护理保险的申请人可以自行选择协议定点机构，而它们对各自对接的参保人与护理员提供的培训和沟通支持实际上有一定差异，这可能会成为影响参保人选择机构的考量因素。对此，服务机构对于提高参保人及其护理员优化服务和支持具有较强烈的诱因，以与不同机构竞争"客户"。在这个过程中，良性的市场竞争也可以促进机构服务质量的提升。然而，《试行办法》中规定了"机构属于长期护理保险基金支付范围外的服务项目，不得借长期护理保险名义或绑定长期护理保险与强制要求参保人开展并进行收费"，加之"家护人员的月平均薪酬应该达到参保人护理费用的85%以上"，这些规定的出台在能够减轻参保人的经济负担的同时，对于定点服务机构提出了新的难题——如何在机构有限的利润空间下组织人员为参保人提供所需要的照护服务。基于实地走访发现，长护三级的参保人所需要的全天候照护服务的费用往往超过长期护理保险制度的报销限额，参保人或其家属通常会自行支付额外的工资作为护理员的劳务费用。其中，正如前面章节论述，对于家属担任护理员的参保人，长期护理保险待遇支付是对于家庭既有的照护功能的"锦上添花"，通常并不需要给担任护理员的家属额外支付超过保险待遇支付的照护花销。因此，家庭作为一直以来的照护主体"内在消化"了该部分费用。然而，虽然设定机构对护理员的费用支付是实现机构更规范提供服务的有效举措，但是假若配合对于其他项目的收费限

制，则会引申出机构维持正常的服务递送的难题，甚至最终会把负面影响转嫁至急需照护服务的参保人身上。例如，即使参保人切实存在照护服务需求且愿意自费支付额外费用，也可能会出现机构难以为参保人提供超出长期护理保险基金的支付金额的服务项目的情形。因此，在广州市长期护理保险的政策调整中，可明显看出广州市对于规范长期护理服务市场和鼓励发展非正式照护的政策目标，但如何在此过程中构建起能够同时符合参保人、护理员和服务机构利益和愿景的制度体系，需要进一步的讨论。

（三）行业协会：设立多元主体沟通平台，整合信息提高效率

为了对长期护理保险制度实践的全过程进行更好的监督与管理，广州市在积极筹备构建本地长期护理行业协会，在对长期护理保险制度实施的规制环节中发挥行业自律。具体而言，长期护理行业协会能够以非政府组织的性质为行业的发展贡献力量，亦即通过协会构建政府部门与服务体系中的其他主体——商业保险公司与服务机构（护理员）的沟通平台，能够更好地整合不同主体的声音，提炼碎片化信息的要点传递到对应的政府部门，以此建成长期护理保险体系有效的常规沟通机制。这对于以老年人照护需求为导向实现长期护理保险制度深化改革的广州市尤为重要，能够让政府部门及时和便捷地了解广州市的探索实践，以此推动长期护理保险制度的动态发展。然而，虽然在广州市长期护理保险制度的设计中，行业协会将作为重要主体为政策调整收集与整合更多的实证材料，但由于该协会目前依然在筹备阶段，更多的讨论还需要待协会启动运作再加以论述。但需要肯定的是，长期护理行业协会的筹建并非是在广州市长期护理保险制度发展之初便已有的规划，而是在历经不同阶段的探索后再提出的另一发展举措，反映了广州市对于实践探索进行适应性调整的显著特点。

因此，广州市在各个阶段的长期护理保险制度探索中，不断完善社会力量的参与机制，并始终以失能群体的切实需求为指引。由商业保险

公司、协议定点服务机构以及即将加入的长期护理行业协会构成的社会力量的有机整体，能够加入到长期护理保险制度的实践中，构建起与以医疗保障部门为代表的政府部门的协作机制，保障广州市长期护理保险制度的稳步发展。审视广州市长期护理保险制度的实践，不难发现，其政策安排的发展和完善以失能群体的切实照护需求为基点，这贯穿于服务对象、服务内容、服务递送和筹资机制四个环节中，并且其中以服务内容和服务递送最为突出。相对于其他试点城市，广州市的长期护理保险制度的显著特征体现为其发展是自内而外的，主动考量人口、文化和经济等多种因素，并及时把握社会条件的变化及其可能的趋势。因此，所提出的政策调整都能够较好地契合失能群体的实际需求，政策目标达成程度较佳。以上提及的均为长期护理保险制度"广州模式"最为显著的特征，能够提炼应用到不同的案例中，为其他城市探索长期护理保险制度提供了一定的地方经验。

第十章　长期护理保险的国家制度框架：挑战与思考

一、基于试点探索的制度思考

纵观世界各国的实践探索，长期护理保险制度已经成为应对人口老龄化的重要战略安排之一，各地的已有发展实践成果也对此予以佐证。毋庸置疑，在人口老龄化持续深化的社会背景下，长期护理保险制度必然会在各国的社会保障体系中占据更为重要的地位，而这需要更多的研究为政策制定和调整提供更为充分的实证支持。基于前文对国际案例的梳理、对我国范围内主要试点城市的对比研究和对"广州模式"的深入分析，本章尝试对长期护理保险制度后续的发展方向，从制度定位、制度衔接、协作机制和内容优化四个方面展开讨论。

（一）明确目标定位，立法确定独立险种

长期护理保险，实质上是通过社会保险的风险共担机制，把参保人失能的家庭风险转化为社会风险，专门服务于失能群体。因此，应该对其与其他社会保险模式做明确区分。对照我国目前长期护理保险制度的试点探索，是否应该在我国范围内把长期护理保险构建成为一项独立的社会保险制度，一直是政策实践和学术研究争论的重点之一。通过对国

际范围内长期护理服务提供的不同制度模式的对比研究,与基于我国既有的长期护理保险制度试点探索的路径,以社会保险制度的形式运行是我国的既有选择,也是今后的必然方向。但这需要对制度独立性进一步讨论——是单独建制,抑或是维持现有不少城市中依托于基本医疗保险的模式。事实上,后者维持与基本医疗保险保持紧密联系的运行模式,虽然在长期护理保险作为新兴制度在启动探索之初能够予以充足的支持,但实际上必然会随着其发展而难以为继,尽早实现制度分离对于医疗保险和长期护理保险的运行都具有重要意义。

综合国际上长期照护保险制度与我国两个批次的试点城市的不断探索的经验,可以总结得出,确立独立险种,是保障长期护理保险制度可持续运行的必要探索。在试点城市的实践中,对于城镇职工基本医疗保险和城乡居民基本医疗保险的参保人有区别的待遇支付,这能够为今后长期护理保险制度的转轨设计减少阻力,也为其制度设计构建了初步框架。长期护理保险制度作为一项专门的社会制度安排,是设立独立的筹资机制的重要保障,也是构建我国社会保障保险体系的关键。而作为独立险种的长期护理保险制度,能够保障护理服务资金以社会保险的方式进行筹集,是实现制度可持续运行的必然要求。回归到人口老龄化的社会背景下,失能群体日益壮大而导致长期护理保险制度的待遇享受群体占据总人口的比重持续增加,长期护理保险制度的建制也是对未来可预期的照护需求的必要回应,应该尽早在制度发展之初构建起单独的运行机制为后续迅速增长的发展需求提供支撑。

因此,需要通过法律的形式确定,在《社会保险法》中确立长期护理保险制度作为由基本养老保险、基本医疗保险、工伤保险、失业保险与生育保险等构成的社会保险制度中的重要部分,并按照"专款专用"的原则筹集并使用保险基金,以应对人口老龄化日益严峻的社会背景下失能群体的庞大照护需求。然而,尽管通过立法的形式确立独立险种具有必要性,但制度的具体统筹应当充分考虑我国范围内各地区之间的显著差异和我国政府部门的既有职责分工，划定组织统筹主体的层级与所属职能部门，为以独立保险制度运行的长期护理保障制度在更大范围内的执行提供组织保障。

（二）厘清政府部门职责，协同推进实践发展

在我国现有试点城市中，包括医保部门、卫健部门与民政部门在内的不同职能部门都不同程度地参与长期护理保险制度建设与实践探索，在通力合作推进制度发展的同时，也因为职责分工的不明晰产生了一定的难题。因而，在长期护理保险制度独立建制的基础上，如何构建起能够保障制度有序运行的组织体系，是制度研究必须要回答的问题。对此，基于我国试点城市的探索，尤其是对"广州模式"的深入剖析，本书认为可以从以下四个方面予以考虑。

第一，引导我国不同部门的通力合作，共同解决制度衔接问题。长期护理保险制度发展需要相关职能部门的大力支持，通过有效的沟通实现部门联动。基于我国内部各地区的显著差异性，长期护理保险在今后的发展也必然会交由地方政府因地制宜开展探索。与试点阶段类似，地方政府需要以全国的政策方针为导向（尤其是基于独立险种发展长期护理保险制度的相关政策方案），划定所需要参与的职能部门，且各部门明确各自定位，充分依据所在地的特点，实现政府内部各部门的协同发展机制。

其中，基于试点阶段的经验总结，医保部门在长期护理保险制度的探索中的作用已经逐渐凸显，其累积的经验能够为长期护理保险的进一步发展提供有力的支持。同时，由于基本医疗保险与长期护理保险制度密切相关，医保部门也需要充分结合医疗保险制度的探索经验，明晰医疗保险制度与长期护理保险制度的模式差异，为长期护理保险制度作为独立险种的发展提出能够凝聚各部门力量的实施方案。因此，其制度衔接的必要性也要求医保部门在长期护理保险制度发展中承担起更大的责

任，尤其是在长期护理保险制度以独立险种运行的初期阶段。对此，医保部门需要牵头做好长期护理保险制度的探索，在多部门协调机制中起到统筹作用；卫健部门发挥专业性优势，充分结合失能群体的切实照护需求，为长期护理保险制度的服务项目与标准的设置提供支持，保障制度制定和调整的精细化和科学化；民政与残联等部门都要做好与长期护理保险制度发展的政策配套，就长期护理服务体系的建设配套相应的养老服务体系与残疾人服务体系的制度建设，统筹后续长期护理保险制度与既有的政策规定的衔接，以协助推进长期护理保险制度的不断发展；财政部门则要就长期护理保险制度的财政投入制定相应的指导标准和方案，协助开展对长期护理保险制度的筹资机制的优化设置，保障长期护理保险基金的规范使用，为长期护理保险的可持续运行提供物质基础。此外，由于长期护理保险最主要的目标群体通常是老年人群体，他们对于作为新兴制度的长期护理保险制度的了解渠道可能相对有限，尤其是在新冠肺炎疫情影响导致针对不同主体的线下宣传活动受到较大冲击的情况下。对此，宣传部门需要进一步加强关于长期护理保险制度的宣传引导，充分考虑政策目标群体的特征，选取能够最有效向受众传递信息的宣传方式，向社会大众介绍和推广长期护理保险的制度内容，这能够让存在迫切照护需求的失能群体尽早申请，让非失能的老年人群体尽可能熟悉相关的制度内容，让普通公众更知晓长期护理保险制度，且更有可能吸引更多人才参与到其制度发展中。同时，宣传部门也应该注重了解社会大众对于制度实施的舆情导向，为制度的顺利推进构建良好社会氛围。

第二，深化长期护理保险的制度规范，为实践探索奠定基础。2021年8月，国家医保局会同民政部印发了《关于印发〈长期护理失能等级评估标准（试行）〉的通知》，这作为首个全国统一的长期护理失能等级评估标准，是我国长期护理保险制度探索的关键一步。该《通知》提出的评估标准把长期护理失能等级评估标准指标划分为包括日常生活活动能力、认知能力、感知觉与沟通能力的 3 个一级指标与 17 个二级指标，并把失能等级划分为零级至五级。该评估标准的发布有助于推行我国长期护理服务体系的制度建设，更细化的评估标准设定能够更准确地评定失能群体在生理层面和心理层面的能力，为照护计划的精细化制定与实行提供关键依据。而国家层面上的统一规范则为地方试点的探索提供"尺度"参考，并为整体性的制度框架奠定坚实基础。在此基础上，广州市在 2021 年 9 月出台《广州市老年人照护需求综合评估管理办法（试行）》，体现了对于国家层面制度规范的本土化执行。然而，需要明确的是，我国整体依然处于长期护理服务探索的起步阶段，制度建设尚不完善。因此，我国长期护理保险制度的发展可以积极借鉴世界范围内不同国家的探索经验，例如第二章总结的德国、韩国与日本模式，对不同国家与地区的发展经验与运营模式进行本土化的政策学习，尤其在服务递送环节，在总结国际经验的同时充分结合地方实践，并经由不同部门的共同努力予以实现。

第三，探索长期护理保险制度与基本医疗保险制度的衔接，满足参保人的多样化需求。对于长期护理保险的参保人群体，除了长期护理服务的需求，他们往往也存在不同程度的医疗护理服务需求，这要求通过多部门协作实现"医养结合"，推动生活照护与医疗照护的有机结合。目前，基本生活照料是我国长期护理服务体系发展的重要内容，但是不少失能人员较为迫切需要的医疗护理服务的供给依然存在一定的缺口，亦即他们所需要的某些医疗护理服务尚未被纳入到目前长期护理保险的服务内容目录中。虽然本研究倡导长期护理保险制度应该设立为区别于医疗保险制度的独立险种，但是医疗护理服务在长期护理服务体系中的发展实际上并不能完全独立于医疗服务体系的衔接，如何通过制度设计优化资源配置、兼顾失能群体的需求是参与协作部门需要共同解决的难题。对此，在发展"医养结合"方面，在基本医疗保险制度发展的整体框架构建中需要把长期保险制度的发展纳入讨论。对此，长期护理保险探索的过程中，需要加强对医养结合护理型服务机构的发展，并通过市场机制引导服务机构适应老年人日益增长的专业化医疗护理需求，丰富服务内容与优化服务供应模式，逐步鼓励护理机构探索转型升级。通过与医疗服务机构，尤其是所在社区的基层医疗服务机构建立合作，以长期护理保险制度的参保人，尤其是接受居家护理服务的失能老人的需求为导向，探索发展老年人需要的上门医疗护理服务，构建能够实现"在地安老"目标的医疗护理服务体系。

（三）完善多元主体参与，提高资源整合效率

长期护理保险制度的探索是一个多元主体共同参与的过程，我国的试点城市都已经构建起不同程度的主体协作机制。然而，区别于目前各试点城市中差异化的制度实践，在今后长期护理保险制度作为单独制度运行的阶段中，如何在全国层面的制度设计中为地方探索提供指引，需要从更多方面予以考虑。

第一，完善长期护理保险制度运行体系中多元主体的协作模式，构建国家层面的指导方针。良好的机制设计应当明确并强化政府、社会、市场、家庭与个人多方的权利和义务。在长期护理保险制度的探索中，应该在明确各职能部门分工的基础上，强化政府在协作体系中的主导作用，发展并优化政府在社会风险把控中的功能，推进完善多元参与主体的角色定位与功能发挥，充分调动各主体积极性，实现长期护理保险制度发展中参与资源的最大化利用。对此，地方应该在政府主导的协作体系框架下，自主探索并持续推动完善具有地方特色的、以参保人切实需求为导向的长期护理保险制度体系，注重对地方实际的及时把握并进行相应的政策调整。在组织层面，由商业保险公司承担经办工作与协议定点机构组织长期护理服务的递送，还需要在整体方针基础上充分发挥社会力量的优越性，促进其加入长期护理保险制度的探索。在个体层面，也需要注重发挥参保人所在家庭的在满足失能人员照护需求方面的作

用。具体而言，应当强调政府与个人的责任分担机制，强化个人和家庭的作用，这可以体现在推进发展家属担任居家兼职护理员方面，不但能够契合我国长久以来的社会文化观念，符合老年人对"就地安老"的需要，对熟悉的生活方式和生活习惯的偏好与对所在家庭的家属的依赖，还能够有效减缓逐渐扩大的全职护理员缺口，从而更好地满足老年人对照护服务的多样化需求。

第二，大力培育和发展专业护理服务机构，强化长期护理服务的供给。面对日益严峻的人口老龄化形势，长期护理保险制度在我国范围内发展的关键是资金和服务，亦即需要有稳定的、可持续的资金来源和能够满足失能群体要求的充足的、高质量的照护服务供给。然而，虽然我国长期护理保险已经历经五年多的探索，但服务的质量依然良莠不齐，且存在较为显著的地区差异，这与发展尚不充分的长期服务市场相关。对此，在国家层面政策框架的基础上，长期护理服务的市场发展与地方实际更为密切相关，需要地方政府做好长期护理服务产业发展的监管者，引导多元主体，尤其是社会力量加入长期护理服务的市场体系的建设中，以充分发挥市场机制的优势，并提高长期护理服务提供的专业化与规范化水平。具体措施上，政府可以继续深化在财政与税费等方面的措施，完善护理服务机构的政策支持体系，鼓励更多的社会资本进入长期护理服务市场，在长期护理服务体系的发展建设中发挥更重要的作用。这需要不同的政府部门进行高效沟通，为对应工作的开展提供支持。

第三，强化专业人才培育机制，为我国长期护理服务体系的稳定发展输送人才。长期护理服务市场的发展，需要大量的专业人才支撑。长期护理保险制度在我国的发展尚属新兴的政策探索，在所有试点城市中，各个环节的发展还处于不断调适的阶段。以广州市为例，历经了三个阶段的探索，广州市已经通过引入社会力量与商业保险公司构建了保险业务经办的合作，政府与第三方主体的资源共享在很大程度上提升了制度运行的效率，但随着长期护理服务制度发展下照护需求的迅速增长，凸显出的最大问题是照护服务供给能力的不足。然而，我国目前存在的整体情况是，护理人员的社会保障体系还有待完善、护理工作的薪资待遇较低且职业发展前景尚未打通，这些原因都不同程度地影响了相关专业人才的从业积极性，而长期护理服务护理员的不足则极大地挑战了各地服务体系的稳定发展，尤其是对于社会经济发展水平处于弱势的地区。因此，长期护理保险制度的发展应该加大护理人才培训的力度，强化已有的专业人才培育机制，提升护理行业整体素质与服务水平。相应地，在国家层面政府应当从资格认证、考核培训与薪资待遇等多方面予以更多的指引，搭建政策框架，引导地方结合当地实际出台更完备的制度，形成完善的长期护理服务专业人才培育体系。此外，还可以积极培育、促进志愿服务力量参与到长期护理服务体系中。例如，配合就地化的居家照护服务体系的发展，动员社区的志愿者在参与相关培训并获得资格认证后为失能群体提供常规服务，尤其是在精神慰藉层面与失能人员多进行沟通，了解并满足他们心理层面的沟通需求，这对于延缓该群体失能程度的恶化也能够起到一定的作用。

第四，在信息系统方面加大投入与持续研发，以技术化手段提升长期护理保险制度运作效率。在发展长期护理保险制度的过程中，过往的管理方式与手段难以应对大幅增长的照护服务需求，对经办机构的工作开展造成了较大的挑战。与其他国家的探索发展趋势相一致，以信息化和智能化手段提升制度运行效能和促进制度发展是必然之举。例如，广州市在2021年7月推出了能够连接医保中心、商业保险公司、协议定点机构与护理员等多元主体的APP，并逐步依据用户使用反馈调整并升级APP，目前已经在护理员的客户端通过"一键"功能有效简化程序，这是广州市长期护理保险制度在信息技术领域的创新探索。在今后的发展中，应当持续推进APP的功能优化，完善参保人信息管理系统的配套，提高软件应用的全面性与便捷性，不断提升照护服务的管理水平，以应对可预见的、更为庞大的照护服务业务处理的工作量。

（四）优化保险制度内容，保障老人照护需求

我国现在处于第二轮试点探索阶段，各地就自身实际推出了对应的长期护理保险模式，但基于人口老龄化在世界范围内的趋势与我国试点阶段的已有探索，该制度在全国更大范围内的实施或普遍推广已是势在必行。然而，现在我国范围内长期护理保险制度的探索还没有清晰的顶层设计思路，已有试点的制度模式一定程度上较为碎片化。各试点长期护理保险制度模式呈现出的地方差异性，主要体现在整体政策框架与具体政策内容上。由于长期护理保险制度在我国依然处于探索阶段，其以试点形式运行的重要原因之一是希望通过"自下而上"的形式，促进地方充分发挥自主能动性设计不同的制度方案。从这个角度来说，我国的长期护理保险制度试点实践成效显著，也已经形成了不少具有差异化的地方试点方案。然而，随着各试点探索的深化，我国已经走到了政策探索的"十字路口"，对下阶段的发展方向与具体制度内容的设计优化理应作出判断与思考。正如前面章节对"广州模式"的剖析，长期护理保险制度整体政策框架包括了服务对象、服务内容、服务递送、筹资机制四个环节，政策内容则是基于上述四个环节的具体规定，并辅以其他社会保险制度与社会服务项目等方面的配套措施。对此，本书结合前文章节的论述，尝试提出以下可供参考的制度设计。

1. 服务对象

第一，长期护理保险制度必须坚持公平的基本价值导向。这首先需要国家层面的指导方针，明确其作为国家发展的首要原则，在此基础上，各地区需要以公平享有为基本价值取向，把长期护理保险制度的覆盖范围延伸至城乡不同居民群体。在现行试点城市的探索中，由于长期护理保险制度的构建初期普遍依赖于基本医疗保险的基金划拨，其覆盖对象也以医疗保险的参保人类型为区分，他们在长期护理保险的待遇享受之间同样存在差距。因此，假若长期护理保险制度将作为单独的险种

运行，其在参保人支付待遇区分方面应当充分结合筹资机制的设置，并在此过程中坚持公平的基本价值导向，结合地方实际界定具体的制度覆盖群体，基于老年人年龄、失能程度等状况及当地相关制度的规定，预测老年人的可支付能力和服务供给能力，清晰定位目标，并在目标群体的失能评估标准等方面进一步探索，保障每一位失能人员都能够公平地享受到所需要的长期护理服务支持。

第二，可以探索发展长期护理保险制度的异地报销模式。随着我国城镇化进程的不断推进，社会人员流动性持续增强。除了青壮年群体普遍选择迁移到社会经济发展程度相对较高的地区谋生，不少的老年人也会选择到更为适宜的地方安享晚年，其中最常见的迁移则是老年人选择从过往工作的城市返回家乡"落叶归根"，或部分老年人选择到气候环境或医疗资源等方面存在强"拉力"的城市生活。然而，这就产生了参保人的社会保险待遇的可携性问题。相对于基本医疗保险制度已经开展多年的异地就医探索，长期护理保险制度的"异地"模式也需要重点关注。对于参保人而言，探索实行异地长期护理保险报销既有利于保障长期护理保险服务及待遇的延续性，也能够为老年人选择异地养老带来便利。对于城市而言，超大城市养老服务资源有限，其床位、护理员数量紧缺，养老成本居高不下，借助异地资源开展照护服务，有利于分担超大城市的养老负担和压力。对此，其他城市的探索可以参考上海正在施行的异地长期护理保险报销。然而，在模式借鉴的同时，也需要充分结合各地的本土情况，从失能老年人的切实需求出发。需要关注的是，首先，异地报销对象应当覆盖所有参保人。其次，异地报销的比例需要与本地报销有所差异，譬如设置异地报销比例，与医保的操作类似。通过相应制度设计，在满足失能群体在异地享有待遇支付的基础上，有效防止参保人仅为追求低成本的服务，专门"携带"原所在地的长期护理保险到其他城市接受服务，造成机构服务的新行业乱象。最后，申请异地报销的参保人其定点服务机构可以设置为在原所在地注册的、在异地也提供照护服务的连锁机构，以确保参保人长期护理服务的监督管理。

2. 服务内容

在服务内容方面，需要探索结合失能、失智程度采取多元化的给付方式。目前全国范围内的试点城市都设置有针对不同失能程度的参保人的差异化待遇支付方式与标准。以"广州模式"为例，在广州市现有的长期护理保险制度中，达到长护三级的参保人才能够自主选择专职护理员与兼职护理员。而由于不同失能等级有对应的差异化待遇享受标准，对于中度失能与轻度失能群体，尤其是城乡居民基本医疗保险的参保人，他们能够享受的报销标准实际上并不足以支付专职护理员上门提供照护服务的费用。此外，他们相对重度失能人群对于居家照护服务的需求较为不迫切，因此大部分参保人基于经济因素的考虑通常并不会申请长期护理保险制度覆盖的居家护理服务，且对自费购买专职护理员提供服务的意愿较低。这使得轻度与中度失能程度的参保人难以接受适宜的照护服务，不利于其失能程度的延缓，实际上也会加大后续其所需要的照护服务的提供压力。对此，在我国长期护理保险制度的探索中，各地应当结合失能程度探索针对性的照护服务体系，在考虑保险基金可调配情况的基础上，完善对不同程度的失能群体的服务内容与服务递送，并增强对失智群体照护需求的制度关注，以此保障所有参保人都能够享有常规化的以及质量得到保障的照护服务。

此外，在长期护理服务的给付方式方面，可以探索为不同失能程度的老年人提供差异化的待遇服务模式。例如，建议对存在最迫切照护需求的重度失能的参保人采用实物给付方式，继续维持对失能老人直接提供照护服务的状况；对中度与轻度失能的老人则可以参照国际经验，探索采用"实物+现金"相结合的自主选择模式，选择非正式照护者进行照护的，按照相对正式照护者更低的支付比例直接给予现金补贴。对机构护理采取实物给付形式，报销养老机构提供的护理服务，对居家护理探索使用现金、服务券等其他形式，通过服务券的方式倒逼机构进行服务竞争，切实地提升服务质量。

3. 服务递送

发展并完善护理员的专业化认证与培训体系。目前迅速增长的长期护理需要与有限的专职护理员提供服务的能力之间的差距问题较为突出，而充足的专业护理员是保障长期护理服务能够有效递送的关键之一。在部分试点城市，以家庭成员为代表的非正式照护者逐渐成为了有效补充护理员不足的关键力量。结合对我国基本国情的考量，以家庭成员为有效补充的模式能够在今后一段时期内对长期护理保险制度的有效运行提供保障。对此，在当前协议定点服务机构为所登记的兼职护理员提供常规的培训基础上，还可以探索几个方面的优化措施。

首先，提出护理员的上岗资质认证标准。以广州市为例，目前广州市长期护理保险制度的护理员上岗要求是符合相关部门的资格认证，但是不同部门，例如卫健与医保部门对于护理员的认证尚未出台统一的规范，对于护理员的职业化发展造成一定的影响。因此，对护理员资质的认证标准的设计需要达成前文论述的多部门协作，以此设立统一的准入标准规范长期护理服务市场，保障长期护理服务的高质量递送。

其次，持续探索对护理员的常规化专业技能培训体系。第一，可以加强对于专业技能的常规化培训与检查，为不同文化程度与专业技能程度的护理员提供针对性的培训服务，确保所有护理员都能够提供符合资质要求的服务；第二，构建与护理员的信息反馈渠道，可引导所属的服务机构设立固定的信息收集和反馈渠道，了解护理员的培训服务需要，以此完善服务培训的课程安排，让护理员能够提供老年人存在迫切需要的照护服务；第三，可以构建专业技能的信息分享平台。不少护理员，尤其是非正式照护的护理员都表示希望能够获得更多专业技能的培训，但全天候的照护工作限制了其自由调配时间与外出行动，因此可以考虑发展线上资源共享平台，为想要掌握更多照护技能的护理员提供更多学习的机会。对此，可以由医保部门统筹构建线上资源共享平台，参照护理员培训上岗所授课的内容类别设置技能版块，且由政府部门与服务机构上传培训材料并实现定期更新，使得护理员能够登录线上平台自主观看相应培训视频。此外，所分享的资源也可以开放权限至登记于不同服务机构的护理员，通过服务机构之间的资源共享推进对护理员的专业技能培训。在实践层面，目前已有试点城市开发专门的 APP 用于定点机构与商业保险公司对服务提供情况的监管，可以在此基础上，尝试探索借助于 APP 链接线上平台资源提供相关专业培训，以此克服时间与地点的限制。

再次，构建并完善对护理员的照护者支持体系。在已有试点的探索中，长期护理保险的经办机构和协议定点机构都已经构建起和护理员的沟通机制，主要用于监督日常工作的开展与提供相应的培训支持。然而，参照长期照护保险制度发展的国际经验，目前我国对于护理员的照护者支持服务体系依然有待发展，这是对于长期护理保险制度深化的必然配套措施。具体而言，国家的政策规划中应当明确对护理员群体的关注，地方政府在政策内容的设定上可以考虑选取发展对护理员工作的喘息服务、对护理员的工作压力和精神情绪方面的关怀，例如了解被照护对象与其家属的沟通情况，可以在定点机构的上门巡查中更多地关注护理员的心理情况，为护理员提供更多的支持协助其排解工作压力，以此保障护理员与参保人之间健康的照护服务关系。此外，这方面的探索也可以与常规化专业技能培训体系发展相链接，在视频资源分享中设置对应的模块，让护理员能够在日常培训之外加强自主学习和疏导。在此基础上，对于部分地方，还可以探索并完善对于护理员群体的社会保障支持，在支援现有护理员群体的同时能够吸引更多的劳动者加入到护理员的行列当中。

4. 筹资机制

优化制度内容，保障长期护理保险的可持续性。长期护理保险作为以公共保险模式运行的制度安排，筹资机制的设定很大程度上决定了其制度性质。作为我国社会保险制度体系中的"第六险",长期护理保险制度未来的发展必然要以独立的筹资方式为基础,这也是实现单独建制的必要条件。对照我国试点的已有方案,目前长期护理保险制度在所有城市的筹资实践中都包含了基本医疗保险的基金划转,这在部分城市更是主要的筹资来源,例如长春市与宁波市。因此,这在一定程度上形成了长期护理保险冲突的制度定位。若要逐步探索发展长期护理保险成为独立的险种,必然要厘清其与基本医疗保险基金筹集的关系,并设置专门的长期护理保险基金筹集渠道,使其不再依赖于来自基本医疗保险的基金划转。此外,在现行试点中,也有不少城市在制度方案中明确了政府、企业与个人的筹资责任,把长期护理保险制度定位为独立的险种发展,例如上海市。因此,各地需要参照当地社会经济发展水平,设立合理的企业和个人的支付比例,并在深入发展的过程中逐步摆脱对财政资金的依赖。作为我国社会保险制度的重要支柱,长期护理保险制度的推行必然具有强制性参与的特征。从长远来看,长期护理保险制度的可持续运行必然要以适宜的筹资机制为基础,这需要明确服务对象以充分考虑制度目标群体的支付能力,并结合当地参保人群体的参保意愿确定筹资的制度模式。因此,需要了解制度目标群体的参保意愿与支付能力,加强政府部门就长期护理保险制度推出的宣传,提高社会大众对长期护理保险制度的认知,以此更好地引导制度目标群体对强制性长期护理保险制度的参保意愿。

二、思考与展望

作为应对人口老龄化严峻形势的重要制度安排,长期护理保险制度的探索并非一蹴而就。只有立足于不断变化的社会现实,就本地实际进行持续性的政策调整才能继续推进,这早在世界范围内不少国家的案例中得到验证,也正在我国的试点实践中经历着检验。基于我国目前在社会结构、经济、人口与社会观念等方面的变化，各项社会保障制度正在推行不同程度的改革探索以在发展中保障和改善民生，增进民生福祉。长期护理保险制度是我国充分结合基本国情，借鉴国家发展趋势而作出的关键性制度选择，其发展具有深刻的时代必然性。然而，在我国历经了改革开放数十年的社会经济快速发展以后，区域之间和同一区域内部的城乡之间，在社会经济发展水平与既有的社会保障体系建设程度等方面都存在较显著的差异，以分阶段的试点模式进行探索是发展新型制度的慎重考量。因此，长期护理保险制度相对起步于20世纪的其他基本社会保险项目走出了独特的发展路径。在中央政府的政策指引下，全国范围内不同城市开展了长期护理保险制度的自主探索，通过在服务对象、服务内容、服务递送和筹资机制等不同环节的具体制度设计，以期最大限度地满足当地失能群体的照护需求。目前试点城市的已有政策方案和实践探索都为国家层面的制度设计提供了绝佳的经验参考，长期护理保险制度框架中不同的具体制度内容在我国范围内的实施可能得到验证。例如，可通过试点实践检验如何设置不同群体的待遇、能否调动家庭的力量发展非正式照护、如何构建"单位—个人"参与的多元筹资机制，这些宝贵的案例呈现使得我国后续的长期护理保险制度发展能够综合各家之长，为其他地区的制度探索指引方向，这也正是长期护理保险制度在我国以试点方式推行的最重要成果。今后，即便长期护理保险制度在全国范围内铺开，依据地方实际进行具体的政策方案设定也非常关键，这是基于我国基本国情而在政策组织实施方面的必然选择。

为了达成满足失能群体照护需求的政策目标，长期护理保险制度推行的必要条件是具备稳定的资金来源用于服务或现金方式的给付，并能够提供充足的、高质量的、多样化的照护服务，同时需要以政府部门为主导构建起服务递送的监管机制。因此，综合本书通篇论述，在我国已有试点的实践中，长期护理保险制度的"广州模式"具有相当重要的研究意义。结合本地社会经济发展水平，"广州模式"在发展阶段和深化阶段优化筹资机制，保障了长期护理保险基金的稳定与可持续，因此其在政策制定和调整的过程中能够把更多的注意力用于探索如何在人口老龄化背景下满足增长迅猛的照护需求。对此，综合考量经济、人口和观念因素，广州市在服务内容和服务递送方面坚持创新，大力发展居家照护与非正式护理，构建起人员相对充足的护理员体系，并不断完善多元社会力量参与的长期护理服务体系，这些具体的制度设计以及它们在不同阶段的调整也非常具有参考意义与借鉴价值。本书也已经就长期护理保险制度的"广州模式"展开了充分且详细的论述。

总而言之，在当今人口老龄化形势日益严峻的社会背景下，长期护理保险制度作为一项具有前瞻性的试点政策，在我国目前的探索中业已取得了一定的成效，其中所涌现的各种地方模式能够成为我国未来全面铺开长期护理保险改革的基石。毋庸置疑，虽然历经了超过五年的实践探索，但是长期护理保险制度在我国的发展依然任重道远。在今后政策前行的道路上需要时刻以既有试点案例的经验为借鉴，并以其中的典型代表为发展指引，在顶层设计上汲取试点经验，构建起长期护理保险制度的全国性基础框架；同时充分赋予地方探索的自主权，引导其综合考量多种因素，以此在已有政策框架下选取服务对象、服务内容、服务递送和筹资机制各个环节的具体政策内容，分别组合得出最能够满足当地老年人照护需求的长期护理保险制度模式，推动形成我国长期护理保险制度探索百花齐放的局面，以最终达成积极回应人口老龄化、实现广大人民福祉的根本政策目标。

附 录

附录一　访谈资料个案编码表

编号	称呼	性别	年龄	备注	编号	称呼	性别	年龄	备注
RF-F1	沈女士	女	78	参保人	FC-F14	韦女士	女		家属护理员
RF-F2	陈女士	女	83	参保人	FC-F15	罗女士	女	64	家属护理员
RF-F3	潘女士	女	94	参保人	FC-F16	邹女士	女		家属护理员
RF-F4	张女士	女	77	参保人	FC-M1	叶先生	男		家属护理员
RF-F5	李女士	女	74	参保人	FC-M2	林先生	男		家属护理员
RF-F6	黄女士	女	80	参保人	FC-M3	林先生	男	51	家属护理员
RF-F7	张女士	女	90	参保人	FC-M4	史先生	男	63	家属护理员
RF-M1	卢先生	男	45	参保人	FC-M6	徐先生	男	58	家属护理员
RF-M2	陈先生	男	82	参保人	FC-M7	伍先生	男	58	家属护理员
RF-M3	李先生	男	66	参保人	RO-F1	谢女士	女	81	参保人
RF-M4	余先生	男	89	参保人	RO-F2	戴女士	女	75	参保人
RF-M5	唐先生	男	74	参保人	RO-M1	宋先生	男	90	参保人
RF-M6	骆先生	男	56	参保人	RO-M2	莫先生	男	82	参保人
RF-M7	郑先生	男	58	参保人	RO-M3	黄先生	男	80	参保人
RF-M8	佟先生	男	58	参保人	OC-F1	张女士	女	55	兼职护理员
RF-M9	戴先生	男	71	参保人	OC-F2	黄女士	女		兼职护理员
RF-M10	李先生	男	92	参保人	OC-F3	谭女士	女	58	兼职护理员
FC-F1	黄女士	女	56	家属护理员	OC-F4	周女士	女	58	兼职护理员
FC-F2	骆女士	女	53	家属护理员	N-F1	A女士	女		照护管理员

(续表)

编号	称呼	性别	年龄	备注	编号	称呼	性别	年龄	备注
FC－F3	谢女士	女	52	家属护理员	N－F2	M女士	女		照护管理员
FC－F4	卢女士	女	46	家属护理员	N－F3	X女士	女		照护管理员
FC－F5	关女士	女		家属护理员	N－F4	B女士	女		照护管理员
FC－F6	余女士	女	64	家属护理员	N－F5	C女士	女		照护管理员
FC－F7	严女士	女	54	家属护理员	N－M1	J先生	男		照护管理员
FC－F8	谭女士	女	56	家属护理员	CH－F1	W女士	女		机构工作人员
FC－F9	梁女士	女	49	家属护理员	IE－F1	D女士	女		保险公司工作人员
FC－F10	邓女士	女		家属护理员	IE－F2	T女士	女		保险公司工作人员
FC－F11	李女士	女		家属护理员	IE－M1	C先生	男		保险公司工作人员
FC－F12	姚女士	女	59	家属护理员					
FC－F13	唐女士	女	35	家属护理员					

附录二 访谈提纲

医保部门访谈提纲

制度优势	
购买服务	1. 协议定点服务机构的准入、管理和退出机制如何？成效如何？ 2. 广州实施长期护理保险之后，对行业的就业有何影响？ 3. 广州实施长期护理保险之后，提供居家护理或机构护理的机构有何变化？ 4. 为什么采用和定点机构签协议的方式提供长护服务？这种方式的优势和弊端分别是什么？
非正式照护	1. 鼓励非正式照护者提供居家长护服务是广州市长期护理保险制度的特色之一，有哪些政策变更是为了保障非正式照护者提供服务而设定的？ 2. 有哪些特定措施或数据能够体现广州市大力发展非正式照护服务？非正式照护者提供服务对于广州长期护理保险制度的发展有何作用？
监管	1. 如何监管定点服务机构及其服务质量？ 2. 如何甄别护理员的资质？是否以及如何向护理员提供培训？ 3. 目前监管存在什么问题和挑战？下一步计划如何提升监管质量？
评估	1. 如何看待近年来广州市长期护理保险评估制度的变化？ 2. 为什么不推动设立评估机构，而是直接交由商保公司负责？ 3. 广州市长期护理保险评估制度的完善有什么经验总结？ 4. 目前评估制度还存在什么需要改进提升的地方？
经办模式	1. 在广州市长期护理保险的运作中，医保局、医保中心和商保公司各自承担的角色是什么？在政策试点的三个阶段，各主体之间合作是否有变化？ 2. 广州市商保公司经办工作的模式特征是什么？ 3. 如何评价不同分区商保机构的表现？与商保公司对接有什么困难？ 4. 从经济成本/监督管理/服务能力/社会成效的角度，商保公司部分经办的优劣势如何？ 5. 对于商保公司经办工作的未来发展有何期待？

(续表)

	制度优势
行业协会	1. 目前长期护理保险行业协会的筹备进展如何？ 2. 长期护理保险行业协会成立后，应该发挥哪些主要功能？承担哪些角色？ 3. 为了发挥以上功能，哪些重要措施是必要采取的？
	制度发展
制度变迁	1. 在试点的三个阶段，医保中心与其他主体的关系有什么变化？ 2. 自启动试点探索以来，各阶段政策变化如何？影响因素有哪些？ 3. 未来3至5年内，长期护理保险的发展方向是什么？
国内外经验与广州背景	1. 除广州以外，如何评价其他试点城市的探索？和其他城市相比，广州市长期护理保险制度的设立有什么突出的优势和劣势？ 2. 是否有其他国家或地区的长期护理保险制度经验可以参考借鉴？ 3. 是否与其他试点城市进行交流，有哪些城市？感受是什么？

商业保险公司访谈提纲

	制度优势
服务递送	1. 协议定点服务机构的准入、管理和退出机制如何？成效如何？ 2. 广州实施长期护理保险之后，提供居家护理或机构护理的机构有何变化？ 3. 长期护理保险定点机构提供长期护理服务会存在哪些优势和劣势？ 4. 如何评价"广州模式"中通过机构购买服务，可以由家属提供服务的混合模式？
服务监管	1. 现在服务监管是怎样做的？ 2. 对于机构护理和居家护理，在监管上有没有不同的侧重点？ 3. 您认为目前的监管存在什么问题和挑战？ 4. 如何甄别护理员的资质？是否以及如何向护理员提供培训？ 5. 如何提升监管质量？ 6. 新冠肺炎疫情以来，对服务监管的影响有何变化？
评估	1. 进入试点第三阶段以来，评估发生了什么变化？产生了什么影响？ 2. 目前长期护理保险评估制度的完善有何可取之处？ 3. 开展评估工作时，遇到过什么困难？如何解决？ 4. 目前评估工作还存在什么需要改进提升的地方？ 5. 希望政府在评估工作方面给予什么支持？

(续表)

	制度优势
经办模式	1. 和医保局或医保中心如何合作？存在什么困难？ 2. 与服务机构及其护理员、参保人及其家属工作对接如何？ 3. 如何评价部分经办和整体经办模式？哪一种更加适合广州？为什么？ 4. 与其他城市长期护理保险经办工作相比，广州市的经办模式有什么特征？ 5. 承接长期护理保险经办服务以来收益和成本情况如何？ 6. 对于未来长期护理保险经办制度，有什么期待？
行业协会	1. 您对于将来成立长期护理保险行业协会有哪些看法？ 2. 您希望长期护理保险行业协会在长期护理保险制度运行中发挥怎样的作用？
	制度发展
国内外经验与广州背景	1. 如何评价广州市过去几年长期护理保险的制度变化与实施成效？ 2. 除广州以外，如何评价其他试点城市的探索？和其他城市相比，广州市长期护理保险制度的设立有什么突出的优势和劣势？

协议定点服务机构访谈提纲

	制度优势
购买服务	1. 机构成立时间、人员构成、服务提供情况如何？ 2. 长期护理保险为机构带来了什么变化？如何评价这些变化？ 3. 如何评价目前这种和政府签订服务协议的方式？ 4. 新冠肺炎疫情如何影响你们机构服务的提供？
非正式照护	1. 目前兼职与全职护理员数量？兼职护理员的主要来源是？ 2. 使用非正式照护者提供服务对于广州长期护理保险制度的发展有何影响？ 3. 非正式照护与机构外派护理员提供的护理有什么差异？ 4. 有哪些政策条文能够体现出政府对非正式照护者提供服务的重视？如何看待非正式照护的发展？
监管	1. 护理员的专业认证情况与培训情况如何？ 2. 如何监督兼职护理员的护理服务？和全职护理员在监管方面的差异怎样？ 3. 上线的 APP 如何影响监管？
评估	在评估工作方面，广州市长期护理保险评估工作的优劣势分别是？
经办模式	1. 和商保公司如何合作的？在此过程中是否出现过什么问题？ 2. 商保公司做得好和需要改进的地方分别是什么，能否举例说明？ 3. 和医保局的对接如何？希望在今后得到什么样的政策支持？
行业协会	1. 您对于将来成立长期护理保险行业协会有哪些看法？ 2. 您希望长期护理保险行业协会在长期护理保险制度运行中发挥怎样的作用？

(续表)

	制度发展
国内经验与广州背景	1. 如何评价广州市过去几年长期护理保险的制度变化与实施成效？ 2. 除广州以外，如何评价其他试点城市的探索？和其他城市相比，广州市长期护理保险制度的设立有什么突出的优势和劣势？

护理员访谈提纲

基本情况	年龄、性别、和参保人的关系、受教育程度
非正式照护工作	1. 您是如何成为养老护理员的？ 2. 为什么选择成为护理员？有哪些考虑因素？ 3. 长期护理保险制度是否影响您对失能老人的照料？如何影响？ 4. 平时如何照顾失能人员？存在哪些困难和挑战？ 5. 所签约的居家服务机构对您有哪些管理规定？ 6. 如何评价对您作为非正式照护员的服务质量监管？ 7. 新冠肺炎疫情以来，您的照护工作是否有变化？若有，有什么变化？
效果	1. 广州市实施长期护理保险为你们带来的变化是什么？ 2. 如何评价广州市发展兼职（家属）护理员的照护模式？ 3. 作为护理员，希望政府提供哪些方面的政策支持？

长期护理保险待遇享受人访谈提纲

	内容
基本情况	年龄、性别、户籍、婚姻状况、医疗保险与养老保险参保情况
接受服务情况	1. 失能程度，接受服务的项目和频率如何？ 2. 长期护理保险对您生活造成的变化是？ 3. 为什么选择全职/兼职护理员为您提供长期护理服务？考虑因素有哪些？ 4. 如何评价您现在接受的服务？今后有什么照护需求？ 5. 是否满意政府在照顾老人方面的支持？希望获得什么帮助？ 6. 新冠肺炎疫情以来，您接受照护服务是否受到影响，如何影响？

参考文献

曹立前，尹吉东：《供给侧改革下养老服务业发展研究》，载《河北大学学报：哲学社会科学版》，2018年第1期。

曹杨，宋璐佳，肖金雨，娄莉苹：《积极应对人口老龄化背景下长期照护保险制度试点的成效、挑战与发展方向——以成都市为例》，载《残疾人研究》，2020年第3期。

陈谦谦，郝勇：《上海长期护理保险制度试点的问题与对策》，载《科学发展》，2020年第1期。

陈永杰，卢钰欣，侯妙臻：《广州长期护理保险的实践探索》，见张跃国，尹涛主编：《广州社会发展报告（2020）》，北京：社会科学文献出版社2020年版。

陈永杰，岳经纶：《保险制抑或税收制？两岸长期照护融资制度的比较与启示》，载《中国公共政策评论》，2018年第14卷。

戴瑞明，何世英，蒋曼，王颖，白鸽，罗力：《上海市长期护理保险制度推行中的经验及存在的问题》，载《医学与社会》，2019年第2期。

戴卫东：《中国长期护理服务体系建构研究》，北京：社会科学文献出版社2018年版。

董红亚：《中国特色养老服务模式的运行框架及趋势前瞻》，载《社会科学辑刊》，2020年第4期。

房连泉，刘桂莲，谭中和：《"十四五"时期养老保险制度的改革与发展》，见王延中主编：《中国社会保障发展报告（2020）》，北京：社会科学文献出版社2020版，第32页。

冯广刚，米红：《青岛长期护理保险制度探索与优化》，载《中国社会保障》，2018年第12期。

葛蔼灵，冯占联：《中国养老服务的政策选择：建设高效可持续的中国养老服务体系》，中国财政经济出版社2018年版。

国家统计局：《第七次全国人口普查公报（第二号）》，http://www.stats.gov.cn/tjsj/zxfb/202105/t20210510_1817178.html（访问时间：2022年2月1日）。

国家统计局：《第七次全国人口普查公报（第五号）》，http://www.stats.gov.cn/tjsj/zxfb/202105/t20210510_1817181.html（访问时间：2022年2月1日）。

国家卫生与计划生育委员会，世界卫生组织：《中国老龄化与健康国家评估报告》，世界卫生组织2016年版，第1页。

耿晨：《南通市基本照护保险制度试点探索路径》，载《中国医疗保险》，2016年第9期。

广州市人力资源和社会保障局：《2019年度广州市社会保险信息披露》，http://rsj.gz.gov.cn/gkmlpt/content/6/6813/post_6813572.html?jump=false#512（访问时间：2022年2月1日）。

广州市人民政府：《2018年广州老龄事业发展报告和老年人口数据手册发布》，http://www.gz.gov.cn/zwfw/zxfw/content/post_3100022.html（访问时间：2022年2月1日）。

广州市统计局：《广州市2015年全国1%人口抽样调查主要数据公报》，http://tjj.gz.gov.cn/tjgb/glpcgb/content/post_2788684.html（访问时间：2022年2月1日）。

广州市统计局：《广州市第七次全国人口普查公报（第四号）——

人口年龄构成情况》，http：//www. gz. gov. cn/zwgk/sjfb/tjgb/content/post_7286231. html（访问时间：2022 年 2 月 1 日）。

广州市统计局：《广州市第七次全国人口普查公报（第一号）——全市常住人口情况》，http：//www. gz. gov. cn/zwgk/sjfb/tjgb/content/post_7286268. html（访问时间：2022 年 2 月 1 日）。

广州市卫生健康委员会：《广州市发布 2020 年老年人口和老龄事业数据》，http：//www. gz. gov. cn/zwgk/zwwgk/jggk/lsqkgk/fzghlsqk/content/post_7987212. html（访问时间：2022 年 2 月 1 日）。

广州市医疗保障局：《长护定点机构名单》，http：//www. gz. gov. cn/zfjg/gzsylbzj/ybfw/content/post_6905343. html（访问时间：2021 年 9 月 1 日）。

广州市医疗保障局：《广州市医疗保险服务中心关于 2021 年第二季度定点机构违规行为处理情况的通报》，http：//www. gz. gov. cn/zfjg/gzsylbzj/ybjg/content/post_7370544. html（访问时间：2021 年 7 月 9 日）。

阚清泉，曹信邦：《长期护理保险筹资理论研究综述》，载《经济师》，2019 年第 3 期。

韩高，黄洋：《成都：长期照护险保障"老有颐养"》，载《四川劳动保障》，2017 年第 8 期。

何世英，戴瑞明，王颖，蒋曼，白鸽，罗力：《我国长期护理保险试点地区筹资机制比较研究》，载《中国卫生资源》，2019 年第 1 期。

何文炯：《长期照护保障制度建设若干问题》，载《中共浙江省委党校学报》，2017 年第 3 期。

胡苏云：《长期护理保险制度试点实践——上海案例分析》，载《华东理工大学学报（社会科学版）》，2018 年第 4 期。

黄佳豪：《日韩长期照护保险的比较研究——基于社会福利政策分析框架》，载《福建师范大学学报（哲学社会科学版）》，2016 年第 4 期。

黄志诚，金辉，李成志：《上海市长期护理保险试点路径与成效初探》，载《中国医疗保险》，2021年第3期。

蒋曼，罗力，戴瑞明，何世英，白鸽，王颖：《上海市长期护理保险中医疗护理供给现状分析》，载《医学与社会》，2019年第2期。

雷鹏，吴擢春：《我国长期照护制度建设现状与思考——基于青岛、南通和长春的实践探索》，载《中国医疗保险》，2016年第2期。

李长远，张会萍：《发达国家长期护理保险典型筹资模式比较及经验借鉴》，载《求实》，2018年第3期。

李新平，朱铭来：《南通市基本照护保险—制度设计、运行效果及前瞻》，载《社会保障研究》，2018年第3期。

马明婕，贺健勇：《上海探索长期护理保险的实践总结与问题分析》，载《科学发展》，2019年第7期。

李月娥，明庭兴：《长期护理保险筹资机制：实践、困境与对策——基于15个试点城市政策的分析》，载《金融理论与实践》，2020年第2期。

刘金涛，陈树文：《我国老年长期护理保险筹资机制探析》，载《大连理工大学学报（社会科学版）》，2011年第3期。

刘涛：《福利多元主义视角下的德国长期照护保险制度研究》，载《公共行政评论》，2016年第4期。

刘卫国，刘林瑞，张雅娟：《青岛市全人全责长期护理保险的实践探索》，载《中国医疗保险》，2019年第3期。

吕书鹏，吴佳：《青岛市长期医疗护理保险/制度效能、实施困境与政策优化》，载《中国卫生经济》，2016年第8期。

米红，纪敏，刘卫国：《青岛市长期护理保险研究》，北京：中国劳动社会保障出版社2019年版。

南京审计大学"长期护理保险"调研组，刘妍：《建立长期护理保险制度/挑战、借鉴与对策——基于南通市"基本照护保险制度"的调研》，载《保险职业学院学报》，2019年第6期。

潘屹：《长期照护保障体系框架研究——以青岛市长期医疗护理保险为起点》，载《山东社会科学》，2017年第11期。

覃可可，唐钧：《建立长期照护保障的制度框架——以成都市为例》，载《开发研究》，2019年第1期。

青岛市社会保险事业局：《青岛市创新"全人全责"长期护理保险制度》，载《山东人力资源和社会保障》，2018年第11期。

邵文娟：《我国长期护理保险从试点到普及的跨越》，大连：东北财经大学出版社2019年版。

世界卫生组织：《2021—2030年健康老龄化行动十年》，https：//www.who.int/zh/initiatives/decade-of-healthy-ageing（访问时间：2022年7月18日）。

世界卫生组织：《关于老龄化与健康的全球报告（2016）》，https：//apps.who.int/iris/bitstream/handle/10665/186463/9789245565048_chi.pdf（访问时间：2022年7月18日）。

孙华，耿晨：《南通基本照护保险制度建设及其启示》，载《中国医疗保险》，2017年第10期。

孙建娥，张志雄：《以社区为基础的老年人长期护理服务模式——OECD国家的经验及其对我国的启示》，载《湖南师范大学社会科学学报》，2016年第2期。

孙洁，蒋悦竹：《社会长期护理保险筹资机制理论分析框架》，载《江西财经大学学报》，2018年第1期。

孙敬华：《我国长期护理保险制度试点：现状、问题及对策——以青岛市为例》，载《山东行政学院学报》，2020年第1期。

谭睿：《长期护理保险筹资：德日韩经验与中国实践》，载《中国卫生政策研究》，2017年第8期。

唐钧：《健康社会政策视域中的老年服务、长期照护和"医养结合"》,载《中国公共政策评论》,2018年第1期。

唐钧,冯凌:《长期照护的全球共识和概念框架》,载《社会政策研究》,2021年第1期。

王敏,李彦,孙晓阳:《长期护理保险筹资机制研究——以德国和日本经验为例》,载《医学与法学》,2017年第1期。

王延中,龙玉其,宁亚芳:《中国社会保障"十三五"时期回顾与"十四五"时期发展展望》,见王延中主编:《中国社会保障发展报告(2020)》,北京:社会科学文献出版社2020版,第11页。

文太林:《中国长期照护筹资相关研究述评》,载《四川理工学院学报(社会科学版)》,2018年第1期。

吴玉,党俊武:《中国产业发展报告》,北京:社会科学文献出版社2014年版,第32页。

夏雅睿,常峰,路云,裴婕:《长期护理保险筹资机制的国际经验与中国实践》,载《卫生经济研究》,2018年第12期。

席恒:《养老服务的逻辑、实现方式与治理路径》,载《社会保障评论》,2020年第1期。

杨翠迎,刘玉萍:《养老服务高质量发展的内涵诠释与前瞻性思考》,载《社会保障评论》,2021年第4期。

姚虹:《老龄危机背景下我国长期护理保险制度试点方案的比较与思考》,载《社会保障研究》,2020年第1期。

尹海燕:《可持续的公共长期护理保险筹资机制:国外经验与中国方案》,载《宏观经济研究》,2020年第5期。

于新亮,刘慧敏,杨文生:《长期护理保险对医疗费用的影响——基于青岛模式的合成控制研究》,载《保险研究》,2019年第2期。

张俊良,杨成洲:《长期照护保险财务制度的国际经验与借鉴》,载《社会保障研究》,2017年第4期。

张璐:《为失能家庭"减压"为美好生活"添劲"》,载《四川劳动保障》，2019 年第 9 期。

张思锋，张泽滈：《适应多样性需要的养老服务及其质量提升的多元主体责任》，载《人口与社会》，2018 年第 4 期。

张文博：《照料社会化：长期照护保险制度实践研究——基于对青岛市长期医疗护理保险的考察》，载《北京工业大学学报（社会科学版）》，2017 年第 6 期。

张雅娟，林君丽，王婷：《青岛市长期护理保险制度探索与实践》，载《中国医疗保险》，2018 年第 1 期。

张盈华：《中国长期护理保险：试点推进与实践探索》，北京：社会科学文献出版社 2019 年版。

张盈华，杨东方等：《长期护理保险制度探索的郑州模式》，北京：经济管理出版社 2019 年版。

赵斌，陈曼莉：《社会长期护理保险制度：国际经验和中国模式》，载《四川理工学院学报（社会科学版）》，2017 年第 5 期。

赵彬蓉，吴娇：《关于长期照护保险试点工作的几点思考和建议》，载《四川劳动保障》，2018 年第 3 期。

"中国长期照护保障需求研究"课题组：《长期照护：概念框架、研究发现与政策建议》，载《河海大学学报（哲学社会科学版）》，2018 年第 1 期。

中华人民共和国中央人民政府：《中共中央国务院印发"健康中国 2030"规划纲要》，http：//www. gov. cn/zhengce/2016 - 10/25/content_5124174. htm（访问时间：2022 年 7 月 18 日）。

周敏：《论我国居家养老服务的产业化之路——兼谈政府，市场及家庭的职能定位》，载《社会保障研究》，2015 年第 1 期。

Abrahamson, Peter. "The Welfare Modelling Business Revisited: The Case of East Asian Welfare Regimes". In Hwang G-J (eds.). *New Welfare States in East Asia: Global Challenges and Restructuring*. Cheltenham: Edward

Elgar Publishing, 2011, pp. 15 - 34.

Abrahamson, Peter. "East Asian Welfare Regime: Obsolete Ideal-type or Diversified Reality", *Journal of Asian Public Policy*, Vol. 10, No. 1, January 2017, pp. 90 - 103.

Allen, Kerry, Jon Glasby and Ricardo Rodrigues. "Joint Working between Health and Social Care". In Kai Leichsenring, Jenny Billings, Henk Nies (eds.). *Long-Term Care in Europe*. London: Palgrave Macmillan, 2013, pp. 81 - 99.

Anttonen, Anneli and Liisa Häikiö. "Care 'Going Market': Finnish Elderly-care Policies in Transition", *Nordic Journal of Social Research*, Special Issue, June 2011, pp. 70 - 90.

Arksey, Hilary and Caroline Glendinning. "Choice in the Context of Informal Care-giving", *Health & Social Care in the Community*, Vol. 15, No. 2, March 2007, pp. 165 - 175.

Aspalter, Christian. "The East Asian Welfare Model", *International Journal of Social Welfare*, Vol. 15, No. 4, October 2006, pp. 290 - 301.

Bartlett, Will and Julian Le Grand. "The Theory of Quasi-markets". In Le Grand Julian and Will Bartlett (eds.). *Quasi-markets and Social Policy*. London: Palgrave Macmillan, 1993, pp. 13 - 34.

Baxter, Kate and Caroline Glendinning. "Making Choices about Support Services: Disabled Adults' and Older People's Use of Information", *Health & Social Care in the Community*, Vol. 19, No. 3, May 2011, pp. 272 - 279.

Bednárik, Rastislav, Patrizia Di Santo and Kai Leichsenring. "The 'Care Gap' and Migrant Carers". In Leichsenring Kai, Jenny Billings and Henk Nies (eds.). *Long-Term Care in Europe*. London: Palgrave Macmillan, 2013, pp. 213 - 231.

Bolin, Kristian, Bjorn Lindgren and Petter Lundborg. "Informal and Formal Care among Single-living Elderly in Europe", *Health Economics*, Vol. 17, No. 3, March 2008, pp. 393 – 409.

Bonsang, Eric. "Does Informal Care from Children to Their Elderly Parents Substitute for Formal Care in Europe?", *Journal of Health Economics*, Vol. 28, No. 1, January 2009, pp. 143 – 154.

Brandt, Martina, Klaus Haberkern and Marc Szydlik. "Intergenerational Help and Care in Europe", *European Sociological Review*, Vol. 25, No. 5, October 2009, pp. 585 – 601.

Brennan, Deborah, Bettina Cass, Susan Himmelweit and Marta Szebehely. "The Marketisation of Care: Rationales and Consequences in Nordic and Liberal Care Regimes", *Journal of European Social Policy*, Vol. 22, No. 4, October 2012, pp. 377 – 391.

Campbell, John Creighton. "How Policies Differ: Long-term-Care Insurance in Japan and Germany". In Harald Conrad and Lutzeler Ralph (ed.). *Aging and Social Policy-A German-Japanese Comparison*. Munich: Iudicium, 2002, pp. 157 – 187.

Campbell, John Creighton, Naoki Ikegami and Mary Jo Gibson. "Lessons from Public Long-term Care Insurance in Germany and Japan", *Health Affairs*, Vol. 29, No. 1, January 2010, pp. 87 – 95.

Campbell, John Creighton, Naoki Ikegami and Soonman Kwon. "Policy Learning and Cross-national Diffusion in Social Long-term Care Insurance: Germany, Japan, and the Republic of Korea", *International Social Security Review*, Vol. 62, No. 4, October 2009, pp. 63 – 80.

Centers for Disease Control and Prevention. *Healthy Places Terminology*, 2009. [Online]. Available at https://www.cdc.gov/healthyplaces/terminology.htm [Accessed 1 Feb. 2022].

Choi, Jae-Sung, Sangmi Choi, Sangwoo Lee, Eunyoung Han and Myoung-il Kim. "Does Market Competition Facilitate Resident-centred Care among Nursing Homes? A Comparative Analysis", *Asia Pacific Journal of Social Work and Development*, Vol. 26, No. 1, January 2016, pp. 15 – 28.

Choi, Young Jun. "End of the Era of Productivist Welfare Capitalism? Diverging Welfare Regimes in East Asia", *Asian Journal of Social Science*, Vol. 40, No. 3, January 2012, pp. 275 – 294.

Choi, Young Jun. "Developmentalism and Productivism in East Asian Welfare Regimes". In Misa Izuhara (eds). *Handbook on East Asian Social Policy*. Cheltenham: Edward Elgar Publishing, pp. 207 – 225.

Chon, Yongho. "The Development of Korea's New Long-term Care Service Infrastructure and Its Results: Focusing on the Market-friendly Policy Used for Expansion of the Numbers of Service Providers and Personal Care Workers", *Journal of Gerontological Social Work*, Vol. 56, No. 3, April 2013, pp. 255 – 275.

Chon, Yongho. "The Effects of Marketization of Long-term Care Services for Older Adults in Korea", *Journal of Social Service Research*, Vol. 45, No. 4, September 2018, pp. 507 – 519.

Colombo, Francesca and Jérôme Mercier. "Help Wanted? Fair and Sustainable Financing of Long-term Care Services", *Applied Economic Perspectives and Policy*, Vol. 34, No. 2, July 2012, pp. 316 – 332.

Craig, Lyn and Killian Mullan. "Parenthood, Gender and Work-family Time in the United States, Australia, Italy, France, and Denmark", *Journal of Marriage and Family*, Vol. 72, No. 5, October 2010, pp. 1344 – 1361.

DaRoit, Barbara and Blanche Le Bihan "Similar and Yet So Different: Cash-for-care in Six European Countries' Long-term Care Policies", *The Milbank Quarterly*, Vol. 88, No. 3, September 2010, pp. 286 – 309.

DaRoit, Barbara. "Changing Intergenerational Solidarities within Families in a Mediterranean Welfare State: Elderly Care in Italy", *Current Sociology*, Vol. 55, No. 2, March 2007, pp. 251-269.

Degavre, Florence and Laura Merla. "Defamilialization of Whom? Rethinking Defamilialization in the Light of Global Care Chains and the Transnational Circulation of Care". In Majella Kilkey Ewa and Palenga-Möllenbeck (eds.). *Family Life in An Age of Migration and Mobility*. London: Palgrave Macmillan, 2016, pp. 287-311.

Edward C., Norton. "Long-term Care". In Anthony J. Culyer and Joseph P. Newhouse (eds.). *Handbook of Health Economics*. London: Elsevier, 2000, p. 957.

Esping-Andersen, Gosta. *The Three Worlds of Welfare Capitalism*. Oxford: Polity Press, 1990.

Esping-Andersen, Gosta. *Social Foundations of Postindustrial Economies*. Oxford: OUP, 1999.

Federal Ministry of Health Department of Public Relations and Publications. *Long-Term Care Guide: Everything You Need to Know about Long-term Care*, 2020. [Online]. Available at https://www.bundesgesundheitsministerium.de/fileadmin/Dateien/5_Publikationen/Pflege/Broschueren/200320_BMG_Ratgeber-Pflege_DINA5_ENG_bf.pdf [Accessed 1 Feb. 2022].

Felce, David. "Community Living for Adults with Intellectual Disabilities: Unravelling the Cost Effectiveness Discourse", *Journal of Policy and Practice in Intellectual Disabilities*, Vol. 14, No. 3, September 2017, pp. 187-197.

Francesca, Colombo, Llena-Nozal Ana, Mercier Jérôme and Tjadens Frits. *OECD Health Policy Studies Help Wanted: Providing and Paying for Long-term Care*. Paris: OECD Publishing, 2011.

Geyer, Johannes, Peter Haan and Thorben Korfhage. "Indirect Fiscal Effects of Long-term Care Insurance", *Fiscal Studies*, Vol. 38, No. 3, September 2017, pp. 393 – 415.

Glendinning, Caroline. "Increasing Choice and Control for Older and Disabled People: A Critical Review of New Developments in England", *Social Policy & Administration*, Vol. 42, No. 5, October 2008, pp. 451 – 469.

Glinskaya, Elena and Zhanliang Feng (eds.). *Options for Aged Care in China: Building an Efficient and Sustainable Aged Care System*. Washington, DC: World Bank, 2018, p. 6.

Gough, Ian. "East Asia: The Limits of Productivist Regimes". In Gough, Ian, Geof Wood, Armando Barrientos, Philippa Bevan, Graham Room and Peter Davis (eds.). *Insecurity and Welfare Regimes in Asia, Africa and Latin America: Social Policy in Development Contexts*. Cambridge: Cambridge University Press, 2004, pp. 169 – 201.

Greener, Ian. "Markets in the Public Sector: When Do They Work, and What Do We Do When They Don't?", *Policy & Politics*, Vol. 36, No. 1, January 2008, pp. 93 – 108.

Hiilamo, Heikki and Olli Kangas. "Trap for Women or Freedom to Choose? The Struggle over Cash for Childcare Schemes in Finland and Sweden", *Journal of Social Policy*, Vol. 38, No. 3, July 2009, pp. 457 – 475.

Holdenrieder, Jürgen. "Equity and Efficiency in Funding Long-term Care from an EU Perspective", *Journal of Public Health*, Vol. 14, No. 3, June 2006, pp. 139 – 47.

Holliday, Ian. "Productivist Welfare Capitalism: Social Policy in East Asia", *Political studies*, Vol. 48, No. 4, February 2002, pp. 706 – 723.

Iecovich, Esther. "Aging in Place: From Theory to Practice", *Anthropological Notebooks*, Vol. 20, No. 1, March 2014, pp. 21 – 32.

Izuhara, Misa. "New Patters of Family Reciprocity? Policy Challenges in Ageing Societies". In Izuhara, Misa (eds.). *Ageing and Intergenerational*

Relations: *Family Reciprocity from a Global Perspective*. Bristol: Policy Press, 2010, pp. 149 – 59.

Jones, Catherine. "Hong Kong, Singapore, South Korea and Taiwan: Oikonomic Welfare States", *Government and Opposition*, Vol. 25, No. 4, October 1990, pp. 446 – 462.

Jones, Catherine. "The Pacific Challenge: Confucian Welfare States". In Jones, Catherine (eds.). *New Perspectives on the Welfare State in Europe*. London: Routledge, 1993, pp. 184 – 203.

Joshua, Laurie. "Aging and Long-term Care Systems: A Review of Finance and Governance Arrangements in Europe, North America and Asia-Pacific". Washington, DC: World Bank Group, Working Paper, No. 1705, 2017.

Kaye, H. Stephen, Mitchell P. LaPlante and Charlene Harrington. "Do Noninstitutional Long-term Care Services Reduce Medicaid Spending?", *Health Affairs*, Vol. 28, No. 1, January 2009, pp. 262 – 272.

Kemp, Candace L., Mary M. Ball and Molly M. Perkins. "Convoys of Care: Theorizing Intersections of Formal and Informal Care", *Journal of Aging Studies*, Vol. 27, No. 1, January 2013, pp. 15 – 29.

Kim, Hongsoo, Young-Il Jung and Soonman Kwon. "Delivery of Institutional Long-term Care under Two Social Insurances: Lessons from the Korean Experience", *Health Policy*, Vol. 119, No. 10, October 2015, pp. 1330 – 1337.

Kremer, Monique. "Consumers in Charge of Care: The Dutch Personal Budget and Its Impact on the Market, Professionals and the Family", *European Societies*, Vol. 8, No. 3, September 2006, pp. 385 – 401.

Kröger, Teppo. "Defamilisation, Dedomestication and Care Policy: Comparing Childcare Service Provisions of Welfare States", *International Journal* of *Sociology and Social Policy*, Vol. 31, No. 7/8, July 2011, pp. 424 – 440.

Kwon, Huck-ju. "Transforming the Developmental Welfare State in East Asia", *Development and Change*, Vol. 36, No. 3, May 2005, pp. 477 – 497.

Kwon, Soonman. "Future of Long-term Care Financing for the Elderly in Korea", *Journal of Aging & Social Policy*, Vol. 20, No. 1, August 2008, pp. 119 – 136.

Kwon, Soonman. "The Introduction of Long-term Care Insurance in South Korea", *Eurohealth*, Vol. 15, No. 1, 2009, pp. 28.

Lee, Sophia Seung-yoon and Seung-ho Baek. "The Social Investment Approach in the Productivist Welfare Regime: The Unfolding of Social Investment in South Korea and Japan". In Eydal, Guðný B and Tine Rostgaard (eds.). *Handbook of Family Policy*. Cheltenham: Edward Elgar Publishing, 2018, pp. 111 – 123.

Lewis, Camilla and TineBuffel. "Aging in Place and the Places of Aging: A Longitudinal Study", *Journal of Aging Studies*, Vol. 54, September 2020.

Lin, Ka andChack-kie Won. "Social Policy and Social Order in East Asia: An Evolutionary View", *Asia Pacific Journal of Social Work and Development*, Vol. 23, No. 4, December 2013, pp. 270 – 284.

Litwin, Howard and Claudine Attias-Donfut. "The Inter-relationship between Formal and Informal Care: A Study in France and Israel", *Ageing & Society*, Vol. 29, No. 1, January 2009, pp. 71 – 91.

Lohmann, Henning and Hannah Zagel. "Family Policy in Comparative Perspective: The Concepts and Measurement of Familization and Defamilization", *Journal of European Social Policy*, Vol. 26, No. 1, February 2016, pp. 48 – 65.

Luk, Sabrina Ching Yuen, Hui Zhang and Peter P. Yuen. *Ageing and Effecting Long-term Care in China*. Abingdon: Routledge, 2021.

Martin, Claude and Blanche LeBihan. "Cash for Care in the French Welfare State: A Skilful Compromise?". In Ungerson, Clare. , Yeandle, Susan, Yeandle, S. M. and Yeandle, Sue (eds.). *Cash for Care Systems in Developed Welfare States.* London: Palgrave, 2007, pp. 32 – 59.

Meagher, Gabrielle and NatashaCortis. "The Political Economy of For-profit Paid Care: Theory and Evidence". In Debra King and Gabrielle Meagher (eds.). *Paid Care in Australia: Politics, Profits, Practices.* Sydney: Sydney University Press, 2009, pp. 13 – 42.

Ministry of Health, Labour and Welfare. *Long-Term Care, Health and Welfare Services for the Elderly*, 2017. [Online]. Available at https://www.mhlw.go.jp/english/policy/care-welfare/care-welfare-elderly/index.html [Accessed 1 Feb. 2022].

Ministry of Health, Labour and Welfare. *Long-Term Care Insurance System*, 2019. [Online]. Available at https://www.mhlw.go.jp/content/12300000/000614772.pdf [Accessed 1 Feb. 2022].

Motel-Klingebiel, Andreas, Clemens Tesch-Roemer and Hans-Joachim Von Kondratowitz. "Welfare States Do Not Crowd Out the Family: Evidence for Mixed Responsibility from Comparative Analyses", *Ageing & Society*, Vol. 25, No. 6, November 2005, pp. 863 – 882.

Nadash, Pamela and Yao-Chi Shih. "Introducing Social Insurance for Long-term Care in Taiwan: Key Issues", *International Journal of Social Welfare*, Vol. 22, No. 1, January 2013, pp. 69 – 79.

Naiditch, Michel, Judy Triantafillou, Patrizia Di Santo, Stephanie Carretero and Elisabeth Hirsch Durrett. "User Perspectives in Long-term Care and the Role of Informal Carers". In Kai Leichsenring, Jenny Billings and Henk Nies (eds.). *Long-Term Care in Europe.* London: Palgrave Macmillan, 2013, pp. 45 – 80.

National Health Insurance Service. *Insurance Benefit*. [Online]. Available at https：//www. nhis. or. kr/static/html/wbd/g/a/wbdga0503. html [Accessed 1 Feb. 2022].

National Health Insurance Service. *Long-term Care Insurance*. [Online]. Available at https：//www. nhis. or. kr/static/html/wbd/g/a/wbdga0501. html [Accessed 1 Feb. 2022].

National Health Insurance Service. *National Health Insurance &Long-Term Care Insurance System in Republic of Korea*, 2021. [Online]. Available at https：//www. nhis. or. kr/english/wbheaa03500m01. do? mode = download&articleNo = 10814171&attachNo = 323871 [Accessed 1 Feb. 2022].

OECD. *Ageing and Long-term Care*. [Online]. Available at https：// www. oecd. org/els/health-systems/long-term-care. htm [Accessed 1 Feb. 2022].

Ochiai, Emiko. "Care Diamonds and Welfare Regimes in East and South-East Asian Societies：Bridging Family and Welfare Sociology", *International Journal of Japanese Sociology*, Vol. 18, No. 1, November 2009, pp. 60 – 78.

Ochiai, Emiko. "Unsustainable Societies：The Failure of Familialism in East Asia's Compressed Modernity", *Historical Social Research/Historische Sozialforschung*, Vol. 36, No. 2, January 2011, pp. 219 – 245.

Papadopoulos, Theodoros and Antonios Roumpakis. "Family as a Socio-economic Actor in the Political Economies of East and South East Asian Welfare Capitalisms", *Social Policy & Administration*, Vol. 51, No. 6, November 2017, pp. 857 – 875.

Pavolini, Emmanuele and Costanzo Ranci. "Restructuring the Welfare State：Reforms in Long-term Care in Western European Countries", *Journal of European Social Policy*, Vol. 18, No. 3, August 2008, pp. 246 – 259.

Pedersen, Per Bernhard and Arnulf Kolstad. "De-institutionalisation and Trans-institutionalisation-Changing Trends of Inpatient Care in Norwegian Mental Health Institutions 1950 – 2007", *International Journal of Mental Health Systems*, Vol. 3, No. 1, December 2009, pp. 1 – 20.

Petersen, OleHelby and Ulf Hjelmar. "Marketization of Welfare Services in Scandinavia: A Review of Swedish and Danish Experiences", *Scandinavian Journal of Public Administration*, Vol. 17, No. 4, February 2014, pp. 3 – 20.

Ranci, Costanzo and Emmanuele Pavolini. "Institutional Change in Long-Term Care: Actors, Mechanisms and Impacts". In Ranci, Costanzo and Emmanuele Pavolini (eds.). *Reforms in Long-Term Care Policies in Europe*. New York: Springer, 2013, pp. 269 – 314.

Rhee, Jong Chul, Nicolae Done and Gerard F. Anderson. "Considering Long-term Care Insurance for Middle-income Countries: Comparing South Korea with Japan and Germany", *Health Policy*, Vol. 119, No. 10, October 2015, pp. 1319 – 1329.

Schneider, Ulrike. "Germany's Social Long-term Care Insurance: Design, Implementation and Evaluation", *International Social Security Review*, Vol. 52, No. 2, 1999, pp. 31 – 74.

Seok, JaeEun. "Public Long-term Care Insurance for the Elderly in Korea: Design, Characteristics, and Tasks", *Social Work in Public Health*, Vol. 25, No. 2, February 2010, pp. 185 – 209.

Shimizutani, Satoshi. "The Future of Long-term Care in Japan", *Asia-Pacific Review*, Vol. 21, No. 1, January 2014, pp. 88 – 119.

Shin, Kyung Ah. "Defamilization of Elderly Care and the Experiences of the Aged in Korea", *Korean Social Sciences Review* (KSSR), Vol. 3, No. 1, April 2013, pp. 71 – 105.

Stabile, Mark, Audrey Laporte and Peter C. Coyte. "Household Responses to Public Home Care Programs", *Journal of Health Economics*, Vol. 25, No. 4, July 2006, pp. 674 – 701.

Sung, Sirin and Gillian Pascall. "Introduction: Gender and Welfare States in East Asia". In Sung, Sirin, and Gillian Pascall (eds.). *Gender and Welfare States in East Asia*. New York: Palgrave Macmillan, 2014, pp. 1 – 28.

Tamiya, Nanako, Haruko Noguchi, Akihiro Nishi, Michael R. Reich, Naoki Ikegami, Hideki Hashimoto, Kenji Shibuya, Ichiro Kawachi and John Creighton Campbell. "Population Ageing and Wellbeing: Lessons from Japan's Long-term Care Insurance Policy", *The Lancet*, Vol. 378 (9797), September 2011, pp. 1183 – 1192.

Theobald, Hildegard. "Marketization and Managerialization of Long-term Care Policies in a Comparative Perspective". In Tanja Klenk and Pavolini Emmanuele (eds.). *Restructuring Welfare Governance*. Cheltenham: Edward Elgar Publishing, 2015, pp. 27 – 45.

UN Report. *World Population Ageing* 2020: *Highlights*, 2020. [Online]. Available at https://www.un.org/development/desa/pd/news/world-population-ageing-2020-highlights [Accessed 1 Feb. 2022].

VanHoutven, Courtney Harold and Edward C. Norton. "Informal Care and Health Care Use of Older Adults", *Journal of Health Economics*, Vol. 23, No. 6, November 2004, pp. 1159 – 1180.

Wiener, Joshua M. and Jane Tilly. "End-of-life Care in the United States: Policy Issues and Model Programs of Integrated Care", *International Journal of Integrated Care*, No. 3, April 2003.

Wiles, Janine L., Annette Leibing, Nancy Guberman, Jeanne Reeve and Ruth ES Allen. "The Meaning of 'Aging in Place' to Older People", *The Gerontologist*, Vol. 52, No. 3, June 2012, pp. 357 – 366.

World Health Organization. *Global Age-friendly Cities Project*, 2007. [Online]. Available at https://apps.who.int/iris/handle/10665/43755 [Accessed 1 Feb. 2022].

World Health Organization. *Integrated Continuum of Long-term Care*. [Online]. Available at https://www.who.int/teams/maternal-newborn-child-adolescent-health-and-ageing/ageing-and-health/integrated-continuum-of-long-term-care [Accessed 1 Feb. 2022].

World Health Organization. *World Report on Ageing and Health* (9241565047), 2015. [Online]. Available at https://apps.who.int/iris/bitstream/handle/10665/186463/9789240694811_eng.pdf?sequence=1 [Accessed 1 Feb. 2022].

World Bank. *Life Expectancy at Birth, Total (years)*, 2019. [Online]. Available at https://data.worldbank.org/indicator/SP.DYN.LE00.IN?name_desc=false [Accessed 1 Feb. 2022].

World Bank. *Population Ages and Above (% of Total Population)*, 2020. [Online]. Available at https://data.worldbank.org/indicator/SP.POP.65UP.TO.ZS?view=chart [Accessed 1 Feb. 2022].

Yamashita, Junko and N. A. O. K. O. Soma. "The Double Responsibilities of Care in Japan: Emerging New Social Risks for Women Providing both Childcare and Care for the Elderly". In Chan, Raymond K. H, Jens Zinn and Lih-Rong Wang (eds.). *New Life Courses, Social Risks and Social Policy in East Asia*. Milton: Routledge, October 2015, pp. 113–129.

Yang, Nan. "East Asia in Transition: Re-examining the East Asian Welfare Model Using Fuzzy Sets", *Journal of Asian Public Policy*, Vol. 10, No. 1, January 2017, pp. 104–120.

Yang, Nan and Stefan Kühner. "Beyond the Limits of the Productivist Regime: Capturing Three Decades of East Asian Welfare Development with Fuzzy Sets", *Social Policy and Society*, Vol. 19, No. 4, October 2020, pp. 613–627.

后　记

　　人口老龄化是社会政策研究必然要涉及的社会背景，从养老服务到长期照护，我的团队聚焦与老年人照护相关的议题已逾十年。2016年，我国启动长期护理保险的试点计划。作为扎根广东本土的研究团队，我们欣喜于广州市入选第一批试点城市，借助"地利"，我们密切关注与持续追踪广州市长期护理保险的发展历程。通过了解与比较全国乃至东亚社会中不同地区长期照护的制度模式，我们逐渐认识到"广州模式"在我国现行长期照护体系中的独特性与关键价值。如何能让广州市在实践中提炼出来的经验为全国政策框架的制定提供参考？这种思考，正是促成本书出版的重要原因。

　　从本书的构思到最终出版，我们得到了很多行家的指导与帮助，我们在此表达诚挚的感谢。感谢中国太平洋保险公司陈灼洪先生在实地调研中的协助。感谢中国社会科学院唐钧老师在本书的不同阶段提出的启发性的意见。感谢我的同事、中山大学政治与公共事务管理学院岳经纶老师长期以来对我的鼓励与支持，感谢中山大学公共卫生学院廖婧老师在失智护理方面为我们提供的学术建议，感谢华东理工大学龚秀全老师及上海师范大学吴君槐老师向我们全面介绍了长期照护的上海模式，感谢台湾大学的傅丛喜老师、施世骏老师以及台北护理健康大学陈正芬老师向我们详细地介绍了东亚各地区发展长期照护的经验。

后　记

家玉现是英国约克大学社会政策与社会工作专业的博士候选人，在中山大学保研之后就开始研究广州长期护理保险试点的经验，其博士论文也正在尝试通过讲述长期照护的中国故事。感谢家玉的博士导师庄赫臣教授（Prof John Hudson）在制度比较上提供的新锐观点，以及在研究方法上为家玉提供很多宝贵建议的柴红霞博士（Dr. Sabrina Chai）。

在整个研究过程中，得到了众多关心老龄化问题与养老服务改革的资深行家的热情帮助和宝贵建议，更加深刻地让我们感受到了这个议题在当代中国的重要性和现实意义，在此一并谢过。

最后，我还感谢为这个项目作出过贡献的政治与公共事务管理学院的研究生。在过去几年里，在不同的研究阶段为本书的最后成稿作出过贡献的同学包括卢钰欣、蓝丹红、侯妙臻、马晓蓝、徐祯、张仲妍、邓逸茹和刘嘉琳等同学，她们付出的辛劳和汗水渗透在每一章的不同段落之中。

本书的撰写过程也是我们对过去数年的研究成果进行重新梳理和对长期照护议题进行持续探索的历程，我们由此也更清楚地认识到长期照护研究的必要性与迫切性，明确了下阶段的研究方向。谨以此书，作为我们对长期照护制度研究的现有答卷，希望未来能够在广州案例的基础上把研究范围拓展至全国，并加入国际案例的对比分析，以此为长期照护研究的发展贡献微薄力量。

在养老服务和长期照护政策领域的中英文文献多如繁星，我们才疏学浅，如有错漏在所难免，责任应由我们来承担，欢迎行家与读者朋友指正批评，如有意见可电邮至 chenyj28@ mail. sysu. edu. cn。

陈永杰

2022 年 7 月 20 日